STARK

2024

Abitur

Original-Prüfungsaufgaben
mit Lösungen

Schleswig-Holstein

Deutsch

STARK

15. neu bearbeitete und ergänzte Auflage
www.stark-verlag.de

Inhalt

Abiturprüfungsaufgaben 2023

Aufgaben 2023 .... **www.stark-verlag.de/mystark**

Sobald die Original-Prüfungsaufgaben 2023 freigegeben sind, können sie als **PDF** auf der **Plattform MyStark** heruntergeladen werden. Den Zugangscode finden Sie vorne auf der Umschlaginnenseite.

Autorinnen und Autoren:

Susanne Battenberg (2023/Aufgabe 4)
Christian Berg (Übungsaufgabe 4, 6; 2023/Aufgabe 1)
Regina Esser-Palm (Übungsaufgabe 7)
Erasmus Ganghofer (2021/Aufgabe 4)
Stefan Grahamer (2020/Aufgabe 4)
Christian Heigel (Übungsaufgabe 5)
Jennifer Hermann (Übungsaufgabe 3)
Dr. Monika Lindinger (Übungsaufgabe 8)
Claudia Mutter (2021/Aufgabe 3)
Annika Neesen/Redaktion (Übungsaufgabe 1)
Silke Nippert-Bussacker (Übungsaufgabe 9)
Christoph Oldeweme/Redaktion (Übungsaufgabe 2)
Petra Wurm (2021/Aufgabe 1)

Vorwort

Liebe Abiturientinnen und Abiturienten,

der vorliegende Band hilft Ihnen bei der gezielten und optimalen Vorbereitung auf die **schriftliche Abiturprüfung 2024** im Fach **Deutsch**.

Das einführende Kapitel „**Hinweise und Tipps**“ …

- informiert Sie über die offiziellen Vorgaben und macht Sie mit den im Deutschabitur möglichen Aufgabenarten vertraut.
- liefert praktische Tipps, wie Sie bei der Bearbeitung der Aufgaben am besten vorgehen, und enthält eine Liste mit gängigen Operatoren.

Der anschließende **Trainingsteil** …

- bietet Ihnen **Übungsaufgaben** im Stil der Prüfung – passend zu den **thematischen Vorgaben für 2024**.
- enthält **offizielle Prüfungsaufgaben** aus den **Jahren 2020 bis 2022**, die Ihnen zeigen, was im Abitur auf Sie zukommt.
- gibt Ihnen konkrete **Hinweise und Tipps**, wie Sie die verschiedenen Aufgaben bewältigen können.
- führt Ihnen anhand von **ausformulierten Lösungen** unserer Autorinnen und Autoren vor Augen, wie ein mustergültiger Aufsatz geschrieben sein könnte.

Lernen Sie gerne am PC, Tablet oder Smartphone? Auf der **Plattform MyStark** haben Sie Zugriff auf:

- aktuelle **Original-Prüfungsaufgaben 2023** mit Lösungsvorschlägen
- ein **interaktives Grundlagentraining** zur Analyse von literarischen und pragmatischen Texten
- **Erklärvideos** zur Veranschaulichung der Textanalyse

Sollten nach Erscheinen dieses Bandes noch wichtige Änderungen in der Abiturprüfung 2024 vom Kultusministerium bekannt gegeben werden, finden Sie aktuelle Informationen dazu im Internet unter: *www.stark-verlag.de/mystark*

Wir wünschen Ihnen eine effektive Abiturvorbereitung und eine erfolgreiche Prüfung!

Die Autorinnen und Autoren sowie der Verlag

Hinweise zu den digitalen Zusätzen

Auf alle digitalen Zusätze können Sie online über die Plattform **MyStark** zugreifen. Ihren persönlichen Zugangscode finden Sie auf der Umschlaginnenseite.

PDF der Original-Prüfungsaufgaben 2023

Sobald die Original-Prüfungsaufgaben 2023 freigegeben sind, können Sie sie als PDF auf der Plattform MyStark herunterladen. Die entsprechende Datei finden Sie auf MyStark im Bereich „Originalprüfung 2023".

Erklärvideos

Mehr Sicherheit im Umgang mit Texten: **Erklärvideos** veranschaulichen, auf welche Aspekte bei der Erschließung litererarischer und pragmatischer Texte zu achten ist und wie man diese herausarbeitet.

Zu folgenden Themen sind Erklärvideos enthalten:

- Epische Texte analysieren
- Lyrische Texte analysieren
- Sachtexte analysieren

Interaktives Grundlagentraining

Das Online-Training **stärkt Ihre Kompetenzen** im Umgang mit verschiedenartigen Texten. Alle Aufgaben können direkt am PC oder Tablet bearbeitet werden. Sie erhalten dann sofort eine Rückmeldung zu Ihren Antworten.

Unter anderem werden diese Fertigkeiten durch kleinschrittige und abwechslungsreiche Aufgaben trainiert:

- Inhalt und Struktur von Texten herausarbeiten (Sachtexte, literarische Texte)
- sprachlich-stilistische Gestaltungsmittel bzw. die Leserlenkung untersuchen
- Figuren charakterisieren
- Motive und Themen analysieren
- Deutungsansätze entwickeln

Hinweise und Tipps zur schriftlichen Abiturprüfung

1 Grundlagen

1.1 Vorgaben für das Abitur Deutsch

Die schriftlichen Prüfungsaufgaben richten sich in Aufbau und Inhalt nach:

- den bundesweit verbindlichen Bildungsstandards im Fach Deutsch für die Allgemeine Hochschulreife, online zu finden unter: http://www.kmk.org/fileadmin/Dateien/veroeffentlichungen_beschluesse/2012/2012_10_18-Bildungsstandards-Deutsch-Abi.pdf,
- den schleswig-holsteinischen „Fachanforderungen für die Abiturprüfung im Fach Deutsch".

Die letztgenannte Veröffentlichung des Ministeriums für Schule und Berufsbildung des Landes Schleswig-Holstein und weitere Informationen sind im Internet unter https://za.schleswig-holstein.de (→ Abitur) zu finden.

Wie schon in den letzten Jahren kann es sein, dass im Abitur 2024 eine Aufgabe aus einem Aufgabenpool gestellt wird, auf den auch andere Bundesländer zugreifen können.

1.2 Zeitrahmen und Hilfsmittel

In der Abiturprüfung im Fach Deutsch werden Ihnen vier unterschiedliche Aufgaben vorgelegt, von denen Sie eine auswählen müssen. Zur Bearbeitung stehen Ihnen 315 Minuten (inklusive Lese- und Auswahlzeit) zur Verfügung. Als Hilfsmittel sind ein Wörterbuch der deutschen Rechtschreibung und gegebenenfalls die Textausgabe der im Unterricht besprochenen Lektüre aus den thematischen Vorgaben zugelassen.

2 Prüfungsstoff

Im **Fach Deutsch** wird das **Zentralabitur** durchgeführt, d. h. in ganz Schleswig-Holstein sind dieselben Prüfungsaufgaben zu bearbeiten.
Das Ministerium für Schule und Berufsbildung in Schleswig-Holstein hat für die Prüfung 2024 thematische Vorgaben gemacht, die Bereiche des Lehrplans als Prüfungsstoff und damit als verbindliche Unterrichtsinhalte festsetzt.

Für die **Abiturprüfung 2024** gelten folgende **thematische Vorgaben:**

- **Liebeskonzepte** in der **Lyrik**
- **Georg Büchner:** ***Woyzeck***
- **Sprache in politisch-gesellschaftlichen Verwendungszusammenhängen**
  - politisch-gesellschaftliche Kommunikation zwischen Verständigung und Strategie
  - sprachliche Merkmale politisch-gesellschaftlicher Kommunikation
  - schriftlicher und mündlicher Sprachgebrauch politisch-gesellschaftlicher Kommunikation in unterschiedlichen Medien
- **Kurzprosa** unter Einbezug **parabolischer Texte**

Überschneidungen der Themenfelder sind möglich. Übergreifende Fragestellungen zielen auf Formen der Kommunikation sowie auf die Bedeutung von Sprache, Medien und Literatur für die persönliche bzw. gesellschaftliche Entwicklung.

3 Aufgabenarten

Die Abituraufgaben sind nach den Bildungsstandards entweder textbezogen oder materialgestützt. Das heißt im Umkehrschluss, dass es Aufgaben ohne Texte und/ oder Materialien nicht geben wird. Die folgende tabellarische Zusammenstellung aus den Bildungsstandards illustriert die **möglichen Schreibformate**, die miteinander kombinierbare Grundmuster darstellen:

	Textbezogenes Schreiben				**Materialgestütztes Schreiben**	
Aufgabenart	Interpretation literarischer Texte	Analyse pragmatischer Texte	Erörterung literarischer Texte	Erörterung pragmatischer Texte	Materialgestütztes Verfassen informierender Texte	Materialgestütztes Verfassen argumentierender Texte

Quelle: Bildungsstandards im Fach Deutsch für die Allgemeine Hochschulreife (Beschluss der KMK vom 18. 10. 2012), S. 24

3.1 Interpretation literarischer Texte

Ihnen liegt ein epischer, lyrischer oder dramatischer Text (bzw. ein Auszug daraus) vor, der zu interpretieren und auf Bekanntes zu beziehen ist. Es geht bei der Interpretation darum, den Text in seiner **inhaltlichen, formalen und sprachlichen Besonderheit** zu verstehen und dieses Verständnis sprachlich zum Ausdruck zu bringen. Es ist ratsam, ihn zunächst mehrfach zu lesen, Auffälliges zu markieren, Beobachtungen zu notieren, Fragen an den Text zu stellen und sich zu überlegen, was charakteristisch und wesentlich daran ist. Die Deutung soll aus solchen Beobachtungen heraus entwickelt und mit Zitaten belegt werden. In der Regel muss darüber hinaus ein Bezug zu Stoff oder Thema, die im Unterricht behandelt worden sind, hergestellt werden. Als weitere Aufgabe schließt sich manchmal noch eine persönliche Auseinandersetzung mit dem Erkannten an, die oft auch dazu auffordert, ein eigenes Urteil zu formulieren.

Eine Variante stellt der **Textvergleich** dar, bei dem zwei Werke unterschiedlicher Autoren, Epochen oder Form einander gegenüberstehen und unter einem Gesichtspunkt in Beziehung zueinander gesetzt werden sollen. Häufig bezieht sich so ein Textvergleich auf Gedichte, es sind aber beispielsweise auch kurze epische Texte (z. B. Kurzgeschichten oder auch Auszüge aus Romanen) denkbar. Solche Aufgabenstellungen sind in der Regel zweigeteilt: Die erste Teilaufgabe erfordert die Erschließung eines Textes (auf Grundlage der Analyse von Inhalt, Form und Sprache), während die zweite Teilaufgabe einen aspektorientierten Vergleich mit einem weiteren Text oder einem thematisch verwandten literarischen Textausschnitt beinhaltet. Diese Vergleichstexte weisen Gemeinsamkeiten mit dem Ausgangsgedicht auf (bzgl. Thema oder Motiv) und müssen meist nicht detailliert und umfassend interpretiert werden, sondern lediglich unter denjenigen Aspekten analysiert und gedeutet werden, die für einen Vergleich fruchtbar erscheinen. Der Schwerpunkt liegt nämlich in der Regel auf der ersten Teilaufgabe.

3.2 Analyse pragmatischer Texte

Die Textanalyse bezieht sich auf Sachtexte, die in ihrer **Aussage und Struktur**, ihrer **Argumentation und Intention** sowie ihrer **Gestaltung** zu erschließen und zu erläutern sind. Je nach Schwerpunktsetzung der Aufgabe und nach Schwierigkeitsgrad des zu untersuchenden Textes folgt meistens eine Aufgabe, in der man zur Beurteilung des Textes oder zur Erörterung einzelner Thesen aufgefordert wird. Üblicherweise handelt es sich um journalistische Texte, Berichte, Kommentare, Kritiken, Reden und Essays. Im Unterschied zu literarischen Texten sind sie nicht fiktional: Nicht ein lyrisches Ich oder ein erdachter Erzähler, sondern reale Persönlichkeiten ergreifen um einer spezifischen Botschaft (Intention, Wirkungsabsicht) willen das Wort. Sie wollen appellieren und überzeugen, manchmal auch provozieren. Die für das Abitur ausgewählten Sachtexte beziehen sich auf die fachspezifischen Inhalte des Deutschunterrichts (z. B. auf die im Unterricht behandelten literarischen Werke, auf den Literaturbetrieb, die Medien, auf die Rezeption und Umsetzung von Literatur oder die Sprachtheorie).

3.3 Erörterung literarischer Texte und pragmatischer Texte

Die literarische Erörterung sowie die Erörterung auf der Grundlage eines Sachtextes gehen über eine reine Textinterpretation bzw. Textanalyse hinaus. Das Verständnis der Vorlage bildet hier die Grundlage für die nun im Zentrum stehende Erörterung. Bei dieser Aufgabenart sollte man folgerichtig **argumentieren und Gesichtspunkte gegeneinander abwägen** können, um daraus ein eigenes Fazit zu ziehen. Gegenstand der Erörterung kann ein literarisches Werk (auf Grundlage eines literarischen Textes oder eines Sachtextes) oder ein anderes fachspezifisches Sachthema des Deutschunterrichts sein, dies dann auf der Basis der Erschließung eines Sachtextes.

Bei der literarischen Erörterung zu einer Pflichtlektüre sollten Sie diese unbedingt gut kennen, um schlüssige Argumente entwickeln und anhand des Textes belegen zu können. Mithilfe **der Ihnen vorliegenden Textausgabe** können Sie sich noch einmal zentrale Passagen vergegenwärtigen oder relevante Zitate ausfindig machen, die Sie in Ihren Text einbauen wollen.

3.4 Das materialgestützte Schreiben

Unter dem Begriff „materialgestütztes Schreiben" verstehen die Bildungsstandards zwei Varianten: Zum einen geht es darum, „Leser über einen Sachverhalt so zu **informieren**, dass sie eine Vorstellung über seine wesentlichen Aspekte entwickeln können". Zum anderen kann verlangt werden, „zu strittigen oder erklärungsbedürftigen Fragen, Sachverhalten und Texten **differenzierte Argumentationen** zu entwickeln". In beiden Fällen sind Materialien (kurze Texte, Tabellen, Grafiken, Diagramme) vorgegeben, die entsprechend der Fragestellung ausgewertet werden müssen. Selbstverständlich sind Sie auch aufgefordert, auf **eigenes Wissen** zurückzugreifen.

Beim materialgestützten Schreiben geht es deshalb nicht darum, die vorgegebenen Texte, Bilder oder Grafiken möglichst vollständig zu analysieren, sondern viel eher darum, die Informationen und Aussagen für das eigene Schreibziel zu nutzen. Sie beweisen so vor dem Schreiben eine **vertiefte Lesekompetenz**, denn Sie müssen ja belegen, dass Sie in der Lage sind, die Aspekte des Materials zu identifizieren, die Sie für Ihren eigenen Text brauchen. Als Nächstes müssen Sie zeigen, dass Sie die ausgewählten Komponenten **sachgerecht wiedergeben** können, z. B. durch direkte oder indirekte Textzitate. Und schließlich wird bewertet, ob aus der durch die Bearbeitung der Materialien entstandenen Stoffsammlung ein **geschlossener**, stringent **aufgebauter und überzeugender Text** entstanden ist. Strukturieren und Gliedern sind für alle Schreibformen von zentraler Bedeutung, aber beim materialgestützten Schreiben müssen Sie Ihren Text besonders sorgfältig planen.

Die Wahl einer materialgestützten Schreibaufgabe ist v. a. dann attraktiv, wenn Sie das Thema anspricht, Sie darüber schon etwas wissen und Sie (bei der argumentativen Variante) eine klar definierbare Position entwickeln können. In diesem Fall werden die Materialien dazu beitragen, einen informierenden oder argumentierenden Text auf hohem Niveau zu verfassen.

3.5 Tipps zur Arbeit mit Texten

Jeder gelungene Deutschaufsatz entsteht aus einem Zusammenspiel von genauem Eingehen auf die Aufgabenstellung und individuellem Zugang, also der Fähigkeit, den Text „zum Sprechen“ zu bringen. Für die Prüfungssituation ist es wichtig, über ein **Repertoire an Fragen** zu verfügen, mit denen man an Texte herangeht.

Interpretation einer dramatischen Szene

- Hier sollte man – vorausgesetzt, dass die Aufgabenstellung nicht ausdrücklich einen bestimmten Untersuchungsaspekt vorgibt – nach Kommunikationssituation und Redeanteilen fragen.
- In welcher Konstellation stehen die Figuren zueinander? Gibt es Kontrast- oder Parallelfiguren? Wie sind die Status- und Machtverhältnisse der Figuren untereinander zu beschreiben und zu beurteilen?
- Welche Spannung liegt in der Szene? Wie spitzt sich die Auseinandersetzung zu?
- Gibt es einen Höhe- und Wendepunkt? Wo liegt er?
- Welche Rolle spielt der Schauplatz und eventuell ein Requisit bzw. eine Geste?
- Was tragen die Regieanweisungen zum Verständnis bei?
- Was bleibt hinter dem gesprochenen Wort unausgesprochen und ist mitzudenken? Was lässt uns ahnen, wie es in der Figur wirklich aussieht und was sie eventuell plant?

Gedichtinterpretation

Bei einer Gedichtinterpretation sollten Sie hinhören und überlegen, wie das Gedicht wirkt, und untersuchen, wodurch diese Wirkung zustande kommt. Erarbeiten Sie den Text zunächst mithilfe von Markierungen und Notizen, um dann ein Konzept für Ihren Aufsatz erstellen. Wichtige Aspekte und Leitfragen sind zum Beispiel:

- Aus welcher Perspektive wird im Gedicht gesprochen?
- Was ist mit dem lyrischen Ich, das implizit oder explizit sich und seine Sicht der Welt zum Ausdruck bringt? Wie spricht es? Welche Sprache wählt es?
- Gibt es eine Entwicklung? Was entwickelt sich vom ersten bis zum letzten Vers?
- Welche Versgruppen gehören zusammen? Wie ist ein Motiv durchgeführt und inwieweit wandelt es sich?
- Welche sprachlichen und formalen Mittel werden verwendet und mit welcher Wirkung (Wortwahl, bildliche Sprache, rhetorische Figuren, Metrum usw.)? Hierbei ist zu beachten, dass man nicht mechanisch z. B. das Metrum bestimmt, ohne zu sagen, was es ausdrückt und bewirkt.
- Ergibt sich fließend ein Erlebniszusammenhang mit einer spürbaren Atmosphäre? Oder ist es ein eher spröder, intellektuell gedachter und gebauter Text, durchsetzt von Konjunktionen, Einsprüchen und Antithesen?

Und noch etwas: Wie das eine oder andere letztlich zu verstehen ist, ist nicht immer eindeutig zu entscheiden: Gedichte haben einen offenen Deutungsraum. Die Interpretation muss daher nach Plausibilität streben, indem sie sich nahe am Gedicht bewegt und die Thesen durch konkrete Textbelege stützt.

Interpretation von epischen Texten

Bei erzählender Literatur sollten Sie sich vor der Gefahr hüten, in der Fülle des Stoffes zu ertrinken und zu viel Inhaltliches zu rekonstruieren.

- Entscheidend für das Verständnis ist es sehr oft, die Erzählperspektive und Haltung des Erzählers zu erkennen und zu deuten. Weiß er nicht mehr, als die einzelne Person wissen kann, erzählt er gleichsam aus ihr heraus personal? Oder überschaut er die erzählte Welt? Oder verschwindet er ganz hinter einem erzählenden Ich? Hegt der Erzähler Sympathie für seine Helden oder bleibt er ironisch distanziert?
- Wird linear-chronologisch erzählt oder gebrochen in Zeitsplittern, Facetten, Vorwegnahmen und Rückblicken?
- Entsteht ein Abbild unserer Wirklichkeit oder erscheint sie ins Artifizielle, Groteske, Absurde verfremdet?
- Und welches Bild von der erzählten Zeit wird entworfen, mit welchen Fragen setzt sich der Autor in seinem Text auseinander?

Analyse von Sachtexten

- Bei Sachtexten ist es wichtig, Textsorte, Adressatenbezug und Kommunikationszusammenhang zu klären, denn oft reagieren Autoren auf ganz bestimmte Situationen, greifen mit ihrem Beitrag in eine öffentliche Debatte ein oder lösen eine ebensolche aus. Bei der Wahl solcher Themen sollten Sie also möglichst über ein gewisses Hintergrundwissen verfügen.
- Entscheidend ist es, das zentrale Problem zu erfassen, die Intention des Autors aus der Fülle der Aussagen herauszuschälen und die wichtigsten Argumente zu finden, die die vorgetragene Intention stützen.
- Bei Reden wäre zu fragen, ob überzeugend argumentiert oder ob eher überredet, manipuliert, verschleiert und mit Emotionalität und Suggestion Stimmung erzeugt wird. Aufschlussreich bei der Untersuchung von Reden ist es auch, nach Merkmalen zu suchen, die vielleicht eine „Wir-Gruppe“ von einer „Feind-Gruppe“ abgrenzen.
- Bei Glossen und Polemiken kommt es sehr darauf an, Mittel der Ironie, der Übertreibung und Zuspitzung nicht zu überlesen.
- Bei Texten, die sich interpretierend und/oder bewertend auf ein literarisches Werk beziehen (Rezensionen oder literaturwissenschaftliche Texte zum Beispiel), müssen Sie deren Stichhaltigkeit auf der Basis der eigenen Kenntnis und Bewertung des Werks überprüfen. Welche Schwerpunktsetzungen werden vorgenommen? Welche Aspekte werden ausgeblendet? Wo ist sachliche Begründung von subjektiver Wertung zu unterscheiden?

Einen guten Eindruck macht es immer, wenn Sie korrekt **zitieren** können. Die Textstelle sollte dabei nicht zu umfangreich sein und dem Leser nicht kommentarlos präsentiert werden. Zitate, oft nur ein Satzfetzchen oder ein besonderes Wort, werden gewählt, weil sie aufschlussreich und vielsagend sind: Sie müssen also damit arbeiten, sie erläutern und kommentieren. Überhaupt ist es das A und O jeder Interpreta-

tion, das Vorgegebene mit eigenen Worten zu erfassen. Wer nur wiederholt, was der Autor sagt, bleibt gleichsam erkenntnisblind. Die Anstrengung dagegen, Fremdes selbstständig in der eigenen Sprache wiederzugeben, wirft unwillkürlich Fragen auf und bedeutet damit den ersten Schritt zum Verständnis eines Textes.
Sehr ratsam ist es, über zentrale **Fachbegriffe** so zu verfügen, dass über Erzähltes und Dargestelltes präzise gesprochen werden kann. Sie sollten etwa schreiben können: „Die Peripetie erkenne ich in dem Moment, in dem …“ Oder: „Hier wird der Beziehungsaspekt wichtiger als der Inhalt.“ Oder: „In diesen Ellipsen, diesen Kurzsätzen ohne Prädikat, drückt sich aus, wie …“. – Sehen Sie zu, dass Sie Wortarten, Satzteile und Nebensatztypen korrekt bezeichnen können. Üben Sie sich darin, die wichtigsten rhetorischen Figuren zu erkennen, die gestalteter Sprache ihre Wirkung verleihen.

Erörtern

Die Schreibform des Erörterns wird genutzt, um eine Behauptung (eine These) oder ein Problem kritisch abzuwägen und am Ende zu einem Ergebnis oder zu einem Urteil zu gelangen. Dies setzt voraus, dass man eine Aussage identifizieren kann, die überhaupt strittig ist (man kann z. B. nicht ernsthaft darüber streiten, ob die Farbe Rot schön oder hässlich ist). Weil es darum geht, den Leser von der eigenen Meinung zu überzeugen, muss jede These durch entsprechende Begründungen belegt werden. Daraus ergeben sich folgende Bewertungskriterien, die Sie leicht selbst überprüfen können:

- Wird die **Hauptthese** meiner Erörterung deutlich?
- Ist ggf. klar erkennbar, gegen welche Behauptung ich Stellung beziehe?
- Habe ich die Hauptthese und alle anderen Behauptungen jeweils **gut begründet**?
- Stimmen die Aussagen des Textes **logisch** überein?
- Ist meine Argumentation auch **sprachlich überzeugend**?
- Sind die **Beispiele**, die die Begründungen untermauern sollen, tragfähig?
- Komme ich zu einem für den Leser **nachvollziehbaren Schluss**?

Materialgestütztes Schreiben

Beim materialgestützten Schreiben wird in der Aufgabenstellung in der Regel ein **Adressat** genannt, an den sich der Text richten soll. Der informierende wie auch der argumentierende Text muss sich deshalb erkennbar am (potenziellen) Leser orientieren. Darüber hinaus achten Sie auf folgende Aspekte:

- Haben Sie **alle Materialien** ausgewertet?
- Sind die **Informationen und Erkenntnisse der Materialien passend** in Ihre Argumentationskette bzw. in die sachlogische Gliederung eines informierenden Textes **eingefügt**?
- Wird **richtig zitiert**? (Achten Sie auf die Angaben in der Aufgabe. Nicht immer muss wissenschaftlich korrekt zitiert werden!)
- Ist ein in sich geschlossener Text entstanden, der eine **klare Aussage** transportiert **oder** einen **nachvollziehbaren und überzeugenden Standpunkt** vertritt?

- Sind alle **Bedingungen erfüllt**, die sich aus der **Aufgabenstellung** ergeben? (Wenn Sie z. B. aufgefordert werden, eine bestimmte Rolle zu erfüllen, dann müssen Sie prüfen, ob Sie Ihren Aufsatz tatsächlich aus deren Sicht verfasst haben!)

4 Anforderungsbereiche und Operatoren

4.1 Anforderungsbereiche (AFB)

In den Bildungsstandards werden **drei Anforderungsbereiche** definiert, die sich in jeder Aufgabe, in jeweils leicht variierenden Anteilen, wiederfinden. Die einzelnen Bereiche bauen aufeinander auf und verlangen einen zunehmenden Grad an Abstraktionsfähigkeit und Problemlösungsvermögen. In jedem Bereich gilt es, eine Verstehensleistung, eine Argumentationsleistung und eine Darstellungsleistung zu erbringen.

- **Anforderungsbereich I** betrifft die **Reproduktion**: die Wiedergabe von gelernten Sachverhalten sowie die wiederholende Zusammenfassung. Der im Unterricht erarbeitete Hintergrund an Lektüre- und Faktenwissen, fachspezifische Arbeitstechniken, Methoden der Texterschließung sowie Darstellungstechniken sollen zum Einsatz gebracht werden.
- **Anforderungsbereich II** zielt auf die Anwendung erworbener Arbeitsweisen, auf **Reorganisation von Bekanntem und Transferleistungen**. Es geht um selbstständiges Auswählen, Ordnen, Erläutern, Interpretieren oder Vergleichen. Erwartet wird von Ihnen eine eigenständige, argumentativ begründete Interpretation bzw. Erörterung, die zeigt, dass Sie in der Lage sind, Gelerntes auch auf unbekannte Zusammenhänge anzuwenden. Auf dem AFB II liegt in der Abiturprüfung das Hauptgewicht.
- **Anforderungsbereich III** betrifft die gedankliche Selbstständigkeit der Leistung: Hier müssen Sachverhalte und Zusammenhänge eigenständig ausgewertet, durchdacht und begründet beurteilt oder gestaltet werden. Sie sollen zu einer differenzierten und kritischen Wertung von Texten und Sachverhalten gelangen und Ihre Fähigkeit zur **Reflexion und Problemlösung** beweisen.

Nicht immer sind die drei Anforderungsbereiche aus den Teilaufgaben erschließbar bzw. einzelnen Arbeitsanweisungen zuzuordnen. Oft wird ein umfassender Operator (Arbeitsanweisung) wie „erörtern“, „interpretieren“ oder „analysieren“ eingesetzt, der Leistungen in allen drei Anforderungsbereichen erfordert. Wird die Aufgabe nicht weiter differenziert, entfällt damit eine erste Strukturierungshilfe, die einzelne Teilaufträge ansonsten bieten. Folglich haben Sie hier zwar weniger Orientierungspunkte, aber auch mehr Freiraum beim Gliedern und der Schwerpunktsetzung Ihres Aufsatzes.

4.2 Operatoren

Operatoren sind **Arbeitsanweisungen**. Sie machen deutlich, welche Art von Aufgabenstellung gemeint ist, lassen sich den einzelnen **Anforderungsbereichen** zuordnen und geben einen Hinweis auf das Gewicht der entsprechenden Aufgabe. Durch ihre konkreten Vorgaben dienen Operatoren sowohl dazu, Arbeitsaufträge eindeutig zu formulieren und voneinander abzugrenzen, als auch einheitliche Bewertungs- und Korrekturmaßstäbe zu setzen. Die folgende **Operatorenliste** basiert auf den Vorgaben des Ministeriums für Schule und Bildung.

Globaloperatoren

Operatoren und Anforderungsbereiche	Erläuterung	*Beispiele*
interpretieren **I–III**	Hier ist ein komplexes Verständnis eines literarischen Textes gefordert, das methodisch reflektiert und nachvollziehbar dargestellt werden muss. Dazu gehört insbesondere die Erschließung der Wechselwirkung zwischen Inhalt, Form und Sprache. Je nach Text und Aufgabenstellung kann auch eine aufgabenbezogene Kontextualisierung erwartet werden. Das Ziel ist eine schlüssige Gesamtdeutung eines Textes.	*Interpretieren Sie* das vorliegende Gedicht.
analysieren **I–III**	Hier sollen (z. T. unter bestimmten Fragestellungen) Elemente, Strukturmerkmale und Zusammenhänge eines Sachtextes herausgearbeitet und die Ergebnisse dargestellt werden. Es gilt den funktionalen Zusammenhang von Inhalt, Form und Sprache zu untersuchen und daraus schlüssig die Aussageabsicht abzuleiten. Je nach Text und Aufgabenstellung kann auch eine aufgabenbezogene Kontextualisierung erwartet werden.	*Analysieren Sie* den vorliegenden Text im Hinblick auf die Argumentationsstruktur.
erörtern **I–III**	Es wird von Ihnen erwartet, dass Sie zu strittigen oder fraglichen Sachverhalten unter Bezug auf literarische oder pragmatische Texte oder unter Nutzung von Materialien eine abwägende, differenzierte und strukturierte Argumentation entwickeln. Das Ziel ist die Verdeutlichung des eigenen Standpunktes und ein Urteil, das aus der Argumentation abgeleitet ist. Oft ist dazu die Nutzung von Kontextwissen erforderlich.	*Erörtern Sie* die Notwendigkeit von Sprachförderkonzepten im Zusammenhang mit den Aussagen der beiden vorliegenden Texte.

entwerfen, gestalten, verfassen **I–III**	Hierbei handelt es sich um produktionsorientierte Aufgabenstellungen, die in der Regel weitere Kriterien ausweisen. Die Grundlage bildet die Untersuchung eines Textes oder einer Materialiensammlung.	*Entwerfen Sie* einen möglichen Ausgang der Geschichte. *Gestalten Sie* ein Flugblatt textlich und grafisch, das die Intention der Rede widerspiegelt. *Verfassen Sie* auf Grundlage der Materialien einen Kommentar zum Phänomen „Kiezdeutsch".

Operatoren

beschreiben **I–II**	Hier sind Sachverhalte, Situationen, Vorgänge, Merkmale von Personen/ Figuren etc. in eigenen Worten wiederzugeben, wobei auf Wertungen verzichtet werden soll (eventuell materialgestützt).	*Beschreiben Sie* die Entwicklung der Hauptfigur.
darstellen **I–II**	Sie haben die Aufgabe, Inhalte, Zusammenhänge, Sachverhalte etc. klar und strukturiert abzubilden.	*Stellen Sie* die Wirkungsabsicht *dar,* die der Autor mit seinem Text verfolgt.
zusammenfassen **I–II**	Es wird von Ihnen erwartet, dass Sie Inhalte, Zusammenhänge oder Texte komprimiert und strukturiert wiedergeben. Dabei können Sie selbst entscheiden, ob Sie linear oder aspektorientiert vorgehen. Sie sollten aber eigene Worte verwenden.	*Fassen Sie* die unterschiedlichen Meinungen zum Thema X *zusammen.*
einordnen **I–II**	Ein Text, eine Aussage oder auch ein Sachverhalt soll begründet in einen vorgegebenen Zusammenhang eingefügt werden. Dafür nutzen Sie Ihr Kontextwissen.	*Ordnen Sie* die vorliegende Szene in den Handlungszusammenhang des Dramas *ein.*
untersuchen, analysieren, erschließen **II–III**	Hier gilt es unter gezielten Fragestellungen Elemente, Strukturmerkale und Zusammenhänge herauszuarbeiten und die Ergebnisse darzustellen.	*Untersuchen/Analysieren Sie* das Gedicht unter dem Aspekt der sprachlichen Gestaltung. *Erschließen Sie* aus der Szene den zentralen Konflikt des Dramas.
charakterisieren **II–III**	Sie sollen Figuren oder Konzepte (meist bezogen auf einen literarischen Text) treffend beschreiben und dafür geeignete Belege heranziehen. Ggf. gehört dazu auch deren Bewertung oder die Bestimmung ihrer Funktion.	*Charakterisieren Sie* die Figur des Kommissars in Friedrich Dürrenmatts Drama „Die Physiker".

in Beziehung setzen **II – III**	Sie haben die Aufgabe, Zusammenhänge unter vorgegebenen oder selbst gewählten Gesichtspunkten herzustellen und dabei zu begründen.	*Setzen Sie* Ihr Analyseergebnis *in Beziehung* zur aktuellen Medienkritik am Privatfernsehen.
erklären **II – III**	Es wird von Ihnen erwartet, dass Sie Materialien, Sachverhalte, Zusammenhänge oder Thesen in einen Begründungszusammenhang stellen.	*Erklären Sie* die Kommunikationssituation anhand des Modells von Schulz von Thun.
erläutern **II – III**	Hier sind Materialien, Sachverhalte, Zusammenhänge oder Thesen mithilfe zusätzlicher Informationen und Beispiele zu veranschaulichen.	*Erläutern Sie* Schillers Theaterverständnis mithilfe seines Dramas X.
vergleichen **II – III**	Sie sollen Texte, Problemstellungen, Sachverhalte etc. unter vorgegebenen oder selbst gewählten Aspekten einander gegenüberstellen. Dazu ermitteln Sie Gemeinsamkeiten, Ähnlichkeiten und Unterschiede, wägen diese gegeneinander ab und formulieren auf dieser Basis ein Fazit.	*Vergleichen Sie* die Figurenkonstellation mit derjenigen im Drama X. *Vergleichen Sie* Art und Wirkung der Metaphorik in beiden Gedichten.
Stellung nehmen **II – III**	Hier geht es darum, zu einzelnen Meinungen, Textaussagen oder auch Problemstellungen argumentativ und wertend eine Position zu formulieren.	*Nehmen Sie* zu den Aussagen des Autors *kritisch Stellung,* indem Sie Erkenntnisse der Sprachsoziologie berücksichtigen.
prüfen, überprüfen **II – III**	Hier untersuchen Sie eine (Text-) Aussage, These, Behauptung etc. kritisch im Hinblick auf deren Gültigkeit, um zu einer begründeten Einschätzung zu gelangen.	*Überprüfen Sie* die Stimmigkeit des Interpretationsansatzes auf der Grundlage Ihres eigenen Textverständnisses.
beurteilen, bewerten **II – III**	Sie sollen auf der Basis fundierter Kriterien oder begründeter Wertmaßstäbe Einschätzungen formulieren, z. B. zu einer Aussage oder Problemstellung.	*Beurteilen Sie* den Versuch des Autors, seine Fluchterfahrung in lyrischer Form darzustellen. *Bewerten Sie* Jandls lyrische „Sprachspiele“ auf der Basis Ihres eigenen Verständnisses von der Aufgabe der Lyrik in der Gegenwart.
sich auseinandersetzen mit **II – III**	Dieser Operator fordert eine argumentative Abwägung in Bezug auf Sachverhalte oder Problemstellungen, wobei in der Regel eine genauere Fragestellung vorgegeben ist.	*Setzen Sie sich* mit der Frage auseinander, ob es einen Lesekanon geben sollte.

5.1 Praktische Tipps

Die **Wahl der Aufgabe** sollte sorgfältig getroffen werden, denn von der „richtigen" Aufgabe hängt ganz wesentlich der Erfolg der Arbeit ab. Deshalb sollten Sie nicht nur die Textvorlage, sondern auch die Aufgabenstellung genau lesen und für sich selbst folgende Fragen beantworten:

- Was genau wird verlangt: Reproduktion, Erarbeitung, Beurteilung, Stellungnahme, Vergleich, Eigengestaltung?
- Welches ist die Schwerpunktaufgabe? Liegt sie mir?
- Welche Aufgabe fordert mich heraus? Wo kann ich meine Stärken einbringen?
- Wo habe ich Gelegenheit, Kenntnisse aus dem Unterricht zu nutzen?

Ausschlaggebend sollte nicht die vermeintliche Leichtigkeit einer Aufgabe sein, sondern die Möglichkeit, sie auf ergiebige und gehaltvolle Weise zu lösen.
Ist die Entscheidung gefallen, sollten Sie möglichst nicht mehr wechseln, denn das wäre verschenkte Zeit.

Eine grobe **Zeitplanung** ist immer hilfreich. Die 315 Minuten Bearbeitungszeit entsprechen sieben Schulstunden. Es liegt nahe, eine Grobplanung im 45-Minuten-Takt vorzunehmen. Bei Analyseaufgaben könnte man zum Beispiel zwei Unterrichtsstunden für die Konzeptphase ansetzen (Textmarkierungen, Skizzen, Aufsatzgliederung, Disposition, Ausformulierung von Kern- und Gelenkstellen), etwa zwei Stunden für die Reinschrift und eine Stunde für die Durchsicht und Feinkorrektur. Damit wären etwa fünf Stunden verplant, sodass noch Zeit für Pausen und ein ausreichender Puffer bleibt. Pausen sollte man erst nach Beendigung eines Arbeitsganges einlegen, im Idealfall erst vor der Reinschrift.

5.2 Hinweise zu den Bewertungskriterien

Bei der Bepunktung werden folgende Bewertungskategorien berücksichtigt:

- die inhaltliche Leistung und
- die sprachliche Leistung.

Besonders viel Gewicht wird in der Bewertung darauf gelegt, dass

- Ihre Ausfertigung sachlich richtig ist,
- Ihre Aussagen folgerichtig und begründet sind,
- Ihre Arbeit einen bestimmten Grad an Selbstständigkeit, z. B. in der Entwicklung von Gedankengängen, aufweist,
- über einen klaren Aufbau und eine deutliche Sprache verfügt,
- eine grundlegende Sicherheit im Umgang mit der Fachsprache und den entsprechenden Methoden aufzeigt und
- sprachlich richtig und in ihrer äußerlichen Form angemessen ist.

Hinweise und Tipps zur mündlichen Abiturprüfung

1 Allgemeines

Die Aufgabenstellung in der mündlichen Prüfung besteht aus zwei Aufgaben. Einer der beiden Aufgaben ist ein (kurzer) Text zur Bearbeitung beigegeben, der Ihnen nicht aus dem Unterricht bekannt ist. Jede der beiden Aufgaben enthält in der Prüfung in der Regel zwei gleichwertige Elemente, durch die einerseits die Fähigkeit zum selbstständig konzipierten **Vortrag**, andererseits die Fähigkeit zur Beteiligung am **Prüfungsgespräch** überprüft wird. Beide Teile der Prüfung (Vortrag und Prüfungsgespräch) sollen zeitlich etwa gleich bemessen sein. Es gelten ansonsten grundsätzlich dieselben Kriterien für die Bewertung wie bei den schriftlichen Anforderungen, wobei es besonders darauf ankommt, dass man auch in mündlicher Rede gewandt und präzise argumentiert, ohne den Faden zu verlieren.

Zunächst erhalten Sie die Aufgabenstellungen, für deren Bearbeitung Ihnen im **Vorbereitungsraum 30 Minuten** zur Verfügung stehen. Innerhalb dieser Zeit sollen Sie zu beiden Aufgaben jeweils einen etwa 5-minütigen Vortrag erarbeiten, der in sich geschlossen und logisch untergliedert ist. Während des Referats können Sie sich auf Ihre stichwortartigen Aufzeichnungen stützen.

Die Kürze der Vorbereitungszeit schließt aus, dass Sie Ihren Vortrag schriftlich ausformulieren; vielmehr ist es, ähnlich wie bei der Sichtungsphase in der Klausur, notwendig, ihn durch sinnvolles Markieren und knappe Anmerkungen zu konzipieren.
Der jeweils zweite Prüfungsteil zu jeder Aufgabe besteht aus einem Prüfungsgespräch, in dem Ihr Hintergrundwissen und Ihre Fähigkeit, größere fachliche und sachliche Zusammenhänge zu erschließen, überprüft werden.

2 Prüfungsteil I: eigenständiger Vortrag

Die größten Schwierigkeiten bei der mündlichen Abiturprüfung liegen erfahrungsgemäß im ersten Teil, also in dem zusammenhängenden, gegliederten Vortrag. Da es für solche Vorträge kaum echte Übungsmöglichkeiten im Unterricht gibt, zumindest nicht für jeden Einzelnen, fehlt es weitgehend an konkreten Vorerfahrungen; daher im Folgenden einige Tipps, wie Sie sich auf diese Prüfungssituation vorbereiten und Ihren Vortrag ansprechend gestalten können.

Tipps für die 30-minütige Vorbereitung

- Themenstellung: Was ist die Zielrichtung der geforderten Bearbeitung?
- Operatoren: Welche konkreten Anforderungen werden gestellt? Bei Mehrteiligkeit: Welche Gliederungshilfe bieten die Teilaufgaben? Welcher Aufgabe kommt das größte Gewicht zu?
- Einstieg: Mit welcher Einleitung führt man den Vortrag schnell und stringent zum Kern der Aufgabenstellung?
- Texte: Fachbegriffe bzw. analytische Aspekte an den Rand schreiben, Quellen-Anmerkungen ergänzen, Stichworte für den Vortrag festlegen; wichtige Zitatstellen markieren.
- Gliederung: Nummerieren Sie Ihre Markierungen, damit Sie Ihren Vortrag anhand dieser Reihenfolge gestalten können.
- Beenden Sie Ihr Referat mit einem klaren Fazit.
- Grobstruktur: Nennung der Aufgabenstellung – Einleitung – Bearbeitung der Teilaufgaben – Schlussteil.

Tipps für den Vortrag

- Zeitmanagement: Legen Sie eine Armbanduhr neben Ihr Konzept, notieren Sie, bevor Sie zu sprechen anfangen, den konkreten Zeitraum für Ihren Vortrag – so haben Sie klare zeitliche Anhaltspunkte.
- Nutzen Sie die Anmerkungen, die Sie während der Vorbereitungszeit angefertigt haben, als Leitfaden.
- Tragen Sie möglichst frei vor, klammern Sie sich nicht an Ihre Aufzeichnungen.
- Sprechen Sie klar, deutlich und hinreichend laut.
- Achten Sie auf ein angemessenes Sprechtempo. Versuchen Sie, nicht zu schnell zu sprechen.
- Vermeiden Sie sowohl „Endlossätze" als auch Aneinanderreihungen und monotone Satzanfänge („Und … und … und …").
- Achten Sie darauf, Füllwörter wie „halt", „sozusagen", „irgendwie" u. a. möglichst zu vermeiden.
- Nutzen Sie die Fachsprache, die Sie gelernt haben, um zu verdeutlichen, dass Sie Ihr Metier beherrschen.
- Zitate/Textbelege: Erklären Sie während des Vortrages, woher Sie Ihre Aussagen beziehen, indem Sie Kernstellen mit Zeilenhinweis anführen.
- Ein gelegentlicher Blickkontakt zu Ihrem Prüfer oder den übrigen Beisitzern zeugt von einem souveränen Umgang mit der Situation und den Kommunikationsregeln.
- Bewegen Sie sich bei Ihrem Vortrag auf einer einheitlichen Sprachebene und vergegenwärtigen Sie sich, dass die Adressaten Ihres Vortrags Deutschlehrerinnen und Deutschlehrer, also Fachleute sind.

Sie können den ersten Teil der mündlichen Prüfung üben und simulieren, indem Sie Arbeitsaufträge aus diesem Band zugrunde legen, die Vorbereitungszeit exakt ein-

halten und zwei Kursmitglieder als fiktive Prüfungskommission hinzuziehen. Lassen Sie sich anschließend von Ihrer „Prüfungskommission" begründet darlegen, ob Ihr Vortrag sprachlich und inhaltlich verstanden wurde.
Ebenso können Sie natürlich in der Familie oder im Freundeskreis das Referieren üben oder zu diesem Zweck Ihren Vortrag selbst aufnehmen und überprüfen.

3 Prüfungsteil II: das Prüfungsgespräch

Die zeitliche Dauer des zweiten Prüfungsteils entspricht in etwa derjenigen des ersten Teils: ca. 5 Minuten zu jeder Aufgabe je nach Verlauf. Im Prüfungsgespräch wird an Ihren Vortrag angeknüpft. Hier bekommen Sie je nachdem die Möglichkeit, Dinge zu korrigieren, zu präzisieren, ausführlicher zu erläutern oder in einen anderen oder erweiterten Kontext zu stellen. Sie sollten sich dabei aber nicht wiederholen oder gar den Eindruck erwecken, dass Sie dem Thema des Prüfungsgesprächs ausweichen wollen.
Sie sollen Ihre Kommunikationskompetenzen im Rahmen eines Fachgespräches unter Beweis stellen: Zeigen Sie sich also als gewandter Gesprächspartner, der adressatengerecht und sachkundig die Fragen und Impulse aufgreift und möglichst selbstständig und ergiebig damit umgeht.

Tipps für das Prüfungsgespräch

- *Sprechanteil:* Je eigenständiger und umfassender Sie als Prüfling mit den Fragen und Impulsen umgehen, desto besser! Begnügen Sie sich nicht mit Kurzantworten, führen Sie länger aus.
- *Erfassen der Frageintention:* Achten Sie auf die Operatoren und auf fachliche Kernbegriffe! Führen Sie sinnvolle Beispiele oder Vergleiche aus dem Unterricht an, zeigen Sie Ihr Hintergrund- und Allgemeinwissen. Aber schweifen Sie nicht ab, bleiben Sie beim Thema.
- *Gesprächsaufbau durch den Prüfer:* In der Regel gestaltet der Prüfer ein solches Gespräch nach dem Prinzip „Vom Einfachen zum Schwierigen, vom Einzelfallbeispiel zum Allgemeinen/Modellhaften".
  Wenn Sie einen Bezug zu einer Ihnen passend erscheinenden Theorie oder zu einem aus dem Unterricht bekannten Beispiel selbst herstellen können: Tun Sie dies!
- *Unterrichtsbezüge:* Hintergrund aller Fragen und Impulse ist das aus dem Unterricht Bekannte. Stellen Sie also nach Möglichkeit über das gerade angesprochene Einzelbeispiel hinaus Vergleiche zu dem im Unterricht Behandelten an, weisen Sie auf Gemeinsamkeiten oder auch auf Unterschiede hin. Machen Sie somit deutlich, dass Sie den Gesprächsgegenstand aus dem Prüfungsgespräch in größere Zusammenhänge einordnen können.
- *Verständnisproblem:* Sollten Sie mit einer einzelnen Frage einmal nichts anfangen können: Verlieren Sie keine Zeit, bitten Sie an einer solchen Stelle um eine kurze ergänzende Erläuterung.

- *Unterbrechungen:* Lassen Sie sich nicht irritieren. Der Prüfer möchte Ihnen entweder zurück auf den Haupt(frage)weg helfen oder den Themenschwerpunkt wechseln, was vielleicht nur daran liegt, dass die Prüfungszeit allmählich knapp wird: Werten Sie solche Unterbrechungen in jedem Fall als für Sie günstig und hilfreich.
- *Mimik und Gestik:* Lassen Sie sich nicht durch Äußerlichkeiten irritieren: Die Prüfer werden sich bemühen, eine neutrale Atmosphäre herzustellen. Wenn das Prüfungsgespräch beispielsweise weniger persönlich verläuft als eine normale Unterrichtsstunde, ist das kein beunruhigendes Zeichen.

Abitur Deutsch (Schleswig-Holstein) – Übungsaufgabe 1: Interpretation eines literarischen Textes

Thema:
Liebeskonzepte in der Lyrik

Arbeitsgrundlage:
Joseph von Eichendorff: *Das zerbrochene Ringlein*
Else Lasker-Schüler: *Ein Lied*

Aufgabe:

1. Interpretieren Sie das Gedicht *Das zerbrochene Ringlein* von Joseph von Eichendorff. Berücksichtigen Sie dabei auch epochentypische Merkmale. (60 %)
2. Vergleichen Sie das Gedicht *Das zerbrochene Ringlein* mit Else Lasker-Schülers Gedicht *Ein Lied* im Hinblick darauf, wie jeweils das Motiv der unglücklichen Liebe und der Umgang mit dieser ausgestaltet wird. Berücksichtigen Sie dabei neben inhaltlichen auch ausgewählte sprachliche und formale Aspekte. (40 %)

Erlaubte Hilfsmittel:
– Ein Wörterbuch der deutschen Rechtschreibung

Material 1
Joseph von Eichendorff (1788–1857): Das zerbrochene Ringlein (1810/11)

In einem kühlen Grunde
Da geht ein Mühlenrad,
Mein Liebste ist verschwunden,
Die dort gewohnet hat.

Sie hat mir Treu versprochen,
Gab mir ein'n Ring dabei,
Sie hat die Treu gebrochen,
Mein Ringlein sprang entzwei.

Ich möcht als Spielmann reisen
Weit in die Welt hinaus,
Und singen meine Weisen,
Und gehn von Haus zu Haus.

Ich möcht als Reiter fliegen
Wohl in die blutge Schlacht,
Um stille Feuer liegen
Im Feld bei dunkler Nacht.

Hör ich das Mühlrad gehen:
Ich weiß nicht, was ich will –
Ich möcht am liebsten sterben,
Da wär's auf einmal still!

Aus: Joseph von Eichendorff: Werke, Bd. 1. Düsseldorf und Zürich: Artemis und Winkler 1996.

Material 2
Else Lasker-Schüler (1869–1945): Ein Lied (1917)

Hinter meinen Augen stehen Wasser,
Die muß ich alle weinen.

Immer möcht ich auffliegen,
Mit den Zugvögeln fort;

Buntatmen mit den Winden
In der großen Luft.

O ich bin so traurig –
Das Gesicht im Mond weiß es.

Drum ist viel samtne Andacht
Und nahender Frühmorgen um mich.

Als an deinem steinernen Herzen
Meine Flügel brachen,

Fielen die Amseln wie Trauerrosen
Hoch vom blauen Gebüsch.

Alles verhaltene Gezwitscher
Will wieder jubeln,

Und ich möchte auffliegen
Mit den Zugvögeln fort.

Aus: Else Lasker-Schüler: Werke und Briefe.
Kritische Ausgabe, Bd. 1: Gedichte.
Jüdischer Verlag im Suhrkamp Verlag 1996.

Hinweise und Tipps

Bei der vorliegenden Aufgabe handelt es sich um einen ***Gedichtvergleich****. Die erste Teilaufgabe verlangt zunächst eine* ***vollständige Interpretation*** *des Gedichts „Das zerbrochene Ringlein" von Joseph von Eichendorff, die zweite Teilaufgabe fordert dann den* ***Vergleich*** *mit dem Gedicht „Ein Lied" von Else Lasker-Schüler. Beide Teilaufgaben setzen voraus, dass Sie die Analyse von Gedichten beherrschen. Teilaufgabe 1 geht mit 60 %, Teilaufgabe 2 mit 40 % in die inhaltliche Bewertung ein.*

Teilaufgabe 1: *Der Operator „interpretieren" verlangt eine umfassende Auseinandersetzung mit dem Gedicht. Dazu gehört eine genaue Analyse der* ***Bild- und Formensprache****, die nicht isoliert bleiben darf, sondern in Verknüpfung mit der* ***Inhaltsbetrachtung*** *für die Interpretation nutzbar gemacht werden sollte. Da die Aufgabenstellung den dezidierten Hinweis gibt,* ***epochentypische Merkmale*** *in besonderer Weise zu berücksichtigen, sollten Sie diesen ausreichend Raum widmen. Auch in Bezug auf die für die Epoche charakteristischen Elemente gilt, dass Sie diese sowohl auf der Inhaltsebene als auch auf der Ebene der Formsprache verorten und aufeinander bezogen interpretieren sollten. Eine sorgfältige Interpretation dieses Gedichts ist unbedingt notwendig, da sie die Voraussetzung dafür bildet, Teilaufgabe 2 erfolgreich bearbeiten zu können.*

Teilaufgabe 2: *Bei einem Vergleich sind* ***Gemeinsamkeiten, Ähnlichkeiten und Unterschiede*** *zu ermitteln und sprachlich angemessen darzustellen. Die Arbeitsanweisung gibt eine Hilfestellung, da sie die zu betrachtenden Vergleichsaspekte benennt: die Gestaltung des* ***Motivs der unglücklichen Liebe*** *und des* ***Umgangs*** *damit. Der Vergleich ist dabei nicht auf inhaltliche Aspekte zu beschränken, vielmehr wird ausdrücklich darauf hingewiesen, dass auch die* ***Sprache*** *und die* ***Form*** *der Gedichte beachtet werden sollen. Die Formulierung, dass „****ausgewählte*** *sprachliche und formale Aspekte" zu berücksichtigen sind, lässt sich als Hinweis auf eine stärkere Gewichtung der inhaltlichen Ebene verstehen.*
Denken Sie daran, dass von Ihnen keine für sich stehende Interpretation des zweiten Gedichts gefordert ist, sondern dass dieses nur zum Vergleich herangezogen werden soll. Um Ihr Verständnis des zweiten Gedichts plausibel zu machen, kann es allerdings an der einen oder anderen Stelle sinnvoll sein, mit ***Textbelegen*** *zu arbeiten.*

Lösungsvorschlag

Teilaufgabe 1

Einleitung

Grundlegende Informationen zu Gedicht, Epochenzuordnung, Thema

Das in der Epoche der **Romantik** zu verortende Gedicht „Das zerbrochene Ringlein" von Joseph von Eichendorff, verfasst in den Jahren 1810/11, gestaltet die Reaktion des männlichen lyrischen Ichs auf den Treuebruch seiner Geliebten. Dem durch das Ende der Liebe hervorgerufenen Schmerz begegnet das einsame lyrische Ich mit einer Reihe verzweifelter Fluchtwünsche, die als Illusion entlarvt werden und schließlich in Todessehnsucht münden.

Der **Liedcharakter** des Gedichts wird hervorgerufen durch fünf Volksliedstrophen à 4 Verse, die ein Kreuzreimschema mit korrespondierendem Wechsel von männlichen und weiblichen Kadenzen aufweisen. Unterstützt wird dieser Eindruck des Liedhaften, mit dem sich das Gedicht in die romantische Tradition der Volks- bzw. Kunstlieder einreiht, durch den gleichmäßig fließenden Rhythmus, der durch einen **dreihebigen Jambus** erzeugt wird. Bindende Enjambements sowie Anaphern (z. B. V. 5/7) und Parallelismen (z. B. V. 9/13) verstärken die Musikalität der Verse weiterhin und sorgen für einen harmonischen Klang. Eine Ausnahme stellen die Eingangs- und die Schlussstrophe dar. Die dort zu findenden Assonanzen – Eichendorff reimt „Grunde" auf „verschwunden" (V. 1/3) sowie „gehen" auf „sterben" (V. 17/19) – führen zu einem Bruch der Symmetrie.

Interpretation
Form

Epochenbezüge

In den **ersten beiden Strophen** beschreibt der verlassene Liebende die **Vorgeschichte**, die die Ursache für seinen aktuellen Gefühlszustand ist, im Perfekt: „Mein Liebste ist verschwunden,/Die dort gewohnet hat." (V. 3 f.) Die Ortsbeschreibung der Wohnstatt seiner Liebsten, die durch das Bild eines sich drehenden „Mühlenrad[es]" (V. 2) erfolgt, erscheint nur vordergründig pittoresk. Die Kühle des Grundes (vgl. V. 1) weist bereits auf erloschene Gefühle hin und das sich fortwährend drehende **Mühlrad** wird zum Symbol eines unaufhaltsam weiterlaufenden Lebens nach dem Treuebruch. Die erwähnte Assonanz („Grunde" – „verschwunden", V. 1/3) spiegelt auch auf der Formebene wider, dass es sich um eine **getrübte Idylle** handelt.

Inhaltliche Analyse unter Berücksichtigung der sprachlichen Gestaltung

Strophen 1 und 2

In der zweiten Strophe wird von einem „**Ring**" (V. 6) als gängigem **Symbol der Bindung** bzw. des Treueschwurs Gebrauch gemacht. Das durch die Untreue der Geliebten hervorgerufene Entzweispringen des Ringes (vgl. V. 8) weist nochmals unmissverständlich auf das Ende der Liebe hin. Die Antithese „Treu versprochen" (V. 5)/ „Treu gebrochen" (V. 7) macht die veränderte Lebenssituation des lyrischen Ichs deutlich, auf die es nun zu reagieren gilt.

Die dritte und vierte Strophe – nun im Präsens formuliert – sind **möglichen Reaktionen** des verletzten und trauernden lyrischen Ichs auf die Einsamkeit gewidmet, die jeweils mit dem Wunsch „ich möcht" eingeleitet werden (vgl. V. 9, V. 13).

Strophen 3 und 4

In der **dritten Strophe** erwägt der Verlassene das **Vagabundieren**, das Leben als in die Welt hinausziehender „Spielmann" (V. 9), dem die räumliche Trennung von der Geliebten hilft, sich mit der Realität der gescheiterten Beziehung abzufinden. Indem das lyrische Ich „von Haus zu Haus" (V. 12) zieht und seine „Weisen" (V. 11) singt, erhofft es sich, seine Erfahrungen weiterzutragen und zu verarbeiten. Die Singkunst erscheint hier als ein möglicher Weg, das eigene Leid zu lindern. Anzumerken ist, dass die Auseinandersetzung mit dem eigenen Schicksal nur vordergründig in der Interaktion mit anderen stattfindet. Die Kommunikation mit Mitmenschen bleibt für den reisenden Spielmann flüchtig, sodass die beschriebene musische Bewältigung der Erfahrungen an die Einsamkeit und an die Besinnung auf sich selbst gekoppelt ist. Das Motiv des Reisens und die **Verarbeitung von Emotionen in der Kunst** weisen das vorliegende Gedicht wiederum als typisch romantisch aus.

Epochentypische Motive

Die zweite Option, die das lyrische Ich erwägt, ist das **Soldatenleben** (vgl. V. 13 f.). Schnittmenge mit der erstgenannten Möglichkeit ist, dass auch hierbei das alte Lebensumfeld verlassen wird. Die Verarbeitung des Schmerzes erfolgt allerdings nicht mehr auf einer künstlerischen Ebene; vielmehr scheint das Ich eine **Verdrängung durch erlebte Gefahren** zu wünschen. Anzunehmen ist, dass ein Ventil für die negativen Emotionen gesucht wird. Der Krieg wird für das lyrische Ich zu einem probaten Mittel, um die destruktiven Gefühle in der „blutge[n] Schlacht“ (V. 14) offen auszuleben. Bei dem Gedanken an das Soldatenleben spielen auch **latente Todeswünsche** eine Rolle. „Um stille Feuer“ (V. 15) in „dunkler Nacht“ (V. 16) möchte das lyrische Ich liegen, beide Attribute rufen Assoziationen an den Tod hervor.

Strophe 5

In der fünften und **letzten Strophe** werden die zuvor formulierten **Bewältigungsvorstellungen** als **illusionär** entlarvt. Das Motiv des Mühlrades, das die mittleren Strophen wie eine Klammer umspannt, wird wieder aufgegriffen. Das fortwährende Rauschen (vgl. V. 17) gemahnt an das Erlittene und ruft die qualvolle Erinnerung an die Geliebte wach. Das Erinnern führt sogleich zu der Einsicht, dass die vorangegangenen Verhaltensoptionen nicht den erwünschten Zustand herbeiführen. An die Stelle der Gedankenspiele tritt blanke Ratlosigkeit: „Ich weiß nicht, was ich will –“ (V. 18). Die zuvor geäußerten Wünsche können damit als aufgehoben gelten. Sie erscheinen dem lyrischen Ich nun nicht mehr als geeignete Mittel, der Erinnerung und dem tief empfundenen Leid zu entkommen. Stattdessen wird als einzige Möglichkeit der Tod, der in Strophe vier nur als latenter Wunsch zutage trat, in Betracht gezogen: „Ich möcht am liebsten sterben“ (V. 19). Der Gedankenstrich, von dem in Vers 18 Gebrauch gemacht wird, deutet das Zögern des lyrischen Ichs vorm Aussprechen des **Todeswunsches** an; letztlich erscheint dieser dem Leidenden aber als alternativlos. Der Grund für die Sehnsucht nach dem Tod wird erneut mit dem Symbolbild des Mühlenrades umschrieben: „Da wär’s auf einmal still!“ (V. 20) Stille ist hier gleichzusetzen mit einem **Ende der Erinnerung**, einem Ende des Leidens am Treuebruch der Geliebten. Dass hier das einzige Ausrufezeichen im ganzen Gedicht zu finden ist, unterstreicht mit Nachdruck den Wunsch des verlassenen Liebenden. Die Assonanz in der letzten Strophe („gehen“ – „sterben“, V. 17/19) zeigt abschließend an, dass das lyrische Ich keine emotionale Ausgeglichenheit empfindet. Die emotionalen Dissonanzen erscheinen – ganz in romantischer Manier – nur durch einen letzten Bruch, den Tod, aufhebbar, der allerdings, so wird durch den Konjunktiv angedeutet, vermutlich auch keine wirkliche Option für das lyrische Ich darstellt.

Epochentypisches Motiv

Eichendorffs Gedicht vermittelt das Leiden eines verlassenen Liebenden, der keinen anderen Ausweg aus seinem Elend mehr sieht als den Tod. Das Gedicht ist sowohl durch seine liedhafte **Form** als auch durch die durchgängig verwendete romantische **Motivik** des Liebesleides, der Sehnsucht, der künstlerischen Verarbeitung von Schmerz, des Reisens und schließlich der Todessehnsucht als geradezu **prototypisch für die Epoche der Romantik** anzusehen.

Fazit mit Epochenbezug

Wie Eichendorff in seinem Text stellt auch Else Lasker-Schüler in ihrem expressionistischen Gedicht „Ein Lied“ ein lyrisches Ich in den Fokus, das nach Wegen sucht, mit **der Realität einer unglücklichen Liebe umzugehen**. Im Gedicht des Romantikers werden Möglichkeiten der Bewältigung erwogen, schließlich erscheint dem lyrischen Ich aber nur der Tod als Möglichkeit, der Trauer zu entkommen. Auch Lasker-Schüler konstruiert ein intensiv leidendes lyrisches Ich – dieses aber ist gewillt und guter Hoffnung, einen **Ausweg aus der dunklen Gefühlswelt** finden zu können.

Teilaufgabe 2

Aufgabenbezogene Überleitung

Epochenzuordnung und Thema

Beide Gedichte enthalten sowohl im Präsens als auch im (Im-)Perfekt formulierte Passagen, wobei die im **Imperfekt** bzw. **Perfekt** verfassten Verse jeweils die **Ursachen für den emotionalen Status quo** beleuchten. Bei Eichendorff wird das traditionelle Symbol des Rings bemüht, um den Treueschwur und in der Folge den Treuebruch zu veranschaulichen. Während hier die Ausgangssituation in den ersten beiden Strophen in **knappen, aber klaren Beschreibungen** offengelegt wird, erfährt der Rezipient von „Ein Lied“ erst in der sechsten und siebten Strophe den Grund für die Traurigkeit des lyrischen Ichs – und muss dafür erst noch das **Bild** des „steinernen Herzen[s]“ (V. 11) **entschlüsseln**. Lasker-Schüler bedient sich hier eines bekannten poetischen Bildes, das die **Gefühllosigkeit des Geliebten** als Grund für die seelische Verletzung des lyrischen Ichs nahelegt, die wiederum in der Metapher der gebrochenen Flügel (vgl. V. 12) Ausdruck findet. Während das Gedicht Eichendorffs **konkret** die Situation und die Gefühlslage des

Vergleich der Gedichte

Vergleichbare Ausgangssituation

Eichendorff: Klarheit der Situation vs. verschlüsselte Bilder bei Lasker-Schüler lyrischen Ichs umreißt, entbehren bei Lasker-Schüler manche Bilder und Vergleiche eines klaren Wirklichkeitsbezugs. Die **subjektiv-expressive Chiffrierung** in den Versen 13 und 14 erschwert den direkten Zugang des Lesers zu den Folgen des Liebesverlusts. Das Bild der fallenden Amseln, die als ein expressionistisches Symbol des Todes gelten können und zudem mit „Trauerrosen“ (V. 13) verglichen werden, erzeugt aber in jedem Fall den Eindruck eines **großen und schmerzhaften Verlusts**. Zudem steht die Farbe Blau in vielen Gedichten dieser Epoche für paradiesische Glückszustände – dass die Amseln von einem „blauen Gebüsch“ (V. 14) fallen, deutet daher einen vormaligen **Glückszustand** an, der nun **verloren** ist.

Liebesverlust als schmerzhafte Erfahrung …

Wie **schmerzhaft** das **Scheitern der Liebe** für Eichendorffs lyrisches Ich ist, wird insbesondere in der letzten Strophe deutlich, in der es seinen **Todeswunsch** artikuliert – bei Lasker-Schüler hingegen durchziehen das gesamte Gedicht Hinweise auf das **Leid des lyrischen Ichs** („Wasser, / Die muß ich alle weinen“, V. 1 f.; „so traurig“, V. 7; „Trauerrosen“, V. 13). In beiden Texten artikuliert das lyrische Ich dabei den Wunsch, das Leid zu verarbeiten bzw. hinter sich zu lassen. Bei Eichendorff erwägt es zwei Möglichkeiten, das Leben als reisender Spielmann und das Leben als Soldat, um der **quälenden Erinnerung zu entfliehen**. Insbesondere durch die fast narrativ zu nennende Ausgestaltung seiner Vorstellungen wirken diese wiederum sehr konkret – ganz im Gegensatz zu dem Bild der „Zugvögel[]“ (V. 4), mit denen das lyrische Ich bei Lasker-Schüler fortfliegen will. In diesem Bild gewinnt sein **Bedürfnis nach emotionaler Erleichterung** Gestalt, ohne dass darin wie bei Eichendorff eine reale Fluchtmöglichkeit aufscheint. Dennoch zeugen die Verse von der **Hoffnung**, dass die Weite der Welt („[i]n der großen Luft“, V. 6) noch vielfältige („Buntatmen“, V. 5) **positive Erfahrungen** in sich birgt. Die Sehnsucht nach solchen Erfahrungen teilen die enttäuschten Liebenden der beiden vorliegenden Gedichte daher.

… und der Umgang damit

Lasker-Schüler: Hoffnung auf Überwindung der Trauer vs. Eichendorff: Tod als Ausweg

Bei Lasker-Schüler ist sich das lyrische Ich dabei offenbar bewusst, dass die Befreiung von der Trauer ein **längerer Prozess** ist: „Hinter meinen Augen stehen Wasser, / Die muß ich alle weinen.“ (V. 1 f.) Diese Verse verdeutlichen zum einen in ihrer Hyperbolik den großen Schmerz des lyrischen Ichs, zum anderen aber bieten sie auch die Aussicht, dass dieser **überwunden** sein wird, wenn der Trauerprozess abgeschlossen ist. Hoffnung stiftet darüber hinaus die vermenschlichte Natur als Vertraute und Verstehende: „Das Gesicht im Mond weiß es.“ (V. 8) Aus ihr scheint das lyrische Ich Trost zu schöpfen (vgl. V. 9 f.). Mit dem „nahende[n] Frühmorgen“ (V. 10) wird zudem die Vorstellung eines **Neubeginns** geweckt, die sich auch in der Hoffnung auf Wiederbelebung früherer Lebensfreude spiegelt: „Alles verhaltene Gezwitscher / Will wieder jubeln" (V. 15 f.). Ein solcher Ausweg erweist sich bei Eichendorff am Ende als **illusionär**. Hier mündet die Trauer in **Ratlosigkeit** (vgl. V. 18) und schließlich in **Todessehnsucht** (vgl. V. 19 f.). Das Symbol des beständig gehenden „Mühlrad[es]" (V. 17) veranschaulicht, dass die Erinnerung omnipräsent ist, sodass das lyrische Ich nur noch den **Ausweg des Todes** sieht. Während Eichendorff am Ende das negativ besetzte Motiv des Mühlrads wieder aufgreift, endet Lasker-Schülers Text bezeichnenderweise mit der erneuten Verwendung des **positiv besetzten Motivs der Zugvögel**. Aus ihrem Gedicht wird der Leser mit dem hoffnungsfrohen Eindruck entlassen, dass das lyrische Ich auf dem besten Wege ist, sich **aus der Welt der Trauer und Depression zu befreien**.

Formale Unterschiede

Zur **erzählerischen Grundanlage** von Eichendorffs Gedicht und der damit verbundenen Zugänglichkeit der bei ihm vermittelten Erfahrung des Liebesverlusts passt dessen **einfache liedhafte Form**. Im Unterschied dazu wählt Lasker-Schüler mit zweizeiligen, reimlosen Strophen und freien Rhythmen eine **weniger harmonische und melodische Form**, die im Verbund mit der teilweise schwierigen Bildlichkeit den Leser herausfordert. Angesichts dessen mag es verwundern, dass die Autorin ihrem Gedicht den Titel „Ein Lied" gegeben hat – der Schluss liegt nahe, dass sie damit nicht auf die Form, sondern vielmehr auf den **vermittelten intensiven Gefühlsausdruck** anspielt: Das lyrische Ich besingt seinen Trennungsschmerz.

Fazit

Die beiden vorliegenden Gedichte, die zwei verschiedenen Epochen – der Romantik bzw. dem Expressionismus – entstammen und formal wenig gemeinsam haben, sind doch verbunden durch das **zeitlose Motiv der unglücklichen Liebe** und durch die Frage, wie der Liebesschmerz überwunden werden kann. Die Suche nach neuem Sinn führt bei **Lasker-Schüler** zu der **Sehnsucht nach Fröhlichkeit** und innerlicher Freiheit, bei **Eichendorff** zur **Sehnsucht nach dem Tod**, da nur dieser dem lyrischen Ich das Ende der schmerzlichen Erinnerung zu verheißen scheint.

Abitur Deutsch (Schleswig-Holstein) – Übungsaufgabe 2: Interpretation eines literarischen Textes

Thema:
Liebeskonzepte in der Lyrik

Arbeitsgrundlage:
Karoline von Günderrode: *Die eine Klage*
Karin Kiwus: *Lösung*

Aufgabe:
1. Interpretieren Sie das Gedicht *Die eine Klage* von Karoline v. Günderrode unter Berücksichtigung der Vorstellung von einer gelungenen Liebesbeziehung. Gehen Sie hierbei auch auf den Epochenkontext ein. (60 %)
2. Vergleichen Sie die Gestaltung des Themas „Liebesbeziehung" in Günderrodes *Die eine Klage* und in dem Gedicht *Lösung* von Karin Kiwus. Berücksichtigen Sie dabei sowohl inhaltliche als auch sprachliche und formale Aspekte. (40 %)

Erlaubte Hilfsmittel:
– ein Wörterbuch der deutschen Rechtschreibung

Material 1
Karoline von Günderrode (1780–1806): Die eine Klage (vermutlich 1806)

Wer die tiefste aller Wunden
Hat in Geist und Sinn empfunden,
Bittrer Trennung Schmerz;
Wer geliebt, was er verloren,
Lassen muss, was er erkoren[1],
Das geliebte Herz,

Der versteht in Lust die Tränen
Und der Liebe ewig Sehnen
Eins in Zwei zu sein,
Eins im Andern sich zu finden,
Dass der Zweiheit Grenzen schwinden
Und des Daseins Pein[2].

Wer so ganz in Herz und Sinnen
Könnt ein Wesen lieb gewinnen,
O! den tröstet's nicht,
Dass für Freuden, die verloren,
Neue werden neu geboren:
Jene sind's doch nicht.

Das geliebte, süße Leben
Dieses Nehmen und dies Geben,
Wort und Sinn und Blick,
Dieses Suchen und dies Finden,
Dieses Denken und Empfinden
Gibt kein Gott zurück.

Aus: Der Neue Conrady – Das große deutsche Gedichtbuch von den Anfängen bis zur Gegenwart. Neu hrsg. und aktual. v. Karl Otto Conrady. Düsseldorf, 2000, S. 372.

Anmerkungen:
1 *erkoren:* auserwählt
2 *Pein:* Schmerz

Material 2
Karin Kiwus (geb. 1942): Lösung (1979)

Im Traum
nicht einmal mehr
suche ich
mein verlorenes Paradies
bei dir

Ich erfinde es
besser allein
für mich

In Wirklichkeit
will ich
einfach nur leben
mit dir
so gut es geht

Aus: Karin Kiwus, Angenommen später. Gedichte. Frankfurt a. M.: Suhrkamp, 1979, S. 74.

Hinweise und Tipps

Diese Aufgabe bezieht sich auf das für das Abitur vorgegebene ***Thema „Liebeskonzepte in der Lyrik"*** *und verlangt von Ihnen einen* ***Gedichtvergleich****. Teilaufgabe 1 fordert zunächst eine* ***vollständige Interpretation*** *des Gedichts „Die eine Klage" von Karoline von Günderrode und wird mit 60 % gewertet. In Teilaufgabe 2 sollen Sie dann das interpretierte Gedicht mit einem zweiten Gedicht* ***vergleichen*** *– mit Karin Kiwus' „Lösung". Diese Teilaufgabe geht mit 40 % in die Bewertung der inhaltlichen Leistung ein.*

Beide Teilaufgaben setzen voraus, dass Sie über ausgeprägte Kompetenzen im Bereich der Lyrikanalyse verfügen.

Teilaufgabe 1: *Erst einmal* ***erarbeiten*** *Sie sich Günderrodes Gedicht: Nach ein oder zwei Lesedurchgängen, in denen Sie ein erstes Textverständnis entwickeln, bearbeiten Sie den Text mithilfe von* ***Markierungen und Notizen****. Die Textbearbeitung bildet dann die Grundlage für die Ausarbeitung Ihrer schriftlichen Interpretation.*

Berücksichtigen Sie die Ihnen bekannten Aspekte einer Gedichtanalyse: Benennen Sie nach einer Einleitung das ***Thema*** *und die* ***Situation*** *des lyrischen Sprechers, widmen Sie sich dem* ***formalen Aufbau*** *und gehen Sie auf die* ***sprachlichen Gestaltungsmittel*** *ein. Dabei ist es – gemäß der Aufgabenstellung – erforderlich, die Ergebnisse im Hinblick auf die im Gedicht dargestellte Vorstellung von einer* ***gelungenen Liebesbeziehung*** *zu deuten. Darüber hinaus wird Ihnen ein weiterer Schwerpunkt vorgegeben: die Berücksichtigung des* ***Epochenkontextes****. Damit wird von Ihnen eine Beantwortung der Frage verlangt, ob und inwiefern das Gedicht von Günderrode hinsichtlich des Inhalts und der sprachlichen Gestaltung epochentypische oder -untypische Merkmale aufweist.*

Teilaufgabe 2: *Im Vergleichsauftrag wird ausdrücklich ein Vergleichsaspekt benannt: das* ***Thema „Liebesbeziehung"****. Um die Teilaufgabe bewältigen zu können, müssen Sie sich zunächst intensiv mit dem zweiten Gedicht befassen.* ***Erarbeiten*** *Sie es wie das erste Gedicht mithilfe von Markierungen und Notizen. Das wird Ihnen vermutlich leichter fallen als bei Günderrode, weil Kiwus' Text zugänglicher ist. Eine eigene schriftliche Interpretation des zweiten Gedichts ist allerdings nicht gefordert. Ihre Untersuchungsergebnisse fließen also* ***direkt in den Vergleich*** *ein.*

In einer ***aufgabenbezogenen Überleitung*** *nennen Sie am besten zunächst den gleichen thematischen Zusammenhang, in dem beide Texte stehen. Wie Sie den Vergleich strukturieren, bleibt Ihnen überlassen. So können Sie zunächst Gemeinsamkeiten und dann Unterschiede thematisieren – ein* ***differenzierter Vergleich*** *gelingt aber in der Regel besser, wenn Sie sich* ***bestimmte Aspekte*** *der Gedichte (z. B. Sprechsituation, Haltung zur Liebe) herausgreifen und dann jeweils prüfen, welche* ***Gemeinsamkeiten*** *und welche* ***Unterschiede*** *es hinsichtlich dieser Aspekte gibt.*

Runden Sie Ihren Aufsatz mit einem ***Schlussteil*** *ab. Sie können hier die wichtigsten Ergebnisse Ihres Vergleichs noch einmal* ***zusammenfassen****, Sie können aber auch noch einmal auf die* ***Epochenkontexte*** *zu sprechen kommen, auch wenn dies nicht ausdrücklich von der Aufgabe gefordert ist.*

Lösungsvorschlag

Teilaufgabe 1

Einleitung

Autor, Titel, Zeit etc.

Das Gedicht „Die eine Klage" von Karoline von Günderrode wurde zu Beginn des 19. Jahrhunderts geschrieben und gehört somit in die literaturgeschichtliche Epoche der Romantik.

Interpretation

Thema

Es thematisiert die **negativen Emotionen**, die eine Trennung nach einer großen, einzigartigen Liebe hinterlässt. Dabei stehen nicht die individuellen unmittelbar erlebten schmerzvollen Emotionen des Sprechers im Mittelpunkt, sondern es werden **fast schon allgemeingültig** die schmerzhaften Erfahrungen nach einer Trennung von einem geliebten Menschen beschrieben, sodass jeder Leser sich mit ihnen identifizieren kann.

Formale Gestaltung und Gedichtstruktur

Das Gedicht besteht aus vier Strophen mit jeweils sechs Versen und folgt durchgehend dem Schweifreimschema (aabccb). Während die Paarreimverse im vierhebigen Trochäus mit weiblicher Endung gestaltet sind, weisen die einzeln stehenden Verse einen dreihebigen Trochäus mit männlicher Kadenz auf. Aufgrund der **syntaktischen Gestaltung** lässt sich das Gedicht in **drei Sinneinheiten** aufteilen. Die erste und die zweite Strophe bilden die erste Einheit: Der Relativsatz (1. Strophe, V. 1–6) hält die Bedingung für die Gültigkeit des anschließenden Hauptsatzes (2. Strophe, V. 7–10) fest. Diese syntaktische Struktur wiederholt sich verkürzt in der dritten Strophe, deren Anfangsverse die Bedingung für das Nachfolgende (V. 15–18) beschreiben. Die letzte Strophe nimmt von diesem syntaktischen Bau Abstand. Die **Spannungsstruktur** der ersten beiden Sinneinheiten bleibt jedoch insofern erhalten, als die beiden wichtigsten Satzteile (Subjekt und Prädikat) erst im letzten Vers folgen.

Inhalt

Sofort in der ersten Strophe wird dem Leser der Grund der „eine[n] Klage" (vgl. Titel) genannt: der starke Schmerz, der durch die **Trennung von einem geliebten Menschen** verursacht wird. Was alle diejenigen, die schon mal einen geliebten Menschen verloren haben, fühlen, wird in der zweiten Strophe genauer ausgeführt. Sie kennen die ewige Sehnsucht nach der verlorenen Liebe, die ein ganz besonderes Zusammengehörigkeits- und Einheitserlebnis ausgezeichnet hat. Die Hoffnung auf einen möglichen Ersatz durch neue Freuden wird in der dritten Strophe zunichte gemacht. Warum die eine große Liebe unersetzbar ist, macht die vierte Strophe dem Leser klar, denn hier wird die vollkommene Liebe als eine beschrieben, in der Gegensätze wie „Nehmen" und „Geben", „Suchen" und „Finden" in einem Einheitserlebnis einander ergänzen. Im Schlusssatz folgt die vollkommene Ernüchterung: Nicht einmal Gott behebt diesen Verlust (vgl. V. 24).

Die vielen Begriffe aus dem **Bedeutungsfeld „Liebe“** – Herz, Lust, Zweiheit, Sinn, Blick, Empfinden – verdeutlichen, dass im Gedicht von einer gelungenen und intensiven Liebesbeziehung die Rede ist. Doch wie wird die Liebesbeziehung, die unersetzbar zu sein scheint, beschrieben?

Beschreibung der vollkommenen Liebesbeziehung – Deutung der sprachlichen Gestaltungsmittel

Betrachtet man die formale und die sprachliche Gestaltung des Gedichts, fallen sofort die Anaphern im Zentrum auf: „Eins in Zwei zu sein, / Eins im Andern sich zu finden“ (V. 9f.). Sie geben den Hinweis auf das entscheidende Merkmal einer gelungenen Liebesbeziehung: Zwei Menschen werden eins und finden sich jeweils im anderen wieder. Um diesen zentralen Gedanken zu betonen, wird er im anschließenden Vers in Form einer Paraphrase gleich wiederholt: Die vollkommene Liebesbeziehung ist eine, in der „der Zweiheit Grenzen schwinden“ (V. 11). In einem solchen Einheitserlebnis wird jede Polarität zwischen zwei Menschen aufgehoben. Die Liebenden verstehen sich und verschmelzen so zu einer Einheit. Eine gelungene Liebesbeziehung meint somit sowohl die geistige als auch die gefühlsmäßige und körperlich-sexuelle Vereinigung. Wie wichtig die Verbindung der geistigen und körperlich-erotischen Bereiche ist, zeigt die direkte Aneinanderreihung von „Wort und Sinn und Blick“ (V. 21). Das Polysyndeton betont deutlich das Einheitserleben in einer gelungenen Liebesbeziehung. Als ob die Besonderheit dieser Verbindung von rational-geistiger und emotional-körperlicher Ebene noch nicht deutlich genug geworden wäre, wird sie in den darauffolgenden Versen gleich wiederholt und durch ein hinweisendes Pronomen wieder eindringlich betont: „Dieses Denken und Empfinden“ (V. 23) sei unersetzlich.

Die Liebenden erfahren eine **allumfassende gegenseitige Zuwendung und sehnsuchtsvolle Hingabe**, denn „[d]ieses Nehmen und dies Geben“ (V. 20), „[d]ieses Suchen und dies Finden“ (V. 22) geschieht offenbar immer im Gleichklang, also im Miteinander statt im Gegeneinander. Konflikte, wie sie in einer Beziehung immer wieder möglich sein können, haben in dieser gelungenen Liebesbeziehung keinen Platz: Niemand von beiden nimmt mehr als der andere, keiner gibt weniger zurück als der andere. Die Liebenden finden sich immer sehnsüchtig wieder (vgl. V. 20–22). Die vollkommene Liebesbeziehung scheint keine Herrschaft und Unterdrückung zu kennen. Statt einer Hierarchie besteht eine Komplementarität zwischen den Liebenden: Sie ergänzen sich und bilden eine Einheit.

Die **Besonderheit und Einmaligkeit dieser Liebe** wird durch die Versanordnung nochmals deutlich. Vers 9 und Vers 21 sind die Verse, die aus dem Paarreimschema einen Schweifreim machen.

Sie stellen das besondere Einheitserlebnis heraus: „Eins in Zwei zu sein“ (V. 9), in „Wort und Sinn und Blick“ (V. 21). Folgerichtig wird durch Vers 15, der auch den Paarreim unterbricht, der besondere Schmerz beim Verlust dieser Liebe herausgestellt: „O! den tröstet's nicht“ (V. 15). Diese Exclamatio zeigt, dass ein Leben ohne den geliebten Menschen nicht mehr lohnenswert zu sein scheint, denn das „geliebte, süße Leben“ (V. 19), das „geliebte Herz“ (V. 6), das hier als Pars pro Toto für den ganzen Menschen steht, kann weder durch neue Freuden (vgl. V. 16–18) noch durch eine Hinwendung zur Religion bzw. zu Gott (vgl. V. 24) ersetzt werden. Indem der Liebe **unersetzbare Einmaligkeit** zugesprochen wird, erhalten die bitteren Verlustgefühle **Ewigkeitscharakter**.

Epochenkontext – Zerrissenheit

Auch wenn es in der romantischen Dichtung nicht das eine unumstößliche Liebeskonzept gegeben hat, so kann man in dem Gedicht von Karoline von Günderrode doch einige **typische Merkmale der romantischen Epoche** und der damit einhergehenden Vorstellungen einer idealen Liebe finden. Ein zentrales Merkmal der Romantik war die Reaktion auf ein Gefühl von Zerrissenheit, das unter anderem auch durch die rationalistische Wissenschaft der Aufklärung erzeugt worden war: **Trennung** von Gefühl und Verstand, von Glauben und Wissen, von Natur und Geist, von Gott und Mensch, von Leben und Arbeiten, und schließlich auch Trennung von Liebe und Vernunft, von sinnlicher und geistiger Liebe, von Liebe und Freundschaft, von Mann und Frau. Auch in dem Gedicht von Karoline von Günderrode wird der Gedanke der Zerrissenheit durch die kontrastiven Verben im Zusammenhang der zunächst „erkorenen“ und „gewonnenen“, dann aber verlorenen Liebe und Freude (vgl. V. 4, 5, 14, 16) angedeutet, ebenso verweisen die damit verbundenen Gefühle von „Lust“ und „Tränen“ (V. 7) auf die Zerrissenheit.

Entgrenzung, Streben nach Einheit und Sehnsucht

Viele Vertreter der romantischen Dichtung, wie z. B. Clemens Brentano und Novalis, strebten in ihren Gedichten jedoch die **Aufhebung der Gegensätze und eine Herstellung der Ganzheit** an. Hinderliche Grenzen sollten überwunden werden – und das galt auch für die Liebe. Die typische **Vorstellung von Entgrenzung**, wie sie in vielen Gedichten der Romantik thematisiert wird, findet sich wörtlich in dem Gedicht „Die eine Klage“, wenn es heißt, dass in einer perfekten Liebe „der Zweiheit Grenzen schwinden“ (V. 11). Das für die Romantik typische Streben nach Entgrenzung spiegelt sich auch in der Vorstellung einer Synthese von sinnlicher und geistiger Liebe wider. Dieser Gedanke wird nicht zuletzt deutlich in der von Vertretern der Romantik immer häufiger formulierten Forderung nach einer Einheit von Liebe und Ehe statt der damals noch weit verbreiteten Vernunftehe. Die mit dieser Forderung verbundene Vorstellung von einer **Dauerhaftigkeit von Liebe und Treue** wird auch in dem Gedicht von Karoline von Günderrode aufgegriffen: Selbst wenn die vollkommene Liebe verloren ist, dauert sie in der **Sehnsucht** nach ihr fort und kann durch keine anderen Freuden ersetzt werden (vgl. V. 16–18). Wesentlich ist für die Epoche der Romantik jedoch nicht das Finden, sondern die Suche und Wanderschaft als Metapher für das Leben und damit die Sehnsucht. Allerdings hat das lyrische Ich bei von Günderrode die – sich beispielsweise auch im romantiktypischen triadischen Geschichtsbild niederschlagende – **Hoffnung aufgegeben**, Einheit und Ganzheit wiederzuerlangen (vgl. 4. Strophe). Selbst die Hoffnung auf eine „Heilung" durch die transzendente Macht Gottes, wie sie sich in der Romantik häufig finden lässt, entfällt: „Das geliebte, süße Leben […] / Gibt kein Gott zurück." (V. 19–24) Diese pessimistische Sicht verleiht dem Gedicht **modernere Züge**.

Teilaufgabe 2

Aufgabenbezogene Überleitung

Titel, Autor, Thema des zweiten Gedichts

Unter anderem deshalb ist ein **Vergleich** mit dem Gegenwartsgedicht „Lösung" von Karin Kiwus interessant. Auch darin steht das Thema „Liebesbeziehung" im Zentrum. Der Titel des Textes von Kiwus klingt dabei zunächst ganz anders als „eine Klage", denn er scheint **optimistisch** eine „Lösung" anzukündigen.

Vergleich der Gedichte

Sprechhaltung: Selbstaussprache vs. Vermittlung allgemeiner Einsichten

Die **Sprechhaltung** in den beiden Gedichten unterscheidet sich: In Kiwus' „Lösung" spricht das lyrische Ich ausdrücklich **von sich selbst**, wie schon die vielen Personalpronomina der ersten Person verraten (vgl. V. 3, 4, 6, 8, 10). Karoline von Günderrodes lyrischer Sprecher hingegen scheint – oberflächlich betrachtet – **allgemeine Einsichten** zu vermitteln und spricht nicht ausdrücklich von eigenen Erfahrungen. Dass es aber dennoch um solche geht, verraten die Intensität, mit der er sich äußert, und der Titel, der die Äußerungen als Klage markiert.

Situation: Ende von Liebe und Beziehung vs. Ende der Liebe und Aufrechterhalten der Beziehung

Die **Situation** des lyrischen Ichs scheint in den beiden Gedichten zumindest ähnlich zu sein: Auch bei Kiwus ist das Liebesglück offenbar vorbei, wie die Metapher vom „verlorene[n] Paradies" (V. 4) verdeutlicht. Während man allerdings bei von Günderrode davon ausgehen darf, dass auch die **Beziehung ihr Ende gefunden** hat, wird diese in Kiwus' Text **aufrechterhalten** (vgl. Strophe 3). Ihr lyrisches Ich klagt nicht über den Liebesverlust, sondern teilt mit, das Glück nicht mehr beim Partner zu suchen, sondern es für sich „allein" zu „erfinde[n]" (V. 6 f.) – und mit dem Partner so gut wie möglich weiter zusammenzuleben.

Haltung zu Liebe und Beziehung: Begrenzung und Bescheidung vs. Entgrenzung und Verlustschmerz

Während bei von Günderrode das eine **absolute Liebesideal Maßstab jeglicher Beziehung** ist und durch keine anderen Freuden ersetzt oder zumindest ausgeglichen werden kann, gibt sich das lyrische Ich bei Karin Kiwus **bescheidener**. Es verzichtet auf eine nachtrauernde sehnsuchtsvolle Grundhaltung und versucht stattdessen, das Beste aus der Situation zu machen. Die hohe **Glückserwartung** ist nicht wie in „Die eine Klage" auf den **Partner** ausgerichtet, sondern auf **sich selbst**. Dieser Gedanke in Vers 7, das Paradies „besser allein" zu erfinden, bildet – auch formal – die Achse des Gedichts. Der Begriff „erfinden" verdeutlicht dabei, dass das zu „findende" Glück nur Fiktion bzw. Illusion ist und insofern weiterhin auf der Seite des „Traum[s]" (V. 1) und nicht auf der Seite der „Wirklichkeit" (V. 9) zu verorten ist. In Vers 8 („für mich") wird der entscheidende Unterschied der beiden Beziehungsvorstellungen in den Gedichten nochmals unterstrichen. Während in dem Gedicht aus der Romantik die Liebe nur durch die **Entgrenzung**, also in Form einer Verschmelzung beider Identitäten zu einer unauflösbaren Einheit vorstellbar ist, hängt im Gegenwartsgedicht die **Glückserfüllung** gerade **nicht mehr von der Zweier-Beziehung** ab, sondern wird **von dieser abgelöst**. Während in der Liebesbeziehung des Romantikgedichts „der Zweiheit Grenzen schwinden" (V. 11), baut sich das lyrische Ich des Gegenwartsgedichts sozusagen **zwei Welten** auf: auf der einen Seite das für sich allein „erfundene" Paradies, in dem der Partner keine Rolle mehr spielt – „nicht einmal mehr" „[i]m Traum" (V. 1 f.) –, und auf der anderen Seite die Realität, die das lyrische Ich gemeinsam mit dem Partner bewältigen möchte, „so gut es geht" (V. 13). Die Trennlinie verläuft also innerhalb der Beziehung zwischen „Traum" (V. 1) bzw. „Erfindung" (vgl. V. 6) und „Wirklichkeit" (V. 9). Und diese Trennung öffnet dem lyrischen Ich offenbar neue Möglichkeiten, während der Sprecher in Karoline von Günderrodes Gedicht mit seinem Fokus auf die verlorene Liebe im **Schmerz** stecken bleibt.

Lyrisches Ich: Aktivität vs. Passivität

Dementsprechend wirkt das lyrische Ich im Kiwus-Gedicht auch **aktiver** als der Sprecher im romantischen Gedicht. Es scheint sich bewusst dafür entschieden zu haben, das Glück nur noch bei sich selbst zu suchen. Der bzw. die Liebende bei von Günderrode dagegen bleibt **passiv** und dem Schmerz **hilflos** ausgeliefert.

Haltung zur Realität: Realitätssinn vs. Idealisierung

Bei Kiwus wird ein Realitätssinn deutlich, der auf jede romantische Überhöhung oder Idealisierung der Beziehung verzichtet. Dass dieser Realitätssinn auf einen Prozess der **Desillusionierung** zurückzuführen ist, macht unter anderem die Verwendung des Traumbegriffs deutlich: Die träumerische Illusion eines gemeinsamen, andauernden Liebesglücks wird aufgegeben. Das lyrische Ich ist aus dem „Paradies" in der „Wirklichkeit" angekommen – aber es will dort nicht auf den Partner verzichten, sondern mit ihm zusammen sein, auch wenn tiefe Gefühle fehlen und das ständige Bemühen, die paradiesische Vergangenheit wiederzubeleben, entfällt. Auch der lyrische Sprecher in „Die eine Klage" hat **keine Illusionen**, dass die Liebe sich wiederbeleben ließe oder mit jemand anderem neu entstehen könnte. Bei ihm aber liegt das insbesondere an der **Idealisierung** der vergangenen Liebe – sie wird so absolut gesetzt, dass selbst Gott sie nicht zurückgeben kann (vgl. V. 24).

Zukunft: Pessimismus vs. Lösungsangebot

Während sich so bei von Günderrode **keine andere Zukunftsperspektive** als die der immer währenden Trauer über den Verlust ergibt, findet Kiwus' lyrisches Ich eine „Lösung" für den Verlust der Hoffnung auf Liebesglück, die in der **Bescheidung auf das einfache Miteinander** in der Wirklichkeit besteht und die Suche nach Glück in andere Bereiche als die Liebe verlagert. Eine solche „Lösung" ist im Günderrode-Gedicht dagegen unvorstellbar: Die Verabsolutierung der Liebesempfindungen **schließt** jegliche **Kompromisse und Alternativen aus**.

Sprachlich-formale Anlage

Nüchtern-spartanische Sprache – Intensität

Die eher **nüchterne**, **in Bezug auf das Liebesglück desillusionierte Sichtweise** bei Kiwus wird durch die schlichte Gestaltung des Gedichts noch unterstützt: Anders als in Günderrodes Gedicht gibt es keinen Reim und keinen Rhythmus, wodurch jegliche Dynamik fehlt. Und auch die sonstige sprachliche Ausgestaltung bleibt im Vergleich zu Karoline von Günderrodes Gedicht **spartanisch:** Die Romantikerin umschreibt die Liebe (und deren Verlust) wort- und bildreich und erzeugt mithilfe rhetorischer Mittel (u. a. Ausruf, Wiederholungen, Polysyndeton) sowie mithilfe von Reim und Rhythmus einen Sprechgestus, der von **hoher Dichte und Intensität** geprägt ist und den Klageton stützt. Kiwus' schon rein äußerlich **karg** wirkendes Gedicht, das nur aus wenigen Worten und aus Kurzversen besteht, verzichtet dagegen nicht nur auf Reim und Versmaß, sondern weitgehend auch auf Bildlichkeit (Ausnahme: V. 4) und rhetorische Mittel – ihr Gedicht liest sich eher wie **Prosa**. Zwar setzt auch Kiwus Wiederholungen ein, doch dienen sie hier nicht zur Intensivierung, sondern zur **Strukturierung:** Die Entsprechungen in der Satzordnung und der Versorganisation von Abschnitt 1 und 3 unterstreichen die **Kontrastierung** von **Traum und Wirklichkeit** sowie von **Liebesglück** („Paradies") und **funktionierender Alltagsbeziehung**.

Fazit – die Gedichte im Epochenkontext

Die unterschiedliche Thematisierung von Liebe in den Gedichten verweist auf den jeweiligen Epochenkontext. „Die eine Klage" von Karoline von Günderrode zeigt eine für die Liebeslyrik der Romantik **typische Überhöhung der Liebe** und die unerfüllte Sehnsucht nach ihr. Die für die Romantik untypischen resignativen Züge ihres Gedichts verbindet es aber mit modernen Gedichten wie dem von Karin Kiwus. Auch wenn die Liebeslyrik in der zweiten Hälfte des 20. Jahrhunderts vielgestaltig ist – in der Regel wird wie bei Karin Kiwus auf **romantische Idealisierung verzichtet**, insbesondere seit den 1970er-Jahren. Meist herrscht ein **resignativer Ton** vor und es werden eher **Schwierigkeiten einer gelingenden Partnerschaft** oder auch die **Vergänglichkeit von Gefühlen** thematisiert. Ob die romantische Vorstellung von einer vollkommenen Liebe, wie sie in dem Gedicht von Karoline von Günderrode beschrieben wird, auch heute noch das Richtbild einer gelungenen Beziehung ist oder die eher alltagstaugliche „Lösung“ in dem Gedicht von Karin Kiwus, muss jeder Leser selbst entscheiden.

Abitur Deutsch (Schleswig-Holstein) – Übungsaufgabe 3: Interpretation eines literarischen Textes

Thema:
Georg Büchner: *Woyzeck*

Arbeitsgrundlage:
Ernst Toller: *Der deutsche Hinkemann. Eine Tragödie in drei Akten* (Auszug)

Aufgabe:
1. Interpretieren Sie den vorliegenden Auszug aus Ernst Tollers Drama *Der deutsche Hinkemann* (1923). (60 %)
2. Vergleichen Sie den Auszug aus Tollers Drama mit Georg Büchners *Woyzeck* im Hinblick darauf, wie das Motiv „eine Frau zwischen zwei Männern“ inhaltlich ausgestaltet wird. Gehen Sie dabei auch auf die Lebenssituation der Figuren, ihre Beweggründe und auf ihr Verhalten ein. (40 %)

Erlaubte Hilfsmittel:
- unkommentierte Ausgabe: *Woyzeck*
- ein Wörterbuch der deutschen Rechtschreibung

Ernst Toller (1893–1939)
Der deutsche Hinkemann (1923, Auszug aus I, 1)

Im Mittelpunkt des Dramas steht der Kriegsinvalide Eugen Hinkemann, dem im Ersten Weltkrieg die Genitalien weggeschossen worden sind. Davon weiß bisher nur seine Ehefrau Grete, mit der er in ärmlichen Verhältnissen lebt. In der vorliegenden Szene ist Hinkemanns Freund Paul Großhahn zu Besuch bei dem kinderlosen Paar. Im weiteren Verlauf des Dramas betrügt Grete ihren Mann mit Großhahn.

HINKEMANN: […] Aber […] die Maschine!! Die zerbricht uns unsere Knochen, ehe wir noch so recht aufgestanden sind. Mir graut vor jedem neuen Arbeitstag, und wenn ich morgens die Arbeit aufnehme, kann ich mir kaum vorstellen, daß man das den ganzen Tag aushalten soll. Und wenn abends die Fabrikglocke geht, stürme ich zum Fabriktor hinaus, als wenn ich besessen wäre.

PAUL GROSSHAHN: Mich drückt die Maschine nicht. Ich bin der Herr und nicht die Maschine. Wenn ich an der Maschine stehe, packts mich mit Teufelslust: Du mußt den Knecht da fühlen lassen, daß du der Herr bist! Und dann treibe ich das heulende und surrende und stöhnende Ding bis zur äußersten Kraftleistung, daß es Blut schwitzt … sozusagen … und ich lache und freue mich, wie es sich so quält und abrackert. So, mein Tierchen, rufe ich, du mußt gehorchen! Gehorchen!

Und das wildeste Stück Holz laß ich die Maschine verschlingen und laß es sie formen nach meinem Befehl! Nach meinem Befehl! Sei ein Mann, Eugen, dann bist du der Herr.

HINKEMANN *leise*: Es gibt Fälle auf Erden, wo einer eher ein Gott werden kann als ein Mann.

GRETE HINKEMANN *starrt Großhahn unverwandt an:* Wie wild Sie blicken können, Herr Großhahn.

PAUL GROßHAHN: Och …

HINKEMANN: Der hat das Wildblicken gelernt, aber nicht an der Maschine.

GRETE HINKEMANN: Sondern?

HINKEMANN: Wo, willst du wissen? Bei den Frauensleuten.

PAUL GROßHAHN: Was hat denn son Prolet[1] von seinem Leben? Wenn er auf die Welt kommt, flucht der Alte, daß wieder ein Esser mehr da ist. Hungrig geht er morgens in die Schule, und wenn er abends ins Bett geht, zwiebelt ihm der Hunger das Gedärm. Na, und dann kommt er in die Frohn[2]. Er verkauft seine Arbeitskraft, wie man einen Liter Petroleum verkauft und gehört dem Unternehmer, dem Prinzipal[3]. Er wird … sozusagen … ein Hammer oder ein Stuhl oder ein Dampfhebel oder ein Federhalter oder er wird ein Bügeleisen. Es ist doch so! … Was bleibt sein einziges Vergnügen? D i e L i e b e ! Wo keiner ihm etwas dreinzureden hat? – D i e L i e b e ! Wo er frei ist, wo er dem Herrn Unternehmer und Polizisten sagen kann: Hier ist meine Villa! Eintritt verboten!? – D i e L i e b e ! ! Sehen Sie, die reichen Leute haben so viele Sachen, mit denen sie sich amüsieren … Badereisen und Musik und Bücher … […] Für uns Proleten ist die Liebe ganz was anderes als für die reichen Leute. Sie ist für uns … sozusagen … der Lebenskern. Wenn der angefault ist, dann lieber gleich einen Strick. Ist es nicht so, Eugen?

HINKEMANN: Du magst wohl recht haben …

PAUL GROßHAHN: Sie sind eine verheiratete Frau, Frau Hinkemann, man kann deshalb ein offenes Wort mit Ihnen reden. Was hätte unsereiner wohl vom Leben, wenn er nicht jeden Tag einmal bei seinem Mädchen sein könnte.

HINKEMANN *beobachtet gespannt Grete.*

PAUL GROßHAHN: Was sagen Sie, Frau Hinkemann?

GRETE HINKEMANN: Was ich sage? … *Scheu.* Alle Frauen sind nicht gleich.

HINKEMANN *aufspringend:* Ich schaff Arbeit, Grete, da kannst du dich drauf verlassen … ich will dir doch was schenken können zu Weihnachten! …

PAUL GROßHAHN: Kannst dir den Weg sparen.

HINKEMANN: Abwarten, Paule! Auf Wiedersehen, Grete. *Hinkemann verläßt das Zimmer.*

Einige Minuten Stille.

PAUL GROßHAHN: Ein Mann wie ein Ringkämpfer. Ist doch jammerschade, daß der brach liegen muß. Und immer Humor. Sie sind wohl recht glücklich, Frau Hinkemann?

GRETE HINKEMANN *sieht ihn starr an:* Ja.

PAUL GROßHAHN: Ich bin immer neidisch auf den Eugen, wenn ich Sie beide so sehe.

GRETE HINKEMANN *stützt weinend den Kopf in ihre Hände.*

PAUL GROßHAHN: Was ist denn, Frau Hinkemann? … Ich habe doch nichts Übles gesagt? Sie weinen ja? … Was ist denn? … soll ich dem Eugen nachlaufen? Vielleicht erreiche ich ihn noch …

GRETE HINKEMANN *fassungslos aufweinend:* Mein Kopf zerbricht! … Mich können sie ins Irrenhaus schaffen! … Ich schrei! … Ich schrei! …

PAUL GROßHAHN *besorgt:* Sind Sie krank, Frau Hinkemann? Kann ich Ihnen helfen? Oder sind Sie gar in guter Hoffnung[4]? … Da bekommen manche Frauen die Fallsucht[5].

GRETE HINKEMANN: Ach du lieber Herr Jesus, ach du lieber Herr Jesus … in andern Umständen … *Krampfhaft auflachend.* in Umständen, daß ich froh wäre, wenn sie mich heut begraben täten …

PAUL GROßHAHN: Ist der Eugen nicht gut zu Ihnen? Schlägt er Sie?

GRETE HINKEMANN: Ich sags … ich sags … ich sags … ich bin ein armes Menschenkind … mein Eugen … mein Eugen … mein Eugen, der ist ja gar … der ist ja gar kein Mann …

PAUL GROßHAHN: Sind Sie wirklich nicht krank, Frau Hinkemann? Vielleicht haben Sie Fieber?

GRETE HINKEMANN: Nee … mein Eugen … mein Eugen, den haben sie im Krieg draußen so zugerichtet … und jetzt ist er ein Krüppel … ich schäm mich ja so … ich kanns nicht erklären … Verstehen Sie mich doch, Herr Großhahn, er ist gar kein Mann mehr … *Hält sich wie erschreckt über sich selbst den Mund zu.*

PAUL GROßHAHN *prustet einen kurzen, rohen Lachlaut.*

GRETE HINKEMANN: Ach Herr Jesus … was hab ich nu angerichtet? Was hab ich nu gesagt? Wie Sie mich jetzt auslachen … pfui! pfui! Das hätt ich nicht gedacht … das hätt ich Ihnen nicht zugetraut.

PAUL GROßHAHN: Entschuldigen Sie, Frau Hinkemann, es kommt mir nur … es kommt mir nur so die Kehle herauf … Wenn ein Mann das hört, da muß er eben lachen. *Entrüstet.* Aber der Eugen, der ist ja ein Egoist! Was hält der Sie? Der liebt Sie nicht, sonst würde er Sie gehen lassen … *Großhahn streichelt Grete. Grete lehnt sich an ihn.*

GRETE HINKEMANN: Das ist alles viel schwerer, wie Sie sich das denken, Herr Großhahn. Man findet sich nicht zurecht. Eben ist es hell, und dann ist es wieder finstere Nacht … Der Mensch dauert mich so[6] … Was war das für ein Mann vor dem Krieg! Das blühende Leben! Aber heute … nur noch grübeln kennt er. Er hadert mit Gott und hadert mit den Menschen … Und wenn er mich anschaut, meine ich, er will mich durch und durch schauen, als ob ich ein Ding wäre und kein Mensch. Und manchmal, da fürchte ich mich vor ihm … da mag ich ihn nicht leiden … da ekelt er mich! … *Sich schüttelnd.* Da ekelt er mich! … Herr Jesus, wie soll das enden? …

PAUL GROßHAHN *immer zärtlicher werdend:* Weinen Sie nur, Frau Grete, weinen Sie nur … Tränen, die man zurückhält, sind wie Steine, die einem auf dem Herzen liegen, hat meine Mutter selig immer gesagt …

GRETE HINKEMANN: Sie werden ihm nichts verraten, Herr Großhahn? Ich ginge ins Wasser!

PAUL GROẞHAHN: Nichts werde ich ihm sagen, Grete. Kein Sterbenswörtchen. Da kannst du ohne Sorge sein. Ich hab schon einmal einen Monat Gefängnis auf mich genommen, weil ich versprochen hatte, reinen Mund zu halten … Da kannst du ohne Sorge sein … Du bist ein junges Weib … guck mich mal an … zum Teufel, du machst es nicht mehr ein Jahr, wenn du dich so weiter grämst … Greteken … Greteken … *Küßt sie.*

GRETE HINKEMANN: Nu werde ich doch schlecht …

PAUL GROẞHAHN: Schlecht? Wie kann schlecht sein, was aus der Natur kommt? … sozusagen … aus dem Blut … Schlecht, mit dem Wort jonglieren die Pfaffen und die Kapitalisten … Schlecht wärst du gegen dich, wenn du einem Mann, der kein Mann ist, die Treue halten wolltest. Und überhaupt Treue. Auch ein Gottseibeiuns fürs arme Volk. Für die reichen Leute ist das längst ein Ammenmärchen. Mein Freund hatte sogar eine Liebschaft mit … einer Frau Kommerzienrat …

GRETE HINKEMANN: Ich höre jemand auf der Treppe … Wenn es Eugen ist …

PAUL GROẞHAHN: Dann will ich lieber gehen … Greteken, magst du mal zu mir kommen? Du weißt, wo ich wohne … Brauchst keine Bange zu haben, mich besucht niemand … Du kannst dein Herz bei mir ausschütten … sozusagen … Du kannst dich ruhig bei mir ausweinen … Kommst du zu mir?

GRETE HINKEMANN: Ich weiß es noch nicht …

PAUL GROẞHAHN: Erinnerst du dich noch, wie wir zusammen am großen Sandhaufen im Stadtpark Burgen bauten, Greteken? … Ich hatte schon ein Auge auf dich geworfen, als du noch eine kleine Milchdirn[7] warst … Greteken, kommst du zu mir?

GRETE HINKEMANN *schüttelt widerstrebend den Kopf.*

PAUL GROẞHAHN *plötzlich brutal:* Ohne Ziererei … Du kommst! …

GRETE HINKEMANN: Ich …

PAUL GROẞHAHN: Du kommst!

GRETE HINKEMANN: Ja …

PAUL GROẞHAHN: Adschö[8] auch, Greteken, adschö. *Großhahn geht.*

GRETE HINKEMANN *allein:* Man ist nur ein armes Weib. Und das Leben ist so verworren.

Aus: Ernst Toller: Der deutsche Hinkemann. Eine Tragödie in drei Akten.
Potsdam: Kiepenheuer 1923, S. 7–12.

Anmerkungen:

1 *Prolet:* Proletarier, hier im Sinne von „einfacher Arbeiter“
2 *Frohn:* Frondienst (= im Mittelalter Dienstleistung der Bauern für ihre Grundherren, in der Regel von Zwang geprägt)
3 *Prinzipal:* Arbeitgeber (von lat. *princeps* = Vorsteher, Führer)
4 *in guter Hoffnung sein:* schwanger sein
5 *Fallsucht:* vor allem früher benutzter Begriff für Epilepsie (= plötzlich auftretende Krampfanfälle)
6 *dauern:* jemandem leidtun
7 *Milchdirn:* Milchmädchen = frühere Bezeichnung für Mädchen oder Mägde, die Milch besorgten und anboten
8 *Adschö:* dialektale Form des französischen Abschiedsgrußes „Adieu“

Hinweise und Tipps

Lesen Sie für die Bearbeitung von ***Teilaufgabe 1*** *zunächst mehrfach den vorliegenden Ausschnitt aus Ernst Tollers Drama „Der deutsche Hinkemann“.* ***Markieren*** *Sie dabei alle Stellen, die Ihnen auffallen, sei es in sprachlicher oder inhaltlicher Hinsicht. Mithilfe von Notizen am Rand des Textes können Sie dabei schon wesentliche Beobachtungen festhalten. Am besten vermerken Sie hier auch schon den inhaltlichen Aufbau des Auszugs, indem Sie ihn in Sinnabschnitte einteilen und deren Inhalt in knappster Form zusammenfassen. Fragen Sie sich dazu, wann eine wichtige Veränderung stattfindet – beispielsweise wenn eine Figur die Bühne betritt oder verlässt oder wenn die Kommunikation eine entscheidende Wendung nimmt. Notieren Sie außerdem auffallende* ***Stilmittel*** *und überlegen Sie, welche Wirkung diese haben. Wenn Sie zudem Beobachtungen zu den* ***Figuren*** *notieren, fällt es Ihnen später leichter, diese zu charakterisieren.*

Beginnen Sie Ihre Ausarbeitung mit einer knappen ***Einleitung****. In dieser nennen Sie Autor, Titel, Erscheinungsjahr, Textart, Textstelle (Akt und Szene) und den Hauptinhalt des vorliegenden Auszugs. Am besten fassen Sie anschließend* ***kurz den Inhalt zusammen****, um einen Überblick über den Auszug zu geben. Danach* ***interpretieren*** *Sie den Text, wobei Sie neben* ***inhaltlichen Aspekten*** *auch auf die* ***sprachliche Gestaltung*** *eingehen. Dabei ist es hilfreich, sich an den Sinnabschnitten zu orientieren. Eine andere Möglichkeit ist es, Inhalt und Sprache nacheinander abzuhandeln. Dabei besteht jedoch die Gefahr, sich zu wiederholen. Im folgenden Musteraufsatz werden die beiden Verfahren kombiniert: Die Untersuchung sprachgestalterischer Aspekte, die den gesamten Auszug betreffen, werden der Detailinterpretation der Sinnabschnitte vorangestellt – sprachliche Besonderheiten, die an der jeweiligen Stelle bedeutsam sind, werden dann im Rahmen dieser Detailinterpretation berücksichtigt. Im Anschluss folgt dann noch eine zusammenfassende Charakterisierung der drei Figuren.*

Eine Herausforderung bei dieser Aufgabe ist der Umfang des Auszugs. Aus zeitlichen Gründen können Sie nicht jeden einzelnen Redebeitrag auswerten – versuchen Sie daher, sich auf die ***zentralen Linien und wichtigen Punkte*** *zu konzentrieren.*

Runden Sie den ersten Teil Ihrer Ausarbeitung mit einem ***Zwischenfazit*** *ab, in dem Sie Ihre bisherigen Erkenntnisse zusammenfassen.*

In ***Teilaufgabe 2*** *sollen Sie den interpretierten Dramenauszug mit Büchners Fragment „Woyzeck“ vergleichen, das Ihnen aus dem Unterricht bekannt ist. Als Vergleichsaspekt wird das* ***Motiv „eine Frau zwischen zwei Männern“*** *genannt. Im Fokus des Vergleichs steht also die Figurenkonstellation. Dabei sollen Sie u. a. die Lebenssituation, die Beweggründe und das Verhalten der Protagonisten behandeln. Es ist sinnvoll, den Vergleich nach den jeweiligen „Rollen“ der Figuren aufzubauen (geprellter [Ehe-]Mann / Frau zwischen zwei Männern / Liebhaber) – Sie können aber auch einen anderen Aufbau wählen. Als Vorbereitung des Vergleichs können Sie in einer Tabelle jeweils Unterschiede und Gemeinsamkeiten der Figuren notieren.*

Ihre Ausarbeitung von Teilaufgabe 2 beginnen Sie mit einer kurzen ***Überleitung*** *zum Vergleich. Anschließend gehen Sie auf die gefundenen* ***Unterschiede*** *und* ***Gemeinsamkeiten*** *ein. Bei Bedarf können Sie* ***Textbelege*** *aus „Woyzeck“ in Ihre Argumen-*

*tation einflechten. Halten Sie sich aber nicht zu lange mit der Suche nach passenden Zitaten auf. Am Ende Ihres Aufsatzes ziehen Sie ein **Fazit**, in dem Sie die wesentlichen Erkenntnisse aus dem Vergleich festhalten oder auch einen Ausblick geben. Beachten Sie, dass die erste Teilaufgabe in der Bewertung mit 60 % und die zweite mit 40 % gewichtet wird. Der Schwerpunkt der Aufgabe liegt also auf der Interpretation des Auszugs.*

Die Textnachweise zu Büchners „Woyzeck" im folgenden Lösungsvorschlag beziehen sich auf diese Ausgabe: Georg Büchner, „Woyzeck", „Leonce und Lena". Hrsg. v. Burghard Dedner. Stuttgart: Reclam 2005. RUB: 18420.

Lösungsvorschlag

Teilaufgabe 1

Einleitung

Grundlegende Informationen zum Drama

Ernst Tollers Drama „Der deutsche Hinkemann. Eine Tragödie in drei Akten" von 1923, aus dem der vorliegende Textauszug stammt, handelt von dem Arbeiter Eugen Hinkemann, dem im Ersten Weltkrieg die Genitalien weggeschossen worden sind und den seine Frau Grete mit seinem Freund Paul Großhahn betrügt.

Interpretation

Einteilung in Sinnabschnitte und kurze Inhaltswiedergabe

Der hier behandelte Auszug aus der ersten Szene des ersten Aktes zeigt einen Besuch Großhahns bei den Hinkemanns und lässt sich in **drei Sinnabschnitte** einteilen. Zu Beginn (vgl. Z. 1–49) unterhalten sich Hinkemann und Großhahn über die Fabrikarbeit, die sie sehr unterschiedlich wahrnehmen. Im Folgenden kommt Großhahn auf die in seinen Augen große **Bedeutung der Liebe** zu sprechen, woraufhin Hinkemann den Raum verlässt. Im zweiten Sinnabschnitt (vgl. Z. 50–81) plaudert Großhahn mit Grete über das scheinbare Glück der Hinkemann'schen Ehe und Grete bricht weinend zusammen – auf seine Nachfragen erzählt sie ihm von den fehlenden Genitalien ihres Mannes. Der dritte Sinnabschnitt (vgl. Z. 82–131) zeigt Großhahns Bemühungen, sich ihr **anzunähern**. Schließlich schafft er es, die anfangs zögerliche Grete zu einem Besuch bei ihm zu Hause zu bewegen.

Grundsätzliche Merkmale der sprachlichen Gestaltung

Der Haupttext ist in **Prosa** verfasst und bildet – mit Ausnahme von Gretes kurzem Monolog nach Großhahns Weggang – durchgehend einen **Dialog** ab. Die Ellipsen (vgl. Z. 47), Einschübe (vgl. „sozusagen", Z. 35) und die vielen Auslassungspunkte, die Gesprächspausen verdeutlichen, ahmen ebenso eine natürliche, **authentische Mündlichkeit** nach wie die dialektal gefärbte Umgangssprache (z. B. „son Prolet", Z. 23; „Adschö", Z. 129). Letztere unterstreicht auch teilweise die Zugehörigkeit der Figuren zur Arbeiterschicht.

Detaillierte Interpretation nach Sinnabschnitten

1. Sinnabschnitt

Im ersten Sinnabschnitt verdeutlicht das einleitende Gespräch der Männer über ihre Arbeit an der Maschine schon die erheblichen **Unterschiede in ihrem Charakter und ihrer Belastbarkeit**. Hinkemann erträgt sie kaum, wie u. a. die Bildlichkeit („zerbricht uns unsere Knochen", Z. 1; vgl. auch Z. 5) und die Wortwahl (u. a. „Mir graut", Z. 2) unterstreichen. Sein Freund hingegen empfindet bei der Bedienung der Maschine ein **Machtgefühl**. Bei ihm dominieren kraftvolle Ausrufe, kombiniert mit einer Herr-Knecht-Metaphorik für die Beziehung zwischen ihm und der als „Tierchen" (Z. 11) verniedlichten Maschine. Großhahn **überhöht sich** geradezu zu einem Beherrscher der Natur („das wildeste Stück Holz", Z. 12), der diese ganz nach seinem Willen zu „formen" (Z. 13) vermag. Mit seiner Aufforderung an Hinkemann, „ein Mann" zu sein, um „der Herr" (Z. 13 f.) zu sein, deutet er implizit einen **Mangel an „Männlichkeit" bei diesem** an, woraufhin Hinkemann erstmals leise sein Problem andeutet (vgl. Z. 15 f.).

Eine kurze Gesprächssequenz über Großhahns wilden Blick bildet die Überleitung zum **Thema Liebe** (vgl. Z. 17–22). Großhahn referiert über ihre existenzielle Bedeutung für die einfachen Arbeiter (vgl. Z. 23–37), deren klägliche Lebensläufe von Hunger und Verdinglichung (vgl. Z. 28 f.) geprägt seien. Als einziges Vergnügen und einziger **Freiheitsraum**, den sie gegenüber den Herrschenden behaupten könnten (vgl. Z. 31 f.), bleibe nur die Liebe, während die Reichen so viel mehr Möglichkeiten hätten. Seine Einschätzung unterstreichen die enthusiastischen Ausrufe „Die Liebe!" (Z. 30 ff.), mit denen er sich selbst gestellte Fragen beantwortet, und die metaphorische Umschreibung der Liebe als „Lebenskern". Sei dieser „angefault" (Z. 36), könne man sich doch gleich umbringen. Mit Großhahns direkter Ansprache der Eheleute (vgl. Z. 36 f., 43) gerät hier die Frage in den Blick, wie es denn bei ihnen um diesen „Lebenskern" stehe. Davon zeugen Hinkemanns **Anspannung** und Gretes **scheue Antwort** (vgl. Z. 42 ff.). Offenbar aus Sorge, Grete könne angesichts der Überlegungen Großhahns an ihrer Ehe zweifeln, verlässt Hinkemann das Zimmer, um sich Arbeit zu suchen und so seiner Frau ein Weihnachtsgeschenk kaufen zu können.

2. Sinnabschnitt

Im zweiten Sinnabschnitt lenkt Großhahn nun ausdrücklich den Blick auf die **Beziehung des Paares**, wenn er nach Gretes Eheglück fragt und seinen Neid bekundet (vgl. Z. 52 f., 55). Grete beginnt zu weinen. Der Spannungsaufbau bis zu Gretes Enthüllung erfolgt hier durch den Wechsel von **besorgt wirkenden Nachfragen** Großhahns und **steigende Verzweiflung** ausdrückenden Äußerungen Gretes. Diese reichen vom doppelten Ausruf „Ich schrei!" (Z. 61) über die Anrufung Jesu (vgl. Z. 65) bis hin zu Stammeln andeutenden Wiederholungen der Fügungen „ich sags" und „mein Eugen" (Z. 69 f.).

Unter anderem die Ansprache Jesu verleiht ihrer Eröffnung, ihr Mann sei „gar kein Mann mehr“ (Z. 76 f., vgl. auch Z. 71), den Charakter einer **Beichte**. Großhahns wenig einfühlsame Reaktion – er lacht prustend – enttäuscht Grete und lässt sie an ihrer Entscheidung zweifeln, das Geheimnis preiszugeben (vgl. Z. 79 f.).

3. Sinnabschnitt

Der dritte Sinnabschnitt zeigt Großhahns **Annäherungsversuche**. Nach einer halbherzigen Entschuldigung bahnt er erste Zärtlichkeiten an, die zunächst noch als Trost durchgehen könnten (vgl. Z. 85 f.), dann aber immer deutlicher Großhahns **sinnliches Anliegen** verraten („immer zärtlicher werdend“, Z. 96; „Küßt sie“, Z. 106). Die Annäherung zeigt sich sprachlich durch die zunehmende Vertrautheit der Anrede: von „Sie“ (Z. 96) zu „du“ (Z. 102) und von „Frau Hinkemann“ (Z. 82) über „Frau Grete“ (Z. 96) und „Grete“ (Z. 101) hin zu „Greteken“ (Z. 105). Grete ihrerseits wird von Großhahns Trost dazu verleitet, ihm den tatsächlichen Zustand ihrer Ehe mitzuteilen: Sie leidet sehr unter der kriegsbedingten Schwermut ihres Mannes (vgl. Z. 87, 89) bis hin zu Furcht und Ekel vor ihm (vgl. Z. 93 f.). Eine Hell-dunkel-Metapher (vgl. Z. 88 f.) verdeutlicht dabei ihre schwankende Stimmung. Gretes Sorge, Großhahn könne ihrem Mann ihre peinliche Enthüllung offenlegen (vgl. Z. 99), stellt ihr Gesprächspartner als unbegründet dar. Ihre Bedenken bei seinem Kuss, die ihr Satz „Nu werde ich doch schlecht …“ (Z. 107) andeutet, versucht er mit **moralkritischen Erwägungen** wegzuwischen (vgl. Z. 108–113). Ihre weiteren Reaktionen (vgl. Z. 114, 119, 124) auf seine Annäherungsversuche, zu denen auch seine Frage gehört, ob sie ihn besuchen kommen werde, signalisieren Abwehr. Unvermittelt schaltet Großhahn auf rigorose, „plötzlich brutal[e]“ (Z. 125) Aufforderungen um, die Grete kaum eine Wahl lassen (vgl. Z. 125, 127): Sie **bejaht** schließlich ein **heimliches Treffen**. Großhahn hat sein Ziel erreicht und verlässt das Haus.

Genauere Betrachtung der Figuren

Nimmt man die Figuren genauer in den Blick, fallen zunächst die **sprechenden Namen der beiden Männer** auf: „Hinkemann“ verweist auf eine Behinderung, während der „Hahn“ in „Großhahn“ als stolz, imposant und männlich gilt, was durch das vorangestellte Adjektiv noch verstärkt wird.

Hinkemanns innere Schwäche

Hinkemann ist vor dem verhängnisvollen Krieg „[d]as blühende Leben“ (Z. 90) gewesen und immer noch „[e]in Mann wie ein Ringkämpfer“ (Z. 51), was auf **äußere Stärke** verweist. Im Kontrast dazu steht seit der Verletzung seine **innere Schwäche**, die durch seine Klagen über die schwere Arbeit und seine häufigen Grübeleien (vgl. Z. 90) zum Ausdruck kommt. Der Krieg hat ihn zu einem **schwermütigen Menschen** gemacht. Dass seine **Ehe** ein **wichtiger**

Halt für ihn ist, den er nicht verlieren möchte, zeigt sein Vorhaben, eine neue Arbeitsstelle zu suchen, um Grete etwas bieten zu können. In der vorliegenden Szene wirkt er im Vergleich zu seinem Freund und späteren Kontrahenten Großhahn **unterlegen**.

Berechnender Großhahn

Während die körperliche Liebe für den Kriegsversehrten unerreichbar ist, findet Großhahn in ihr sein „einziges Vergnügen" (Z. 30) und seinen „Lebenskern" (Z. 36). Statt einer festen Beziehung vergnügt er sich gerne mit „Frauensleuten" (Z. 22), die bezeichnenderweise in der Pluralform genannt werden. Treue ist aus seiner Sicht ein religiös unterfüttertes „Ammenmärchen" (Z. 112) und widerspricht dem natürlichen Begehren des Menschen. Seine **gesellschaftskritische Haltung** zeigen seine Beschreibung des Arbeiterlebens und sein Loblied auf die Liebe als einziger Freiheitsraum der Arbeiterschicht. Im Umgang mit Grete verhält er sich **berechnend**, denn auf ihre Enthüllung hin stellt er ihren Mann als **Egoisten** dar (vgl. Z. 84 f.), wohl in der Hoffnung, bei ihr ein Gefühl von Distanz zu ihrem Ehemann wachzurufen. Sogleich versucht er durch Zärtlichkeit, die verzweifelte Frau emotional an sich zu binden. Sein ganzes Verhalten Grete gegenüber scheint auf die Erreichung seines Ziels ausgerichtet, sie zum Ehebruch zu verleiten. Großhahns Selbstdarstellung als **Inbegriff der Männlichkeit** sowie seine **begeisterten Worte über die Liebe** lassen sich vor diesem Hintergrund möglicherweise schon als strategische Vorbereitung der Annäherungsversuche verstehen. Insgesamt kommt seine **Skrupellosigkeit** zum Ausdruck, denn er hat keinerlei Hemmungen, ein Verhältnis mit der Ehefrau seines Freundes anzufangen. Des Weiteren fällt Großhahns **Machtstreben** auf, einerseits gegenüber der Maschine bei der Arbeit, andererseits gegenüber Grete, wie seine herrischen Aufforderungen zu einem Treffen zeigen. Die **Anbahnung des** später folgenden **Ehebruchs geht von ihm aus**.

Verzweifelte Grete

Grete leidet unter den Auswirkungen der Kriegsverletzung ihres Mannes. In seiner Gegenwart wirkt sie verschlossen, was durch ihre wenigen, kurzen Redebeiträge im ersten Abschnitt deutlich wird. In der Folge wird sie als eine **unsichere Frau in Not** dargestellt, die sich – sich selbst kleinmachend – als „armes Menschenkind" (Z. 69 f.) bezeichnet. Dass sie sich zur Enthüllung der Einschränkung ihres Mannes bewegen lässt, zeigt die **Dringlichkeit ihres Redebedürfnisses** und ihren Leidensdruck. Gleichzeitig schwankt sie zwischen **Pflicht- und Mitleidsgefühlen** gegenüber ihrem Mann und dem **Bedürfnis nach einem erfüllteren Leben**. Großhahns herrisches Auftreten nötigt sie schließlich zu einer Zusage zu einem Treffen, vor dem sie eigentlich zurückschreckt.

Die Szene offenbart **gesellschaftskritische Züge:** Die Handlung ist im **Arbeitermilieu** angesiedelt, wo kein Geld für Geschenke übrig ist und die einfachen Leute die Folgen des Krieges, in dem sie sich für das Land einsetzen mussten, zu tragen haben – sowohl in physischer als auch in psychischer Hinsicht. Inwiefern Großhahns Aussagen, denen zufolge die reichen Leute alles haben und dürfen, während den Armen die Liebe als einziges Vergnügen bleibt, diesen gesellschaftskritischen Ansatz widerspiegeln, hängt auch davon ab, wie man Großhahn bewertet. Es wäre eine interessante Frage, wie diese hier intrigant wirkende Figur im weiteren Verlauf des Dramas weiter ausgestaltet wird – als skrupelloser Egoist oder ebenfalls als armes Opfer der gesellschaftlichen Verhältnisse, dessen Affäre mit Grete der einzige Lichtblick in einem tristen Leben ist.

Zwischenfazit

Im Vergleich mit dem Fragment gebliebenen sozialen Drama „Woyzeck“, das Georg Büchner 1836 zu schreiben begann, fällt die sehr ähnliche **Grundkonstellation** der beiden Werke auf: Im Zentrum der im **ärmlichen Milieu** spielenden Handlung stehen **zwei Männer und eine Frau**, die mit dem einen – gesundheitlich beeinträchtigten – Mann liiert ist und mit dem anderen, attraktiveren Mann fremdgeht. Ein genauerer Vergleich fördert weitere Gemeinsamkeiten, aber auch gewisse Unterschiede zutage.

Teilaufgabe 2
Aufgaben-bezogene Überleitung

Eugen Hinkemann und Franz Woyzeck müssen beide **hart arbeiten**, um über die Runden zu kommen. Ersterer ist von der Fabrikarbeit an Maschinen stark belastet und beklagt sich auch darüber. Um seiner Frau etwas bieten zu können, bemüht er sich um einen Zusatzverdienst. Bei dem einfachen Soldaten Woyzeck ist Fabrikarbeit noch kein Thema. Er muss jede Möglichkeit wahrnehmen, um zusätzliches Geld zu verdienen. Bei ihm ist das Motiv dafür allerdings **existenzieller** als bei Hinkemann: Von seinem schmalen Sold allein könnte er Marie und den gemeinsamen Sohn nicht ernähren, was die **gesellschaftskritische Aussage** des Dramas unterstreicht. Im Gegensatz zu Hinkemann beklagt sich Woyzeck aber nicht, auch wenn er demütigende Aufgaben übernehmen muss. Marie und das Kind genügen ihm als Motivation, wobei sich darin ein wichtiger Unterschied zu Hinkemann zeigt: Letzterer hat kein Kind und wird auch keines mehr zeugen können. Beide Titelfiguren wirken **schwach und versehrt**, sowohl in physischer als auch in psychischer Hinsicht – aber aus **unterschiedlichen Gründen:** Hinkemann ist durch den Krieg von einem lebensfrohen in einen **schwermütigen Mann** verwandelt worden, Woyzeck leidet vor allem unter der herabwürdigenden Ausbeutung, zu der auch die verordnete Erbsendiät gehört. Die **psychische Beeinträchtigung** hat bei Woyzeck allerdings sehr viel **größere Ausmaße** – er gleitet immer mehr in Wahnvorstellungen ab. Beide Figuren erscheinen

Vergleich der Texte
Hinkemann und Woyzeck

dabei **in ihrer Männlichkeit eingeschränkt** bzw. wirken wenig attraktiv, was ihre Frauen zum Fremdgehen verleitet.

Großhahn und der Tambourmajor

Die beiden Gegenspieler dagegen treten **selbstbewusst** auf und stellen ihre **Männlichkeit** heraus: Während sich der Tambourmajor als stattlicher Uniformträger präsentiert, im Wirtshaus mit seiner Körperkraft prahlt und Woyzeck verprügelt, inszeniert Großhahn sich als kraftstrotzender Herr über Maschine und Natur. Damit erfüllen sie die Rolle, die Hinkemann und Woyzeck aus verschiedenen Gründen nicht mehr verkörpern können. Der Tambourmajor wirkt dabei allerdings eher **einfach gestrickt und plump**, während Großhahn **rhetorisches Geschick** an den Tag legt und **manipulativ** verfährt. Sowohl Großhahn als auch der Tambourmajor neigen aber auch zu **befehlerischem Verhalten**, um ihren Willen zu bekommen (vgl. Z. 125, 127 und 6. Szene, S. 18). Ein Unterschied zwischen ihnen ist ihr **sozialer Status:** Großhahn ist wie Hinkemann ein armer Fabrikarbeiter, der schick uniformierte Tambourmajor ist dagegen **finanziell bessergestellt** als Woyzeck, wie z. B. das Geschenk an Marie verdeutlicht (vgl. 4. Szene, S. 14). Insgesamt erscheint Großhahn zudem **besonders skrupellos**, weil er seinen Freund mit dessen Frau hintergehen und dessen Schwäche unbarmherzig ausnutzen will. Der Tambourmajor hat mit Woyzeck hingegen keine näheren Berührungspunkte.

Grete und Marie

Die Frauenfiguren sind eher **unterschiedlich charakterisiert**. Grete wirkt **verzweifelt**, **unschlüssig** und **passiv** – sie lässt sich am Ende von Großhahn herumkommandieren und zu einem Besuch bei ihm überreden. Marie hingegen **nimmt sich ihre Freiheiten** und ihr Vergnügen mit dem Tambourmajor ohne Rücksicht auf die Konventionen aktiv heraus. So zeigt sie offen ihre Bewunderung für den Tambourmajor (vgl. 2. Szene, S. 10), flirtet hemmungslos mit ihm (vgl. 6. Szene, S. 17 f.) und ist sich ihrer Schönheit bewusst („hab' ich einen so roten Mund als die großen Madamen", 4. Szene, S. 14). Ein weiterer Unterschied zeigt sich in den **Gründen für das Fremdgehen:** Bei Grete liegen sie offenbar in ihrer **persönlichen Not** angesichts der Einschränkung ihres Mannes und dessen daraus resultierender depressiver Grundstimmung. Marie hingegen lässt sich nicht nur von der schicken Uniform des Tambourmajors und seiner demonstrativen Männlichkeit, sondern auch von den geschenkten Ohrringen **beeindrucken**. In ihr wird die Sehnsucht geweckt, der **Enge ihres ärmlichen Lebens** zu entfliehen und vielleicht auch mehr als eine einfache Frau sein zu können. Allerdings macht sich bei Marie ebenso wie bei Grete **ein schlechtes Gewissen** bemerkbar („Nu werde ich doch schlecht", Z. 107 und „Ich bin doch ein schlecht Mensch", 4. Szene, S. 15, vgl. auch Szene 17, S. 30 f.).

Das Motiv einer Frau zwischen zwei Männern ist also in den beiden Werken ähnlich, aber nicht gleich gestaltet. Zwar wird in beiden Dramen eine **sozialkritische Ebene** deutlich, allerdings kann man unterschiedliche Schwerpunktsetzungen in Bezug auf das genannte Motiv ausmachen. Büchner legt den Fokus sehr auf die **ökonomischen Umstände** der Figuren und insofern auf die gesellschaftliche Struktur: Die **ärmlichen Verhältnisse**, die Woyzeck zur Selbstausbeutung zwingen und denen Marie entfliehen möchte, sind der **maßgebliche Grund** für ihre Affäre mit dem Tambourmajor.

Gesellschafts-kritik?

Im „Hinkemann" spricht Großhahn zwar die gesellschaftlichen Ungleichheiten direkt an. Aber weil er im Drama als Verführer eine eher unrühmliche Rolle spielt und seine Einlassungen auch eine strategische Dimension haben, wirkt er eher nicht wie ein Sprachrohr des Verfassers. Im Hinblick auf das Motiv einer Frau zwischen zwei Männern scheinen die **ärmlichen Verhältnisse** zudem mehr **im Hintergrund** zu stehen, **ausschlaggebend** ist hier für die sich anbahnende Affäre das eher **individuelle Schicksal Hinkemanns:** Sein Verlust der Genitalien im Krieg verändert ihn so sehr, dass Grete verzweifelt – und diese Verzweiflung ist der **Ansatzpunkt für die Annäherungsversuche Großhahns**, der die sehr spezifische Ehesituation schamlos ausnutzen will. Von ihm wird Grete sich außerdem auch eher **keinen Aufstieg** erhoffen können, denn dieser ist ein Arbeiter wie Hinkemann – während der Tambourmajor in der militärischen Hierarchie über dem einfachen Soldaten Woyzeck steht und Marie wegen seines höheren Solds mit Geschenken beeindrucken kann.

Fazit

Die **Situation Woyzecks** (und Maries) wirkt insofern im Vergleich zu dem individuelleren Schicksal Hinkemanns **zwangsläufiger, paradigmatischer und mehr strukturell bedingt**. Vielleicht ist das der Grund dafür, warum Toller sein Drama eine Tragödie genannt hat, während Büchners Stück gemeinhin als soziales Drama gilt.

Abitur Deutsch (Schleswig-Holstein) – Übungsaufgabe 4: Materialgestütztes Verfassen eines argumentierenden Textes

Thema:
Georg Büchner: *Woyzeck*

Aufgabe:
Ihr Theaterkurs bereitet eine Aufführung von Georg Büchners *Woyzeck* vor und muss sich entscheiden, ob bei der Inszenierung der Schwerpunkt eher auf die im Stück verhandelte soziale Problematik oder aber auf den Liebeskonflikt gelegt werden soll. Verfassen Sie unter Berücksichtigung der Materialien und Ihrer Dramenkenntnis einen Aufsatz für das Programmbuch, in dem Sie sich mit dieser Frage auseinandersetzen und eine begründete Entscheidung treffen.

Wählen Sie eine geeignete Überschrift.

Zitate aus den Materialien werden dem Stil eines solchen Aufsatzes entsprechend ohne Zeilenangabe unter Nennung der Autorin/des Autors und ggf. des Titels verwendet.

Ihr Aufsatz für das Programmbuch sollte etwa 1 000 Wörter umfassen.

Erlaubte Hilfsmittel:
- unkommentierte Ausgabe: *Woyzeck*
- ein Wörterbuch der deutschen Rechtschreibung

Material 1: Zwei Theaterplakate

MPalitzsch / wikipedia, CC BY-SA 4.0.

Anmerkung: Das Plakat bezieht sich auf Alban Bergs 1925 uraufgeführte Oper „Wozzeck", die auf Büchners Stück basiert. Die unterschiedliche Schreibweise des Titels geht auf einen Lesefehler des ersten Herausgebers des Dramas zurück.

https://liberalarts.utexas.edu/germanic/_files/pdf/history/WoyzeckPoster2.jpg

Material 2: Ulrich Rasche zu seiner „Woyzeck"-Inszenierung

© Sandra Then / Residenzthater München

Frage: *Dein „Woyzeck"-Bühnenbild ist eine rotierende Scheibe, eine Art Weltscheibe, außerhalb der das bloße Nichts lauert. Auf dieser Scheibe wirken die Figuren der Leere des Universums hilflos ausgeliefert. An ihnen reißen Fliehkräfte, aber die Drehbewegung kennt kein Ziel und keine erlösende Ruhe. Kann man deine Bühne als Metapher für Büchners Geschichtsfatalismus lesen?*

Rasche: Büchners Erkenntnis vom Fatalismus der Geschichte deckt sich auf eine sehr spezielle Weise mit meinen Bühnenbildern. Für „Woyzeck" habe ich eine Scheibe gebaut, die sich zum Schluss des Abends fast senkrecht aufstellen wird. Die Schauspieler*innen sind dabei unentwegt den sich dort entwickelnden Flieh- und Zugkräften ausgesetzt. Insbesondere Woyzeck, aber auch alle anderen Figuren werden in Büchners Stück stark durch außer ihnen liegende Umstände geformt. Die äußeren Umstände gehören zur Natur oder zur Gesellschaft. Sie bestimmen das Leben und Verhalten der einzelnen Figuren. Immer werden die Figuren in „Woyzeck" gezwungen, diesen Kräften Widerstand zu leisten oder sich ihnen gegenüber zu verhalten. Wer dem Kräftespiel ausweichen will oder zu schwach ist, wird ausgeschieden.

Quelle: Woyzeck. Programmheft des Residenztheaters. Spielzeit 2019/2020

Anmerkung: Ulrich Rasche (*1969): deutscher Regisseur, dessen Inszenierungen sich durch spektakuläre Bühnenbilder und eine Rhythmisierung der Sprache auszeichnen; seine Inszenierung von „Woyzeck" hatte 2020 am Münchner Residenztheater Premiere.

Material 3: Hermann Kurzke: Wir arme Leut

[…] Die Mitte des 19. Jahrhunderts kannte Pauperismus und Proletarierelend in schaurigem Umfang – Hungerlöhne, Überforderung, ungesunde Wohnverhältnisse, Epidemien, Kinderarbeit, daraus folgende sittliche Verelendung mit Gewalttaten, Raub und Diebstahl, Trunksucht, Promiskuität[1] und Prostitution. […] Das waren die Rahmenbedingungen in der historischen Wirklichkeit. Aber welche Rolle spielen sie in Büchners Kunst? Woyzeck ist keine Pauperismus-Studie, kein Arbeiter-Ausbeuter-Sozialgemälde wie Hauptmanns *Weber*[2], kein Drama einer heraufziehenden sozialen Revolution, sondern eine Liebestragödie unter Armutsbedingungen. Woyzeck ist arm, aber sein Motiv ist nicht das Geld. Sein Mord ist keine fehlgeleitete Ersatzhandlung für eine andere Gewalttat, die den Reichen und Mächtigen hätte gelten müssen, sondern die Verzweiflungshandlung eines Mannes, dessen verriegelte Welt nur einen einzigen Lichtblick kannte: die Liebe zu Marie. Die kümmerlichen Lebensumstände hatten sich um ihn geschlossen wie ein Sarg, den nur die Liebe eine Ritze weit offen hielt. Maries Untreue schlägt den Sargdeckel zu. Das „Geld reicher Wüstlinge" spielt überhaupt keine Rolle. Maries Fehltritt kommt einerseits aus sozialem Trotz und Körperstolz – sie hat „ein so rothe Mund als die großen Madamen" –, andererseits aus sexueller Sehnsucht. Sie sucht den Stier im Tambourmajor, nicht Geld oder Macht. Büchner hat die Figur des Dritten im Dreieck sehr bewußt gewählt. Ein Tambourmajor war kein wirklicher Major, sondern nur eine Kleiderpuppe im Rang eines Unteroffiziers – der Anführer eines Musikzugs eben, pompös geschmückt, aber weder reich noch mächtig noch gar adelig, wie es die richtigen Offiziere damals sein mußten. Eine soziale Revolution hätte Marie von ihren Sehnsüchten nicht befreien können. Büchner zeigt Menschen, die Gefangene ihrer Triebe und Lebensumstände sind. Er zeigt nicht den Schimmer eines Auswegs. Die Armut ist aussichtslos, nicht nur die geldliche. Alle sind Unterworfene, auch der Doktor, der sich unter dem Diktat der Wissenschaft, und der Hauptmann, der sich unter dem Diktat der Tugend lächerlich macht. Beide haben zwar ihr Auskommen, sind aber keine Geldleute. Nur ganz peripher geht es in diesem Stück um reich und arm, obgleich die wenigen Sätze darüber sehr viel zitiert werden. „Wir arme Leut" sagt Woyzeck, „das hat keine Tugend". Aber würde er die verklemmte Pharisäertugend[3] des Hauptmanns wirklich haben wollen, selbst wenn man ihm einen Hut und eine Uhr und eine Anglaise drein gäbe? Ist er nicht menschlich viel weiter mit seinem „Der Herr sprach: Lasset die Kindlein zu mir kommen"? So lange Marie zu ihm hält, ist Woyzeck auch ohne Geld und Ehering freier und glücklicher als der Hauptmann, der den Mädchen unter die Röcke gafft, wenn sie sie schürzen über den Pfützen. […]

Aus: Hermann Kurzke: Georg Büchner. Geschichte eines Genies. München: C. H. Beck 2013.

Anmerkungen:
1 *Promiskuität:* Geschlechtsverkehr mit häufig wechselnden Partnern
2 Gerhart Hauptmanns naturalistisches Drama „Die Weber" von 1892 behandelt den schlesischen Weberaufstand von 1844 und dessen blutige Niederschlagung.
3 *Pharisäer:* hier im Sinne von „Spießer"

Hermann Kurzke (*1943): deutscher Literaturwissenschaftler

Material 4
Michael Hofmann, Julian Kanning: Georg Büchner. Epoche – Werk – Wirkung

[…] Marie hat einen legitimen Anspruch auf die Erfüllung ihrer sinnlichen Bedürfnisse; dieser Anspruch wird auf einen Mann geleitet, der den Eindruck, den er macht, zu einem großen Teil seiner Stellung in der militärischen Hierarchie verdankt. Woyzeck hat wie alle Menschen ein Verlangen nach Glück, einen Anspruch darauf, nicht auf einen Befehlsempfänger und ein Versuchsobjekt reduziert zu werden […].

[…]

Und die Szene, in der Woyzeck Marie umbringen wird, kann als eine pervertierte romantische Liebesszene verstanden werden. Als Marie nämlich sagt: „Was der Mond rot auf geht“, antwortet Woyzeck: „Wie ein blutig Eisen“, und so ist die Farbe Rot, die auf die Liebe als den Ausweg aus Entfremdung und Not verweisen könnte, mit dem rücksichtslosen sinnlichen Begehren verknüpft und (über die Assoziationen „Blut“ und „Eisen“) mit der sich anschließenden Tötung.

Aus: Michael Hofmann, Julian Kanning: Georg Büchner. Epoche – Werk – Wirkung. München: C. H. Beck 2013.

Anmerkung: Michael Hofmann (*1957) und Julian Kanning (*1983): deutsche Literaturwissenschaftler

Material 5:
Edward McInnes: [Historischer Woyzeck versus Büchners Woyzeck]

[…] Als Büchner an die Gestaltung seines Woyzeck-Dramas herangeht, setzt er sich bekanntlich mit den Prozeßakten und den Clarus-Gutachten[1] intensiv auseinander. Je tiefer er sich aber mit diesen zahlreichen Materialien befaßt, desto klarer, so scheint es, stellt sich ihm seine eigenständige, intuitive Vision vom Leben und Schicksal des Mörders vor Augen. Indem er all die verschiedenartigen Dokumente untersucht, distanziert er sich zunehmend von dem darin enthaltenen Bild des 40jährigen Arbeitslosen, der auf so unspektakuläre und wenig sympathische Weise der Trunk- und Spielsucht verfallen war und eine Reihe gescheiterter sexueller Verhältnisse hinter sich hatte. Büchners Held ist nicht nur viel jünger als der geschichtliche Woyzeck, sondern auch, was wesentlicher ist, in sexueller Hinsicht unerfahren, ja unschuldig. Er hat die Liebe, wie es scheint, erst in seinen späten 20er Jahren kennengelernt und hat sich von Anfang an als Gatten Maries, seiner Geliebten, gesehen. Er sieht ihr gemeinsames Kind (auch dies eine bedeutsame Erfindung Büchners) als Beweis für die Beständigkeit ihrer Bindung und für die Permanenz ihrer menschlichen Verpflichtung zueinander […].

Es liegt Büchner offensichtlich daran, seinen Helden von der Atmosphäre lähmender Hoffnungslosigkeit, die das Leben des historischen Woyzeck umgab, zu befreien. Sein Protagonist ist nicht mehr der ratlose, sich herumtreibende Mann, den er in den Akten fand, sondern einer, der von einer Liebe ergriffen ist, die sein Dasein erfüllt und ihm Sinn und Ziel verleiht. Wenn Woyzeck Marie seine Frau nennt, dann heißt das nicht nur, daß er im sexuellen Sinne treu ist, sondern auch, daß er für alle Bereiche ihres Wohlergehens Verantwortung übernimmt, indem er etwa für ihre Unterkunft und Ernährung sorgt.

Es wird deutlich, daß diese umfassende Verpflichtung gegen Marie ihn, den ohnehin schon verarmten Soldaten, in eine Tiefe der Armut stößt, die ihm vor dieser Bindung kaum erträglich gewesen wäre. Aber obwohl er eine finanzielle Verpflichtung auf sich nimmt, die seine Mittel weit übersteigt, begreift er sie als selbstverständlich, als etwas, das er nie in Frage stellen könnte. Von diesem Standpunkt des Kampfes um das Überleben aus gesehen, erweist sich die Liebe Woyzecks zu Marie als ein konsequent durchgehaltener Akt der Revolte: ein Aufbegehren gegen eine übermächtige Welt, die sich seiner Liebe widersetzt. Der gehetzte Soldat erscheint als ein Protagonist, der [...] sein innerstes Wollen, das, was seine Individualität und seinen Lebenssinn eigentlich ausmacht, mit einer Unerbittlichkeit behauptet, die letztlich ihn selbst zerstören muß. Denn Büchner macht von Anfang an deutlich, daß Woyzecks verzweifelter Kampf um die Liebe seine Kräfte in solchem Maße überfordert, daß er geistig zusammenbricht [...].

[...]

Büchner gibt uns stets die Möglichkeit, die ergreifende, reine Stärke der Liebe Woyzecks mitzuempfinden, er erlaubt, ja zwingt uns jederzeit, mit einfühlender Sympathie an seinem schrecklichen Schicksal teilzunehmen.
So gelingt es Büchner, im „Woyzeck" zum erstem Mal in der Geschichte des deutschen Dramas sozialkritische Intention mit tragischer Erfahrung wesentlich und notwendig zu verbinden, rigoros analytische Einsicht mit dem Gefühl der unerbittlichen inneren Notwendigkeit so zusammenzubringen, daß sie sich gegenseitig steigern und sich zu einer provozierenden Synthese vereinigen.

Aus: Edward McInnes: Lenz und das Bemühen um realistische Tragödienformen im 19. Jahrhundert. In: „Unaufhörlich Lenz gelesen ...": Studien zu Leben und Werk von J. M. R. Lenz. Herausgegeben von Inge Stephan, Hans-Gerd Winter. Stuttgart/Weimar: Metzler 1994.

Anmerkungen:
1 Der Arzt Johann Christian August Clarus bestätigte in einem Gutachten die Zurechnungsfähigkeit von Johann Christian Woyzeck, der 1821 seine Geliebte erstochen hatte.

Edward McInnes (1935–1996): britischer Literaturwissenschaftler

Material 6: Elias Canetti: Büchnerpreis-Rede (1972)

[...] Woyzeck, Soldat, wie der Aff des Marktschreiers „unterste Stuf von menschliche Geschlecht", von Stimmen wie von Befehlen gehetzt, ein Gefangener, der frei herumläuft, zum Gefangenen vorbestimmt, auf Gefangenenkost gesetzt, immer dasselbe, Erbsen, vom Doktor zum Tier degradiert, der ihm zu sagen wagt: „Woyzeck, der Mensch ist frei, in dem Menschen verklärt sich die Individualität zur Freiheit", und damit nicht mehr meint, als daß Woyzeck fähig sein müßte, sich den Harn zu verhalten, – Freiheit zur Ergebenheit in jede Art von Mißbrauch seiner menschlichen Natur, Freiheit zur Versklavtheit um dreier Groschen willen, die er für seine Fütterung mit Erbsen bekommt.

[…]

Keine zwei Jahre später ist Büchner mit dem „Woyzeck“ der vollkommenste Umsturz in der Literatur gelungen: die Entdeckung des Geringen. Diese Entdeckung setzt Erbarmen voraus, aber nur wenn dieses Erbarmen verborgen bleibt, wenn es stumm ist, wenn es sich nicht ausspricht, ist das Geringe intakt. Der Dichter, der sich mit seinen Gefühlen spreizt, der das Geringe mit seinem Erbarmen öffentlich aufbläst, verunreinigt und zerstört es. Von Stimmen und von den Worten der Anderen ist Woyzeck gehetzt, doch vom Dichter ist er unberührt geblieben. In dieser Keuschheit fürs Geringe ist bis zum heutigen Tage niemand mit Büchner zu vergleichen.

Quelle: https://www.deutscheakademie.de/de/auszeichnungen/georg-buechner-preis/elias-canetti/dankrede

Anmerkung: Elias Canetti (1905–1994): bulgarisch-britischer Schriftsteller, der bedeutende Romane, Dramen und anthropologische Studien in deutscher Sprache schrieb; 1972 wurde ihm mit dem Georg-Büchner-Preis der bedeutendste Literaturpreis im deutschsprachigen Raum verliehen; 1981 folgte der Nobelpreis für Literatur.

Material 7:
Jan-Christoph Hauschild: „Woyzeck“ – Aus dem Leben eines Geringsten

[…] *Woyzeck* ist nicht die erste deutsche Sozialtragödie, aber der Füsilier Franz Woyzeck ist die erste subbürgerliche[1] Hauptfigur in der Geschichte des deutschen Dramas, seine Biographie, die Büchner aus zwei Prozessgutachten kannte, ein Musterbeispiel für die ökonomische Deklassierung eines Handwerksgesellen zu Beginn des 19. Jahrhunderts. Lediglich die Mordkatastrophe machte Woyzeck zur spektakulären Variante eines kollektiven sozialen Schicksals.

Die düstere Massenarmut, die zum 19. Jahrhundert ebenso gehört wie Dampfmaschine und Eisenbahn, Agrikulturchemie und Telegraph, ist „Fundament und tragischer Grund“ des *Woyzeck*. In jeder Szene ist Woyzecks soziale Notlage gegenwärtig und greifbar: in den wenigen Habseligkeiten, die er kurz vor der Tat an seinen Stuben- und Bettgenossen Andres verschenkt, ebenso wie in der Möblierung von Maries Wohnung: Ihr Kind hat weder Bett noch Wiege, Marie besitzt nur *ein Stückchen* von einem Spiegel. Über dem Stück liegt eine dumpfe „soziale Werktagsatmosphäre“. In der Darstellung von Armut und entfremdeter, körperlicher Arbeit gelangte Büchner auf eine Stufe der Konkretion, wie sie im Drama erst Jahrzehnte später wieder erreicht wurde. Der Arbeitsalltag im Zeitalter der Frühindustrialisierung hatte eben erst Eingang in die erzählende Literatur gefunden.

Aus: Jan-Christoph Hauschild: Georg Büchner. Reinbek bei Hamburg: Rowohlt 2013.

Anmerkungen:
1 *subbürgerlich:* proletarisch (unterhalb der bürgerlichen Schicht)

Jan-Christoph Hauschild (*1955): deutscher Literaturwissenschaftler und Publizist

Material 8:
Paul Rilla: Georg Büchner – und die sublime Langeweile

[…] Was dem Drama „Woyzeck“ zugrundeliegt, ist ein System sozialer Abhängigkeiten, bestimmt durch das „Verhältnis zwischen Armen und Reichen“, wovon in jener Briefstelle[1] als dem „einzigen revolutionären Element in der Welt“ die Rede war. Der Dichter Büchner ist nicht […] ein anderer als der Politiker Büchner oder gar einer, der aus politischer Enttäuschung literarisch resigniert, einer, der die sublime Langeweile seiner Politik durch „dichterische Überwindung“ kompensiert. Im „Woyzeck“ ist genau das gestaltet, was der Politiker bemerkt hat: die soziale Gebundenheit.

Weil „die Umstände außer uns liegen“, liege es in niemandes Gewalt, kein Dummkopf oder kein Verbrecher zu werden, heißt es in einem Brief Büchners an die Eltern. Woyzeck, der zum Mörder wird, erlebt die Welt in Dumpfheit und Stummheit als ein Spiel unbegreiflicher Gewalten, weil die „Umstände“ ihn nicht dazu gelangen lassen, sich selbst und die Welt mit dem artikulierten Wort zu enträtseln. Die Umstände liegen außer ihm. Sie liegen nicht nur in einem konstant und unveränderlich wirkenden Milieu, sondern in jenem System sozialer Abhängigkeiten, welches oben in einem Kanon gesellschaftlicher Wertungen endet, dessen Gültigkeit umso fragwürdiger wird, je tiefer es auf der sozialen Stufenleiter hinabgeht. Woyzeck steht ganz unten, ganz im Dunkeln. Wie ein Fliegenschwarm umschwirren ihn die Moralbegriffe einer Gesellschaftsordnung, die darauf beruht, daß es dies Oben und dies Unten gibt. Tugend, Vernunft, Willensfreiheit: es summt um ihn, aber es bleibt außer ihm, wie sein Schicksal außer ihm bleibt […].

Der Mediziner Büchner erkennt die Pathologie des Falles. Der Dichter Büchner artikuliert das Unartikulierte. Er macht die Stummheit beredt. Er deckt die soziale Verflochtenheit auf, aus welcher der Strick gedreht ist, der die Kreatur würgt. Woyzeck ist determiniert. Die Gegentypen sind es nicht minder.

Aus: Paul Rilla: Georg Büchner – und die sublime Langeweile. In: Dietmar Goltschnigg (Hrsg.): Georg Büchner und die Moderne: 1945–1980. Berlin: E. Schmidt Verlag 2001.

Anmerkungen:
1 Gemeint ist Büchners Brief vom 19. März 1835 an Karl Gutzkow

Paul Rilla (1896–1954): deutscher Journalist und Literaturwissenschaftler

Hinweise und Tipps

Die Aufgabenart des materialgestützten Schreibens ist in der Regel nicht in mehrere Teilaufgaben untergliedert, sondern konfrontiert Sie mit einem komplexen Arbeitsauftrag. Sie sollen im vorliegenden Fall einen ***argumentierenden adressatenbezogenen Text*** *verfassen, der in einem Programmheft zu einer Inszenierung von „Woyzeck" erscheinen soll. Damit sind Ihnen ein* ***situativer Kontext*** *sowie ein* ***kommunikativer Rahmen*** *vorgegeben, die Sie beachten müssen: Ihre Adressaten sind Theaterbesucherinnen und -besucher, ein kulturell aufgeschlossener Personenkreis, der vermutlich über Grundkenntnisse zu Autor und Werk verfügt. Jedoch sollten Sie nicht zu viel voraussetzen, sondern kurz das Drama vorstellen, um das es konkret geht. Zudem wird von Ihnen verlangt, den von der Aufgabenstellung angedeuteten* ***Gegensatz zwischen den interpretatorischen Schwerpunkten*** *„soziales Drama" und „Liebesdrama" zu entfalten.*

Neben Ihrer ***Werkkenntnis*** *sowie Ihrem literaturgeschichtlichen Wissen steht Ihnen ein* ***Materialdossier*** *zur Verfügung, auf das Sie in Ihrem Aufsatz zurückgreifen sollen. Diese Textsammlung bietet einige anspruchsvolle Quellen, die Sie aber nicht zur Gänze erschließen müssen. Sie sollten vielmehr die zentralen Aussagen herausarbeiten, die Sie für Ihren Text verwenden können: Unterstreichen Sie dafür wichtige Passagen bzw. Formulierungen und halten Sie am Rand der Materialien stichpunktartig deren jeweilige Quintessenz fest. Sammeln Sie dann auf einem Konzeptblatt die Punkte, die für eine Betonung des Liebesaspekts sprechen, und solche, die das Augenmerk eher auf die soziale Gebundenheit lenken.*

Ihren Text müssen Sie ***logisch strukturieren****; überlegen Sie sich eine plausible Gliederung: Sie können – wie im vorliegenden Lösungsvorschlag – wie bei einer klassischen Pro-Kontra-Erörterung in* ***zwei Argument-Blöcken*** *die beiden Lesarten des Dramas einander gegenüberstellen. Sie können Ihre Argumente aber auch freier anordnen, also z. B. eine Erläuterung des Beziehungsdreiecks durch ein Gegenargument relativieren, das Maries Liebesverrat als Folge der sozialen Bedingungen einordnet. Die Aufgabenstellung lässt bereits erkennen, dass eine Fokussierung auf nur eine Lesart (Beziehung oder soziale Zwänge) eine Verengung darstellt. Bemühen Sie sich daher,* ***differenziert zu argumentieren*** *und bei Ihrer Entscheidung für die Inszenierungsweise beide Lesarten zu berücksichtigen. Nutzen Sie das Dossier, indem Sie auf wichtige Passagen verweisen oder auch direkt daraus zitieren. (Die Aufgabenstellung gibt vor, dass es ausreicht, beim Zitatnachweis Autor und Werk anzuführen.)*

Ihnen liegen auch drei Bildmaterialien vor (zwei Plakate und ein Szenenfoto), die Sie nutzen können, um zum Thema Ihres Aufsatzes hinzuleiten oder um Ihre Argumente durch Beispiele zu stützen. Beschreiben Sie dafür kurz die Bilder und benennen Sie deren Grundaussage.

Nicht zuletzt sollten Sie Ihre Ausführungen in eine ***sprachlich angemessene Form*** *kleiden: Da Ihr Text sich an eine größere Leserschaft richtet und diese informieren will, sollten Sie einen ansprechenden Stil wählen und bei passender Gelegenheit auch rhetorische Mittel einflechten. Vergessen Sie außerdem nicht, Ihren Aufsatz mit einer geeigneten* ***Überschrift*** *zu versehen.*

Lösungsvorschlag

Woyzeck, der Ausgebeutete, oder Woyzeck, der Betrogene? Unsere Sicht auf Georg Büchners Drama

Titel

Einleitung
Konkretes Inszenierungsbeispiel (Bezug zu M 2)

Was, wenn die persönliche Welt nicht mehr ist als eine Scheibe – eine Scheibe, die nur einen geringen Radius hat, sodass kaum Raum bleibt zur freien Entfaltung? Eine Scheibe, die sich immer schneller dreht und aufrichtet, die zudem glatt ist, sodass man nur schwer einen sicheren Stand findet und ins Nichts abzurutschen droht? Mit diesem ausdrucksstarken Bühnenbild visualisiert Regisseur Ulrich Rasche am Münchner Residenztheater die **determinierte Existenz von Georg Büchners Antiheld Woyzeck**. Eingeschnürt von Zwängen und Verpflichtungen, hin und her gestoßen, gedemütigt, gehetzt. Die Symbolik des Bühnenbilds ist zugleich eine Interpretation des Dramas. Auf den ersten Blick kann das Publikum erkennen, worum sich die Inszenierung dreht – und das im wahrsten Sinn des Wortes.

Herleitung der Themenfrage (Bezug zu M 1)

Zwar verfügt unser Theaterkurs nicht über die finanziellen, technischen und akrobatischen Mittel, um ein solch spektakuläres Setting einzurichten, doch mussten auch wir entscheiden, wie wir Büchners Drama vorrangig deuten wollen. Soll – wie bei Ulrich Rasche – eher die **soziale Seite** im Mittelpunkt stehen oder verstehen wir die Geschichte des armen Soldaten Franz Woyzeck in erster Linie als **Liebestragödie**? Dabei handelt es sich um **zwei gleichberechtigt nebeneinander existierende Lesarten** des Stücks, wie die abgedruckten Plakate zweier Inszenierungen belegen. Auf dem einen sieht man Woyzeck von oben in eine Kiste gesperrt, die ihm jegliche Bewegungsfreiheit und damit seine menschliche Würde raubt. Zwar ist so der absolute Gegensatz zur Münchner Inszenierung dargestellt – Kauern gegenüber Hetzen –, doch ist die Grundaussage dieselbe: Woyzeck ist eine gequälte Kreatur. Das andere Plakat präsentiert dagegen ein Beziehungsdreieck: In Rückenansicht ist ein Paar zu sehen, doch sucht und findet die Hand der Frau verstohlen die Hand ihres Liebhabers.

Hauptteil
Kurze problemorientierte Inhaltsangabe des Dramas

„Woyzeck“ erzählt sowohl von einer **scheiternden Beziehung** als auch von **sozialer Ausbeutung**. Um seine Partnerin Marie und ihr gemeinsames Kind zu ernähren, kann Woyzeck sich nicht mit dem geringen Sold begnügen, der ihm als einfachem Soldaten zusteht. Vielmehr muss er **Nebenjobs** annehmen, etwa seinen Hauptmann rasieren oder sich dem Doktor für fragwürdige und **unethische Experimente** zur Verfügung stellen: Dessen radikale Erbsendiät ruiniert Woyzecks physische und wohl auch psychische Gesundheit. Je mehr Aussetzer, desto besser! Denn nur so ist er für den Arzt ein interessanter Casus. Doktor wie auch Hauptmann nutzen ihre Position, um Woyzeck zu schikanieren, sich über seine fehlende Bildung lustig zu machen und seine seelische Zerrüttung zu beschleunigen. Nicht zuletzt geben die beiden Woyzeck zu verstehen, dass **Marie ihn betrügt**. Gegen die großspurige und potente Männlichkeit des Tambourmajors kann Woyzeck nicht ankommen. So muss er es hinnehmen, dass Marie mit dem Nebenbuhler tanzt und von ihm Geschenke bekommt, er muss sogar Prügel einstecken. Der steigende Druck aus **Demütigungen, Belastungen und Wahnvorstellungen** braucht ein Ventil: **Woyzeck tötet Marie.**

Lesart 1: „Woyzeck" als Sozialtragödie (Bezug zu M 7)

In der Literaturgeschichte gilt „Woyzeck" als „**Sozialtragödie**", deren Protagonist durch seine Mordtat „zur spektakulären Variante eines kollektiven sozialen Schicksals" (Jan-Christoph Hauschild) werde. Es braucht das Verbrechen, um die alltägliche Ausbeutung von Proletariern so zu gestalten, dass sie die Rezipienten packt. Und genau darum ging es **Büchner, der etwas verändern wollte** – immerhin hatte er bereits mit dem Flugblatt „Der Hessische Landbote" zu einer sozialen Revolution und einer Umverteilung des Besitzes aufgerufen. Der junge Mediziner war zutiefst bewegt vom **Elend und der ausweglosen Existenz des vierten Standes** – und die „soziale Gebundenheit" war nicht nur Thema des Politikers Büchner, sondern auch des Dichters Büchner, wie der Literaturwissenschaftler Paul Rilla feststellt.

– soziales Anliegen Büchners

(Bezug zu M 8)

Weg mit den gekrönten Häuptern und den hehren Helden der Weimarer Klassik! Die Bühne gehörte nun dem **Geringsten und dem gesellschaftlichen Außenseiter**. Woyzeck ist – trotz äußerer Freiheit – ein „Gefangener", einer, der sich selbst versklaven muss. Mit dieser „Entdeckung des Geringen" gelang Büchner laut Elias Canetti „der vollkommenste Umsturz in der Literatur", zumal der Dichter sein Erbarmen nicht lautstark und selbstgefällig zelebriert, sondern es indirekt durch seine dramaturgische Gestaltung vermittelt. „Er deckt die soziale Verflochtenheit auf, aus welcher der Strick gedreht ist, der die Kreatur würgt." (Paul Rilla) Dank Büchners Drama fällt Licht auf den, der „ganz unten, ganz im Dunkeln" steht und der fürchtet, selbst im Himmel ausgebeutet zu werden und beim Donnern helfen zu müssen. **Woyzeck als Vertreter der „arme[n] Leut"**, die sich keine Tugend leisten können – bis in die Details fängt Büchner die „düstere **Massenarmut**" wie die „entfremdet[e], körperlich[e] Arbeit" (Jan-Christoph Hauschild) der Frühindustrialisierung ein.

– Zuwendung zu den Geringen (Bezug zu M 6)

(Bezug zu M 8)

– genaue Darstellung der Armut (Bezug zu M 3, M 7)

Zwischenfazit

Um die schonungslose Diagnose Büchners herauszuschälen und um seinem gesellschaftskritischen Anliegen gerecht zu werden, scheint die **Betonung des sozialen Aspekts sinnvoll**. Ein Underdog wehrt sich und zerstört damit erst recht seine Existenz.

Allerdings tötet Woyzeck weder den Doktor noch den Hauptmann, somit keinen Vertreter des ausbeuterischen Systems. Der Literaturwissenschaftler Hermann Kurzke schlussfolgert daher: „Sein Mord ist keine fehlgeleitete Ersatzhandlung für eine andere Gewalttat, die den Reichen und Mächtigen hätte gelten müssen, sondern die Verzweiflungshandlung eines Mannes, dessen verriegelte Welt nur einen einzigen Lichtblick kannte: die Liebe zu Marie." Der **Liebesverrat von Marie** erscheint so als der **wahre Auslöser für die Katastrophe**. Kurzke ordnet das Drama denn auch als „Liebestragödie" und nicht als „Pauperismus-Studie" ein, schließlich geben die elenden Lebens- und Arbeitsbedingungen der Proletarier zwar den Rahmen vor, sind aber nicht der eigentliche Gegenstand der Handlung.

Lesart 2: „Woyzeck" als Liebestragödie
(Bezug zu M 3)

– Liebesbetrug als Grund für Mord

Wie entscheidend die Liebesbeziehung für die Eskalation ist, zeigt ein Blick auf den realen Fall, der dem Drama zugrunde liegt. Anders als der **historische Woyzeck**, ein trunk- und spielsüchtiger Arbeitsloser mit wechselnden sexuellen Affären, führt die **Dramenfigur eine feste Beziehung** und hat sogar ein Kind. Büchners Woyzeck ist „einer, der von einer Liebe ergriffen ist, die sein Dasein erfüllt und ihm Sinn und Ziel verleiht".

– Änderungen gegenüber Vorlage: Liebe als Lebensinhalt Woyzecks

(Bezug zu M 5)

Erst aufgrund der Verantwortung für seine kleine Familie ist er gezwungen, sich aufzureiben. Darum nennt Edward McInnes Woyzecks Kampf um das Lebensnotwendige auch einen „verzweifelte[n] Kampf um die Liebe". Ein Kampf, den er verlieren wird. Aufgrund ihrer beider Armut kann Woyzeck Marie nicht heiraten und sein Kind legitimieren. Doch seine Selbst- und Fremdausbeutung bringt die beiden Partner nicht etwa einander näher, sondern treibt sie auseinander. Infolge des Drucks ist er zudem nicht in der Lage, die sinnlichen Bedürfnisse seiner Partnerin zu befriedigen. **Die Liebe verschärft seine prekäre soziale Lage, die wiederum die Liebe unterminiert.**

– Liebe als Auslöser für prekäre Lage (Bezug zu M 5)

Zudem macht erst die scheiternde Liebe Woyzecks Geschichte für uns interessant. Wie McInnes feststellt, verleiht der **Liebesverrat** der Geschichte ihre **tragische Tiefe** und weckt unsere „einfühlend[e] Sympathie" mit Woyzecks Schicksal.

– Empathie für Woyzeck aufgrund der Liebesgeschichte (Bezug zu M5)

Unser Theaterkurs hat sich daher entschieden, in unserer Inszenierung das **Beziehungsdrama besonders herauszustellen**. Dabei werden wir auch die Deutung von Michael Hofmann und Julian Kanning aufgreifen, die in der Mordszene eine „pervertierte romantische Liebesszene" sieht: „Was der Mond rot auf geht", staunt Ma-

Fazit
Entscheidung für Schwerpunkt der Inszenierung (Bezug zu M 4)

rie und Woyzeck entgegnet: „Wie ein blutig Eisen“. Blutrot wird daher der Mond in unserem Bühnenbild sein und in rotes Licht wird dann die folgende Tötung Maries getaucht sein. Rot wie die Liebe, das Blut, die Raserei. Doch auch wenn unser Fokus auf der Beziehung liegt, blenden wir natürlich die „soziale Gebundenheit“, die Zwänge und Ausweglosigkeit von Woyzecks Existenz nicht aus.

Differenzierte Abwägung (Bezug zu M 3, M 5)

Die Figuren sind „**Gefangene ihrer Triebe und Lebensumstände**“ (Hermann Kurzke). Schließlich **potenzieren sich gesellschaftliche und persönliche Faktoren** wechselseitig und so hat Büchner „sozialkritische Intention mit tragischer Erfahrung“ (Edward McInnes) untrennbar miteinander verknüpft. Unsere Inszenierung wird nicht flach sein: Sie wartet nicht mit einer rotierenden Scheibe auf, sondern wird das Oben und Unten visualisieren, das Dunkel, in dem Woyzeck hetzt und buckelt, den Lichtstrahl, den die Liebe zu Marie für ihn bedeutet, und zuletzt das blutige Rot, als er Maries Betrug wahrhaben muss, sein Lebenssinn zerfällt und er zerstört, was er liebt.

Abitur Deutsch (Schleswig-Holstein) – Übungsaufgabe 5: Literarische Erörterung

Thema:
Georg Büchner: *Woyzeck*

Arbeitsgrundlage:
Was ist das, das in uns lügt, mordet, stiehlt? Auszug aus einem Gespräch mit dem Regisseur Ulrich Rasche (2019)

Aufgabe:
1. Arbeiten Sie die Argumentation heraus und bestimmen Sie die Position des Verfassers. (30 %)
2. Setzen Sie sich mit der Position Rasches auseinander. (70 %)

Erlaubte Hilfsmittel:
- unkommentierte Ausgabe: *Woyzeck*
- ein Wörterbuch der deutschen Rechtschreibung

Was ist das, das in uns lügt, mordet, stiehlt? Auszug aus einem Gespräch mit dem Regisseur Ulrich Rasche (2019)

In einem Interview zu seiner „Woyzeck"-Inszenierung am Theater Basel und dem Münchner Residenztheater erläutert der Regisseur Ulrich Rasche sein Verständnis des Dramas.

Ich finde es wichtig, dass wir Woyzeck nicht nur als Opfer wahrnehmen. Er besitzt viele Eigenschaften, die ihn als einen starken und in sich ruhenden Charakter auszeichnen. Woyzeck wird dadurch für andere zu einem Objekt, dessen Nähe man sucht oder das man vielleicht sogar besitzen möchte. Eine Figur, die einseitig die Repressionen einer Gesellschaft erdulden muss, ohne sie auch als Rad im Getriebe zu begreifen, interessiert mich im Grunde nicht. Wenn wir heute im Theater Machtverhältnisse untersuchen wollen, müssen wir im Auge behalten, dass unser Zusammenleben schon lange nicht mehr in einer oppositionellen Struktur wie Herr und Knecht oder Arm und Reich abgebildet werden kann. Im Grunde leiden alle Figuren in „Woyzeck" unter den gesellschaftlichen Verhältnissen und an der Einrichtung der menschlichen Existenz schlechthin. Beides zusammenzudenken, ist für mich die größte Herausforderung der Arbeit. Büchner zeichnet ein kritisches Bild einer Gesellschaft, wie sie in der Restaurationsphase nach 1815 in Deutschland geherrscht hat. Dabei unterscheidet er klar zwischen der feudalen Klasse, dem liberalen Bürgertum und den Armen am unteren Ende der Leiter. Dennoch schildert Büchner auch soziale Konflikte innerhalb der oberen

Klasse und deren Unfähigkeit, ihr Leben so zu gestalten, dass sie es als freie und gleichberechtigte Individuen genießen können. Angesichts der drohenden Aufstände und Proteste innerhalb der Bevölkerung, die in revolutionäre Handlungen münden könnten, wird das Militär zweckentfremdet und zur Unterdrückung der Opposition eingesetzt. Die Offiziere werden ihrer eigentlichen Aufgabe enthoben und sind gezwungen, ein inaktives, monotones Leben in den Garnisonsstädten zu führen. Der Hauptmann beispielsweise leidet aufgrund dieser Situation unter einer Melancholie, wie es bei Büchner heißt, die wir heute als Depression beschreiben würden. Er langweilt sich und weiß nicht, wie er seine Zeit verbringen soll. Da er aufgrund der strikten Verordnungen des Militärs nicht heiraten darf und durch die moralische Doktrin der Kirche zum Triebverzicht verurteilt ist, dehnt sich für ihn der Augenblick zu einer beängstigenden Leere, die er nicht füllen kann. Zwischen Woyzeck und dem Hauptmann bildet sich eine Beziehung zwischen Bewunderung und Ablehnung. Woyzeck liebt sein uneheliches Kind, das er mit Marie gezeugt hat. In ihm erkennt er eine beneidenswerte Hingabe an seine Familie. Diese alle gesellschaftlichen Regeln ignorierende Bindung gibt ihm Grund und Sicherheit zu leben. Woyzeck leidet unter den Umständen seines Lebens nicht wirklich, solange ihm die Liebe zu seiner Frau und seinem Kind nicht genommen wird. Er ist eigentlich ein ganz zufriedener Mensch, der sieht, in welchen Verhältnissen er lebt und damit glücklich sein kann, obwohl alle sozialen Faktoren das Gegenteil sagen. Das ist der Punkt, wo Woyzeck für den Hauptmann interessant wird. Tatsächlich entwickelt sich das Drama auch erst, als Woyzeck das Fundament seines Lebens entzogen wird. Natürlich gibt Büchner den Prozessen, durch die das passiert, großen Raum, aber es ist wichtig, Woyzeck zunächst in einem hellen Licht zu sehen, in seiner charakterlichen Größe und Liebesfähigkeit.

Aus: Woyzeck. Programmheft des Residenztheaters. Spielzeit 2019/2020.

Hinweise und Tipps

Die in der Aufgabenstellung angegebene ***Gewichtung*** *der Teilaufgaben (30 % zu 70 %) bezieht sich nicht auf die von Ihnen erwartete Textmenge, sondern auf die* ***Bewertung****. Sie ist zudem als Orientierung und nicht in einem streng mathematischen Sinne zu verstehen. Ziel des von Ihnen zu schreibenden Aufsatzes ist eine Wiedergabe (Teilaufgabe 1) und Erörterung (Teilaufgabe 2) des Ihnen vorgelegten Außentextes, der sich auf Büchners „Woyzeck" bezieht.*

Teilaufgabe 1: *Es wird von Ihnen verlangt, die* ***Kernaussagen Rasches herauszuarbeiten****. Dazu sollten Sie die zentrale(n) These(n) identifizieren und die Argumentationsstruktur des Textes untersuchen. Sie müssen also herausfinden, wie der Autor seine These(n) begründet und anhand welcher Beispiele er sie illustriert. Im Hinblick auf das Vorgehen empfiehlt es sich, den Text mehrmals zu lesen und die unterschiedlichen Aspekte farbig zu markieren sowie Randnotizen anzufertigen. In Ihrem ausformulierten Text sollen Sie die Aussagen des Autors auf sachliche Weise (d. h. ohne Wertungen!) und* ***in eigenen Worten wiedergeben****, zentrale Formulierungen können Sie zitieren. Bei Rasches Aussagen sollten Sie bedenken, dass der Autor Theaterregisseur ist und seine Deutung des „Woyzeck"-Dramas dementsprechend auf eine* ***Realisierung des Werks auf der Bühne*** *ausgerichtet ist. Dies schlägt sich in seiner Interpretation insofern nieder, als er den Dramentext sowohl im Hinblick auf seine Bedeutung für die Gegenwart (zum Zeitpunkt der Theaterinszenierung) betrachtet als auch in seinem historischen Entstehungskontext. Achten Sie beim Lesen bereits auf aus Ihrer Sicht* ***fragwürdige Aspekte*** *in Rasches Argumentation. Diese sollten Sie notieren, da Sie sie für die Bearbeitung der zweiten Teilaufgabe benötigen.*

Teilaufgabe 2: *Ausgehend von Ihren Ergebnissen aus Teilaufgabe 1 sollen Sie sich eigenständig und auf der Basis Ihrer Textkenntnis zu „Woyzeck" mit dem Außentext auseinandersetzen. Es wird also eine* ***differenzierte Erörterung der Kernthesen aus Rasches Text und ihrer Begründungen*** *verlangt. Dabei soll* ***Ihre eigene Position*** *deutlich werden. Diese kann zustimmend oder ablehnend sein bzw. in einer Kombination aus diesen beiden Haltungen bestehen. Dazu müssen Sie Ihre Position* ***argumentativ entfalten****, d. h. in der Auseinandersetzung mit den Aspekten aus Rasches Text eigene Thesen entwickeln und diese begründen. Als Basis der Begründung dient* ***Ihre Kenntnis des „Woyzeck"-Dramas****. Diese schließt ein sehr gutes Wissen über Aufbau, Handlung, Themen, Figuren und (historische) Kontexte ebenso ein wie plausible Deutungen des Werks. Dabei sollten Sie auch auf die im Unterricht erarbeiteten Aspekte zurückgreifen. Rufen Sie sich* ***zentrale Textstellen*** *aus Büchners Drama in Erinnerung, die Sie für die Begründung Ihrer Position nutzen können. Bei der Ausformulierung Ihres Textes ist es ratsam, zentrale Stellen aus dem Drama zu zitieren (mit Angabe der Seitenzahl).*

Die sehr pointierten Aussagen Rasches zum Opferstatus von Woyzeck und dem Hauptmann fordern zu einer differenzierten Betrachtung heraus. Es bietet sich zudem an, auch Rasches Ansatz, das Drama aus einer Analyse aktueller gesellschaftlicher Verhältnisse heraus zu deuten, kritisch zu hinterfragen. Wenn Sie einzelnen Positionen widersprechen wollen, sollten Sie Aspekte aus dem „Woyzeck"-Drama herausgreifen, die bei Rasche zu kurz kommen, nicht erwähnt, nicht ausreichend oder schlüssig begründet oder anders gedeutet werden, als Sie es vor dem Hintergrund Ihres Textverständnisses für angemessen halten.

Beide Teilaufgaben sollten ***nicht isoliert voneinander behandelt****, sondern in einem* ***zusammenhängenden Aufsatz*** *dargestellt werden. Diesen sollten Sie mit einer Einleitung beginnen, die thematisch zielführend ist und die Basisinformationen zu Werk und Außentext enthält. In der* ***Überleitung*** *zu Teilaufgabe 2 bietet es sich an, die Thesen Rasches nochmals zusammenfassend auf den Punkt zu bringen. Damit schaffen Sie eine gute Basis für die anschließende* ***Auseinandersetzung****. Schließen Sie Ihren Aufsatz mit einem* ***Fazit*** *ab, das Ihre wesentlichen Ergebnisse knapp und pointiert zusammenfasst.*

Die Textnachweise zu Büchners „Woyzeck" im folgenden Lösungsvorschlag beziehen sich auf diese Ausgabe: Georg Büchner: Woyzeck. Stuttgart: Reclam 2021 (Reclam XL Text und Kontext).

Lösungsvorschlag

Teilaufgabe 1

Einleitung

Autor, Titel, Erscheinungsjahr, Thema

Wenn Regisseurinnen und Regisseure Stücke für das Theater inszenieren, tun sie dies auf der Grundlage einer eigenen Interpretation der jeweiligen Werke. Ein wesentliches Ziel sehen die Theatermacher*innen oft darin, **kanonische Texte auf ihre Bedeutung für die Gegenwart zu befragen**. Zugleich grenzen sie die eigene Sichtweise auf das Werk meist gegenüber älteren Deutungen ab. Von ähnlichen Überlegungen lässt sich der **Regisseur Ulrich Rasche** in seinen Interpretationsansätzen zu Georg Büchners unvollendetem Drama „Woyzeck" (1837) leiten. In einem Interview anlässlich seiner Inszenierung des Dramas am Münchner Residenztheater (in der Spielzeit 2019/20) plädiert er für eine – gegenüber traditionellen Deutungen – **neue Sicht auf die Figur Woyzeck** im Kontext der im Stück vorgeführten gesellschaftlichen Verhältnisse.

Textuntersuchung

Neudeutung Woyzecks und anderer Dramenfiguren

Im Mittelpunkt von Rasches Ausführungen steht eine **Neubewertung der Opferrolle Woyzecks**. Eine ausschließliche Wahrnehmung Woyzecks als Opfer bzw. als Figur, „die einseitig die Repressionen einer Gesellschaft erdulden muss" (Z. 4 f.), lehnt Rasche ab. Dieser aus seiner Sicht uninteressanten Sichtweise (vgl. Z. 6) stellt er eine **positive Deutung** des Protagonisten als „starke[r] und in sich ruhende[r] Charakter" (Z. 2) gegenüber. Durch diese Eigenschaften werde Woyzeck für andere attraktiv und zu einem „Objekt, dessen Nähe man sucht oder das man vielleicht sogar besitzen möchte" (Z. 3 f.). Zugleich rücken aus Rasches Sicht **andere Figuren** in den Fokus, die **ebenfalls als Opfer gesellschaftlicher Verhältnisse** gedeutet werden können. Der Regisseur formuliert in diesem Zusammenhang die These, dass alle Figuren im Stück unter den sozialen Zwängen und „an der Einrichtung der menschlichen Existenz schlechthin" litten (Z. 10f.).

Um diese Position zu begründen, verfolgt der Regisseur **zwei Argumentationsstränge**, die sich auf zwei unterschiedliche Zeitebenen beziehen: einerseits auf die Gegenwart zum Zeitpunkt seiner eigenen Theaterinszenierung und andererseits auf die Entstehungszeit von Büchners Drama. Beide Ebenen möchte er in seiner Theaterarbeit aufeinander beziehen (vgl. Z. 11f.). Die **Gegenwart** wird für Rasche insofern zum Bezugspunkt, als es ihm, ausgehend von Büchners Drama, auch um die **Untersuchung von aktuellen Machtverhältnissen** geht. Diese bestimmt er *ex negativo*, indem er die These aufstellt, dass das gegenwärtige Zusammenleben „nicht mehr in einer oppositionellen Struktur wie Herr und Knecht oder Arm und Reich abgebildet werden" könne (Z. 8f.). Im Hinblick auf den **historischen Kontext** des Stücks erläutert er die Herabwürdigung des Militärs zu einem Mittel, mit dem nach 1815 – in der restaurativen Phase in Deutschland – freiheitliche Bestrebungen unterdrückt wurden. Indem er ausführt, dass Offiziere aufgrund des Verlusts ihrer angestammten Tätigkeiten zu einem eintönigen, inaktiven Leben (inklusive Triebverzicht) verurteilt waren, charakterisiert Rasche den **Hauptmann als Opfer der gesellschaftlichen Umstände**, das unter Depressionen leide.

Bezug auf historischen Hintergrund und aktuelle Gegenwart

Zudem erkennt er in dem **Verhältnis des Hauptmanns zu Woyzeck** „eine Beziehung zwischen **Bewunderung und Ablehnung**" (Z. 28) sowie ein Interesse des Hauptmanns an seinem Gegenüber, das auch auf Neid (vgl. Z. 29f.) beruhe. An Woyzeck nehme der Hauptmann positiv konnotierte Aspekte wahr, wie dessen Liebe zu seinem unehelichen Kind und eine „Hingabe an seine Familie" (Z. 30), die sich über alle Konventionen hinwegsetze. Diese Beziehungen gäben Woyzeck Sicherheit und einen Lebenssinn.

Beziehung zwischen Hauptmann und Woyzeck

Aufgrund dieser Merkmale charakterisiert Rasche **Woyzeck** als einen – trotz der Verhältnisse, in denen er lebt und die ihm bewusst sind – **glücklichen und zufriedenen Menschen**. Er zeige sich „in seiner charakterlichen Größe und Liebesfähigkeit" (Z. 39), bis ihm die Grundlage seiner Existenz, Maries Liebe, zerbricht (vgl. Z. 36f.). Laut Rasche beginnt die **negative Entwicklung** der Dramenhandlung **erst mit dieser Verlusterfahrung Woyzecks**.

Rasches Charakterisierung von Woyzeck

Der Regisseur weist die Reduzierung Woyzecks auf ein Opfer sozialer Verhältnisse also in zweifacher Hinsicht zurück. Erstens deutet er Woyzeck als einen über weite Strecken zufriedenen sowie seine Zufriedenheit wahrnehmenden Charakter. Zweitens relativiert er den Opferstatus Woyzecks insofern, als er postuliert, dass auch an-

Zusammenfassung von Rasches Position

dere Figuren als Opfer gesellschaftlicher Strukturen gelten können, was er an der Figur des Hauptmanns festmacht.

Wenn Rasche eine einseitige Betrachtung Woyzecks als Opfer gesellschaftlicher Verhältnisse ablehnt, dann erkennt er damit zugleich an, dass Woyzeck zumindest zu Teilen als ein solches betrachtet werden kann.

Teilaufgabe 2
Aufgabenbezogene Überleitung

Diese **Fremdbestimmung** lässt sich anhand der zahlreichen **Abhängigkeitsverhältnisse** festmachen, die im Drama dargestellt werden. So tritt Woyzeck aufgrund **materieller Not** in die Dienste des Hauptmanns und des Doktors, um den Lebensunterhalt für sich und seine kleine Familie zu sichern. Dabei wird er von den Vertretern gesellschaftlicher Institutionen – des Militärs und der Medizin – auf unterschiedliche Weise **unterdrückt** bzw. in seine untergeordnete Rolle verwiesen. Er ist den **Demütigungen des Hauptmanns** ausgesetzt, der ihn durch Fangfragen als „ganz abscheulich dumm" (S. 16) herabzuwürdigen versucht und sich angesichts von Woyzecks unehelichem Kind als moralisch überlegen darstellt (vgl. S. 16). Der Vertreter des Militärs nutzt also seine Stellung als Vorgesetzter, um Woyzeck dessen Abhängigkeit vorzuführen. Der **Doktor** wiederum bedient sich seiner überlegenen Position als medizinische Autorität sowie der Not Woyzecks, um diesen für **fragwürdige wissenschaftliche Experimente** zu missbrauchen (vgl. S. 19 f., 24 f.). In beiden Fällen wird Woyzeck für die Vertreter der gesellschaftlichen Ordnung zu einem **Objekt**, an dem sie ein je eigenes Interesse haben. In dem Ernährungsexperiment – Woyzeck darf nur noch Erbsen essen – begegnen sich medizinische und militärische Macht: Versuche an Soldaten mit einseitiger Ernährung dienten dazu, eine günstige und effiziente Versorgung des Militärs zu erproben.

Auseinandersetzung mit Rasches Position

Widerlegung: Woyzeck als Opfer von Hauptmann und Doktor

An diesem Punkt zeigt sich ein Bezug zu Rasches Beobachtung, dass Woyzeck für andere Figuren „zu einem Objekt [wird], dessen Nähe man sucht oder das man vielleicht sogar besitzen möchte" (Z. 3 f.). Sowohl der Doktor als auch der Hauptmann zeigen sich in physischer wie psychischer Hinsicht zudringlich und ergreifen Besitz von ihm, indem sie sich über seine Grenzen hinwegsetzen und seine Unversehrtheit bedrohen. Auf diese Weise wird **Woyzeck zum Objekt militärischer und medizinischer Machtausübung**.

Teilweise Zustimmung zu Rasches Aussage: Interesse anderer an Woyzeck

Anders als Rasche es nahelegt, dominieren hier jedoch Erkenntnis- und Machtinteressen und **weniger Bewunderung oder Neid**. Der Hauptmann mag Woyzeck möglicherweise um Dinge beneiden, die ihm selbst verwehrt bleiben – vor allem Familie und ein Ausleben

Relativierung: Unklarheit der Motive des Hauptmanns; Fokus auf Ausbeutung Woyzecks der Sexualität. Aufgrund der fehlenden Innensicht – ein Charakteristikum der Gattung Drama – äußert sich dies jedoch allenfalls indirekt in den Aussagen des Hauptmanns. Wenn dieser die eigene Verführbarkeit durch sexuelle Reize erwähnt, seine Triebunterdrückung hervorhebt (vgl. S. 17) und zugleich Woyzecks Triebhaftigkeit anprangert (vgl. S. 16), dann mag man darin auf einer psychologischen Ebene **Projektionen des Hauptmanns** erkennen, mittels derer er eigene Wünsche externalisiert. Diese Deutung ist allerdings höchst **spekulativ** und nicht vom Text gedeckt. Zudem liegt im Drama eine starke **Fokussierung auf Woyzeck** vor, der im Mittelpunkt nahezu aller Szenen steht. Aufgrund dieser Konzentration auf die Titelfigur führt die Handlung viel stärker vor, wie sich die Verhaltensweisen des Hauptmanns auf Woyzeck auswirken. Die Beweggründe des Militärs geraten dagegen in den Hintergrund. Die **Beziehung Woyzeck – Hauptmann** zeichnet sich somit weniger durch (geheime) Nähe aus als durch ein **Ausnutzen der Machtposition** innerhalb der militärischen Hierarchie, auf deren unterster Stufe der Rekrut Woyzeck steht. In diesem Sinne ist auch ein Leiden an der „Existenz schlechthin" (Z. 10 f.) weniger Thema des Dramas als **konkrete soziale Abhängigkeits- und Machtstrukturen**. Büchner arbeitet hier auf der Basis zeitgenössischer Fakten und Quellen, die etwa in seiner politischen Schrift „Der Hessische Landbote" (1834 gemeinsam mit Friedrich Ludwig Weidig verfasst) erläutert werden.

Zustimmung: Belege für Charakterstärke Woyzecks

Dass Woyzeck ein gewisses Maß an **charakterlicher Stärke** aufweist, wie Rasche feststellt, lässt sich am Text durchaus belegen. So setzt er den Demütigungen des Hauptmanns eigenständige Gedanken entgegen, mit denen er sich gegenüber den tautologischen Aussagen seines Vorgesetzten (vgl. S. 16: „Moral das ist wenn man moralisch ist") sogar überlegen zeigt. Auch **durchschaut** Woyzeck die **Verbindung von Armut und Ausbeutung** und die Tugendhaftigkeit als ein Privileg der höheren gesellschaftlichen Schichten: „[A]ber wenn ich ein Herr wär und hätt ein Hut und eine Uhr und en Anglaise und könnt vornehm rede, ich wollt schon tugendhaft sein." (S. 17) Eine Stärke Woyzecks zeigt sich darüber hinaus auch im **Erdulden** der zahlreichen Formen der Unterdrückung, deren Folgen sich in **körperlichen und seelischen Degenerationserscheinungen** offenbaren.

Widerlegung: negative Auswirkungen auf Woyzecks Gesundheit

Diese Auswirkungen thematisiert Rasche nicht. Doch gerade sie sind es, die Woyzeck in viel stärkerem Maße zu einem **Opfer gesellschaftlicher Verhältnisse** machen, als es der Regisseur nahelegt. Zudem widerlegen sie die Aussage, Woyzeck leide „nicht wirklich" (Z. 32) an den Verhältnissen. Er hat mit Angstzuständen, Halluzinationen, Unruhe und erhöhtem Pulsschlag zu kämpfen.

Vor allem die körperlichen Beschwerden dürften eine Folge des Ernährungsexperiments sein. In diesem Zusammenhang kann auch nicht von Zufriedenheit und Glück gesprochen werden, allenfalls von einer **Anpassung an seine von Ausbeutung geprägte Lage**, die mit großem Leid verbunden ist.

Widerlegung: negative Auswirkungen auf Familie

Auch die **familiäre Situation** bleibt, anders als Rasche dies sieht, nicht unberührt von den sozialen Determinanten und ist deshalb keine „alle gesellschaftlichen Regeln ignorierende Bindung“ (Z. 30 f.): Vielmehr ist sie aufgrund des fehlenden kirchlichen Segens gesellschaftlich **geächtet**, sie ist zudem geprägt von **Armut** sowie einem Mangel an Zeit, die zu einer zunehmenden Entfremdung der Partner führen. Zwar sind die Liebe Woyzecks zu seinem Sohn Christian (vgl. S. 15) und das Sorgen für seine Familie unter schwierigen Bedingungen ein Ausdruck von **„Größe und Liebesfähigkeit“** (Z. 39). Was Rasche dabei jedoch nicht berücksichtigt, ist, dass Woyzeck **kaum Zeit bleibt, sich seiner Familie zu widmen**. Aufgrund der zahlreichen Arbeiten (Militärdienst, Stöckeschneiden für den Hauptmann, Rasieren des Hauptmanns, Versuchsobjekt und Assistent des Doktors) ist er permanent beschäftigt und kann sich bei seinen kurzen Besuchen zu Hause seiner Familie nicht emotional zuwenden (vgl. Maries Aussage nach einem solchen Besuch: „Er [Woyzeck] hat sein Kind nicht angesehn“, S. 11). Stattdessen liefert er rasch seinen Lohn bei Marie ab, um dann zu einer weiteren Tätigkeit zu hetzen (vgl. S. 15). Somit ist die Liebe zu Frau und Kind keinesfalls eine sorgenfreie.

Widerlegung von Rasches Woyzeck-Bild

Letztlich ist Rasches **Charakterisierung Woyzecks als „in sich ruhende[r] Charakter“ (Z. 2) nicht zutreffend**. Tatsächlich steht diese im Widerspruch zu Woyzecks Rastlosigkeit, seiner Zerrissenheit zwischen der Versorgung der Familie und seinen Arbeiten sowie zu den Beschreibungen anderer (vgl. Hauptmann: „er sieht immer so verhetzt aus“, S. 16). Es ist also fraglich, ob erst die Untreue Maries die Entwicklung zum Schlechten auslöst, wie Rasche mit seiner Anspielung auf das „Fundament seines Lebens“, das Woyzeck entzogen werde, andeutet (vgl. Z. 36 f.). Denn nicht erst der Liebesverrat Maries (vgl. Z. 32 f.) löst das **Leiden** Woyzecks aus. Vielmehr ist dieses **von Beginn der Dramenhandlung an** vorhanden, als Folge seiner ausweglosen sozialen Situation (vgl. etwa die Eingangsszene, die die Angstvisionen und Halluzinationen Woyzecks zeigt, S. 9). Schließlich kulminieren in Woyzecks Eifersucht und der Ermordung Maries die gesamten Erfahrungen der Unterdrückung. Das „Fundament des Lebens“ ist für Woyzeck von Anfang an aufgrund seiner sozialen Stellung und Armut brüchig; mit dem Verlust von Maries Liebe geht es dann vollends entzwei.

Gleichwohl ist **Rasche** zumindest **in Ansätzen zuzustimmen**, wenn er feststellt, dass nicht nur Woyzeck durch die sozialen Bedingungen negativ beeinflusst werde, sondern „[i]m Grunde [...] **alle Figuren** in ‚Woyzeck' **unter den gesellschaftlichen Verhältnissen**" (Z. 9f.) **litten**. Im Hinblick auf den **Hauptmann** kann Rasche dies, auch unter Rückgriff auf zeitgeschichtliche Kontexte, plausibel machen. In der Tat scheinen dessen Langeweile und Melancholie Folge seines ereignislosen Dienstes zu sein. Seine Disziplinierung von Woyzeck ließe sich dann – wenn auch, aufgrund der fehlenden Innensicht, wiederum in spekulativer Weise – als **Kompensation** lesen, die seine eigenen Verlust- und Verzichterfahrungen, allen voran seine Triebunterdrückung, ausgleichen soll. Auch ist der Hauptmann nicht nur aktiv an der Unterdrückung anderer beteiligt, sondern er wird **selbst Opfer von Machtausübung**. So spielt der Doktor mit der Angst des Hauptmanns vor dem körperlichen Verfall und einer tödlichen Krankheit und bringt diesen damit in seelische Nöte (vgl. S. 21). Wie Woyzeck wird er zum Objekt wissenschaftlichen Interesses. Zu ergänzen wäre, dass auch Woyzecks Geliebte **Marie als ein Opfer** der gesellschaftlichen Verhältnisse gesehen werden kann. Ihre soziale und wirtschaftliche Notlage sowie der ebenfalls sozial bedingte Verlust der Bindung an Woyzeck machen sie anfällig für die Verführungen des Tambourmajors, an die sie die Hoffnung auf einen sozialen und materiellen Aufstieg knüpft (vgl. S. 14f.). Selbst das **Kind** ist stark von der prekären sozialen Lage geprägt, was Woyzeck hellsichtig bemerkt, als er Marie gegenüber sagt, dass sein Sohn „sogar Schweiß im Schlaf" (S. 15) habe.

Bedingte Zustimmung: auch andere Figuren als Opfer deutbar

Woyzeck allerdings als ein „Rad im Getriebe" (Z. 5) und ein Opfer unter anderen einzuordnen, **verfehlt** die im Drama deutlich werdende **Differenzierung**. Es ist zu bedenken, dass sich die gesellschaftlichen Rahmenbedingungen höchst unterschiedlich auf Woyzeck und die anderen Charaktere auswirken – **abhängig von ihrem sozialen Status:** Woyzeck als Vertreter der unterprivilegierten Schicht und die Repräsentanten des Bürgertums mit ihren Privilegien haben mit sehr unterschiedlichen Problemen zu kämpfen. Dies gilt vor allem im Hinblick auf die **Befriedigung materieller Grundbedürfnisse**. Während der Hauptmann unter Langeweile und Beschäftigungslosigkeit leidet, aber materiell abgesichert ist, muss Woyzeck fortwährend um die physischen Grundlagen seiner Existenz fürchten. Hier offenbart sich das Phänomen des Pauperismus, d.h. der Massenarmut, als eines der zentralen Probleme im 19. Jahrhundert.

Einwand: Leugnen sozialer Unterschiede durch Gleichsetzung von Woyzeck mit anderen Figuren

Als höchst **fragwürdig** ist **Rasches Ansatz** einzustufen, seine Deutung mit **heutigen gesellschaftlichen Verhältnissen** zu begründen. Zwar ist es ein nachvollziehbares Erkenntnisinteresse eines Theaterregisseurs, die Bedeutung eines Dramas aus einer früheren Epoche für die Gegenwart zu suchen. Dies ist insofern sinnvoll, als Theater, auch wenn es ältere Texte zur Aufführung bringt, immer im Hier und Jetzt stattfindet. Problematisch erscheint es jedoch, wenn Rasche zentrale Aspekte des Textes so umdeutet, dass sie zwar den Verhältnissen zum Zeitpunkt der Inszenierung entsprechen, nicht jedoch denjenigen, die im Text dargestellt werden. In der Gesellschaft der 1830er-Jahre gab es sehr wohl **klare Oppositionen und soziale Ungleichheiten** (arm vs. reich, privilegiert vs. nicht privilegiert, gebildet vs. ungebildet) und auch heute ist das im Übrigen noch der Fall in der deutschen Gesellschaft und, in z. T. noch gravierendem Ausmaß, weltweit. Die Argumentationslogik, aus einer Diagnose heutiger Verhältnisse die Charakterisierung einer Dramenfigur abzuleiten, die stark von den Bedingungen ihrer Entstehungszeit geprägt ist, ist als **anachronistisch** zu bewerten. Ein solches Vorgehen führt, wie gezeigt werden konnte, zu Deutungen, die am Text vorbeigehen.

Einwand: Hinterfragen der Methode, heutige Erfahrungen auf Dramenfiguren von 1837 zu projizieren

In der Gesamtbewertung erscheint **Rasches Position zwiespältig:** Seine historisch gut informierten Ausführungen zur Figur des Hauptmanns machen überzeugend deutlich, dass auch der Vertreter des Militärs unter gewissen gesellschaftlichen Bedingungen seiner Zeit zu leiden hat. Diesen Zustand jedoch mit demjenigen Woyzecks zu parallelisieren, erscheint höchst fragwürdig. Zu unterschiedlich sind die an die jeweilige soziale Schicht gebundenen Lebensverhältnisse und deren Folgen. Vollends an der im Text geschilderten Lebensrealität vorbei geht Rasches Bild von Woyzeck als einem glücklichen und zufriedenen, in sich ruhenden Menschen. Die damit verbundene **Relativierung seines Opferstatus** missachtet vor allem die sozioökonomischen Bedingtheiten und Machtverhältnisse, die in Büchners Drama deutlich werden. **Fragwürdig** ist auch Rasches **methodischer Zugang**, heutige soziale Verhältnisse zugrunde zu legen, um ein Bild des Protagonisten zu zeichnen. Maßstab einer Interpretation sollte zunächst der Text in seinem Entstehungszusammenhang sein. Die Frage nach Gemeinsamkeiten und Unterschieden zwischen Entstehungs- und Jetztzeit ist ein davon unabhängiger Schritt. Vermischt man beide Aspekte miteinander, wie Rasche das tut, wird man weder dem Text noch der eigenen Gegenwart gerecht.

Fazit
Differenziertes Abwägen zwischen zutreffenden und problematischen Aussagen Rasches

Abitur Deutsch (Schleswig-Holstein) – Übungsaufgabe 6: Erörterung eines pragmatischen Textes

Thema:
Sprache in politisch-gesellschaftlichen Verwendungszusammenhängen

Arbeitsgrundlage:
Andreas Öhler: *Wumms, ruckel, ruckel, wumms.*
In: DIE ZEIT, NR. 44/2022.

Aufgabe:

1. Stellen Sie den Argumentationsgang von Andreas Öhlers Artikel *Wumms, ruckel, ruckel, wumms* dar und erläutern Sie die Intention des Textes. (40 %)
2. Erörtern Sie mit Bezug auf Öhlers Artikel, ob der von ihm kritisierte Sprachgebrauch von Politikern und Politikerinnen ein Problem darstellt. (60 %)

Erlaubte Hilfsmittel:
– ein Wörterbuch der deutschen Rechtschreibung

Andreas Öhler
Wumms, ruckel, ruckel, wumms (2022)

Die politische Sprache in der Krise klingt wie aus dem Comic. Das könnte sich rächen.

Eigentlich wollte ich mir für diese Altmänner-Kolumne jegliches Geraune über einen drohenden Kulturverfall verkneifen. Die ewige Klage, dass die geistige Verblödung mit jeder Generation zunimmt, sollten nicht ausgerechnet die Leute anstimmen, die mit jedem Jahr etwas vergesslicher werden, bis sie womöglich die Schwelle zur völligen Verkalkung übertreten haben.
Deshalb möchte ich mich hier nicht über irgendeinen generellen Niedergang beklagen. Ich mokiere mich nur. Und zwar über die infantile[1] Sprache, mit der uns die Eliten ihre Maßnahmen zur Krisenlösung nahebringen wollen. Im Politikersprech ist von Bazookas, Abwehrschirmen und Paketen die Rede, die auf den Weg gebracht werden. Noch als Finanzminister kündigte Olaf Scholz 2020 den „Wumms“ an. Jetzt als Kanzler muss es ein „Doppelwumms“ sein, über den sich schon so gut wie jeder Comedian in dieser Republik ausgelassen hat. Wenn der Dissens[2] in der Ampelregierung nicht mehr gedeckelt werden kann wie der Gaspreis, heißt es, dass es zwischen den Parteien gerade ein wenig ruckelt.

Wir Wähler werden behandelt wie angeschickerte Touristen im Ferienflieger. Der Pilot will uns nicht die Partylaune verderben, während er eine Schlechtwetterfront

durchquert. Mir ist keine andere Regierung in Europa bekannt, die so zu ihrem Volk spricht.
Offenbar fühlen sich die Mächtigen dieses Staates nicht mächtig genug, um uns wie Autokraten einfach so mit ihrer Politik zu düpieren[3]. Sie sind Demokraten, die erstens wiedergewählt werden wollen, zweitens aber – und das ist das Entscheidende – ihren Eid geschworen haben, Schaden vom Volk abzuwenden. Aber das darf doch nicht bedeuten, uns wie entmündigte Schutzbefohlene zu behandeln, denen man nicht zutraut, komplexere politische Zusammenhänge zwischen Ursache und Wirkung geistig zu durchdringen.
Die Gefahr besteht, dass, wenn man die Verkümmerung der politischen Rhetorik zu weit treibt, immer mehr Menschen den politischen Diskursen nicht mehr folgen. Sie hören etwas, aber sie verstehen es nicht.

Wann hat dieser unselige Trend angefangen? Unter dem Kanzler Helmut Schmidt[4] wäre ein so regredierter[5] Redestil nicht denkbar gewesen. Nun war Volksnähe nicht seine hervorstechendste Qualität, aber er sprach in allen seinen Reden und Beiträgen die Menschen als Volljährige an. Ein Blick zurück in die Bonner Republik: Was immer man von Politikern wie Herbert Wehner[6] und seinem konservativen Gegenspieler Franz Josef Strauß[7] politisch gehalten haben mag, sie waren brillante Vermittler ihrer politischen Agenda. Man wusste, woran man mit ihnen war. Allenfalls bei den Bundespräsidenten hat sich das hohe Niveau der politischen Redekultur noch erhalten. Aber ich weiß nicht, ob sich eine Regierung glücklich schätzen kann, wenn alle reflektierenden Reden ins weihevolle Ambiente des Schloss Bellevue ausgelagert werden.
Einen Knacks bekam die politische Sprache mit Helmut Kohl[8]. In einer Pressekonferenz 1984 prägte er den Satz: „Entscheidend ist, was hinten rauskommt." Diese politische Stilblüte aus dem Gebiet Darmheilkunde kennzeichnete lange Kohls Amtszeit. Seitdem ist Schnoddrigkeit Leitprinzip. Keine Analysen mehr, wie sie noch der legendäre SPD-Politiker und Kommunikationswissenschaftler Peter Glotz ablieferte. Damals wurden offenbar noch Redenschreiber engagiert, die nicht aus der Werbebranche kamen, sondern ein Politikseminar an der Universität besucht hatten.
Als Gerhard Schröder Kanzler wurde, prägte er den Satz: „Zum Regieren brauche ich ‚Bild', ‚BamS'[9] und Glotze." Allzu forsche Reformen bremste der Kanzler 2001 mit dem Satz aus: „Was jetzt wichtig ist, ist eine Politik der ruhigen Hand." Das war in Wahrheit politische Rhetorik aus der hohlen Hand. Statt Analysen bot Schröder das: „Man kann es so oder so machen. Ich bin für so." Das war sein pointierter Beitrag zur Steuerreform 2003. Und fortan wurde zur Frage über alle politischen Aufsteiger: „Kann er Kanzler?"
Angela Merkel[10] hat in ihren 16 Jahren auch eher Beruhigungspillen verteilt. Besonders 2015 mit ihrem „Wir schaffen das". Auf die Frage der verdutzten Deutschen, wie, hat sie eher geschwiegen. Olaf Scholz tut ihr das nach. Wenn er eine Botschaft setzen muss, orientiert er sich sprachlich eher an Schröder. Er – oder seine Berater – denken wohl, dass Kanzler kann, wer Comic kann.
Schwächen werden kaschiert[11] und in Comic-Sprache verniedlicht. Den Donaldisten[12] unter den Intellektuellen mag das zusagen. Die Schriftstellerin Ulrike Draesner meint zu den Zisch-zack-krawumm-Ausdrücken: „Sie rufen Bilder hervor und sie

appellieren an Emotionen – man fühlt etwas, weil das Ohr mimetisch[13] ganz dabei ist“, sagte Draesner kürzlich im Deutschlandfunk Kultur. Beim „Wumms“ funktioniere das besonders gut: „Ich höre sozusagen wirklich den Krach.“ Sie nehme aber an, im Ausschuss sei nicht auf der Wumms-Ebene diskutiert worden.

Ich bin anderer Meinung. Man kann eine Republik nicht regieren wie Entenhausen[14]. Es wäre wahrscheinlich ein bisschen zu weit gegriffen, zu behaupten, dass ein Teil der Politikverdrossenheit aus genau diesem Schwund der politischen Rhetorik herrührt. Denn diejenigen, die die hohlen Phrasen von Rechtspopulisten gut finden, konnten mit tiefer gehenden Krisenanalysen sowieso nie etwas anfangen. Aber es kann sich zum Problem auswachsen, wenn sich eine Regierung nur noch als Rettungsschirmherrin feiert. Damit wird uns suggeriert: Flugs werden Erschütterungen mit Ausschüttungen abgefedert, egal ob Bankenkrise, Corona oder nun die Preisexplosionen im Energiesektor. Das alles in eingängige Sprache verpackt – und wumms, ruckel, ruckel, wumms ist die Krise gelöst und zerplatzt wie ihre Sprechblase.

Was psychologisch nett gedacht sein mag, ist politisch falsch. Am Ende kann nur Enttäuschung stehen, wenn die Krisenpolitik scheitert. Stellen sich die Verwerfungen nämlich als gravierender heraus, wird das Publikum tatsächlich das erzeugen, was in jedem Comic stattfindet: Krach.

Quelle: Andreas Öhler: Wumms, ruckel, ruckel, wumms, DIE ZEIT 44 / 2022.

Anmerkung:

1 *infantil:* unreif, kindisch
2 *Dissens:* Uneinigkeit, Meinungsverschiedenheit
3 *düpieren:* vor den Kopf stoßen
4 Der SPD-Politiker Helmut Schmidt (1918–2015) war deutscher Bundeskanzler von 1974 bis 1982.
5 *regrediert:* zurückgeblieben
6 Herbert Wehner (1906–1990) war ein SPD-Bundespolitiker, der in seinen Reden im Bundestag immer wieder durch eine deutliche und auch provokante Sprache auffiel.
7 Franz Josef Strauß (1915–1988) war ein Politiker der CSU, der er von 1961 bis 1988 auch vorsaß. Im Bundestag kam es zwischen ihm und Herbert Wehner wiederholt zu heftigen Rededuellen.
8 Helmut Kohl (1930–2017) war ein CDU-Politiker und von 1982 bis 1998 deutscher Bundeskanzler.
9 *BamS:* „Bild am Sonntag“, am Sonntag erscheinende Boulevardzeitung
10 Angela Merkel (geb. 1954), CDU-Politikerin, war von 2005 bis 2021 deutsche Bundeskanzlerin.
11 *kaschieren:* verdecken, Mängel nicht als solche erscheinen lassen
12 *Donaldisten:* Kenner der Comic-Welt um Donald Duck
13 *mimetisch:* hier etwa im Sinne von *nachempfindend* – die Worte bezeichnen nicht nur, sondern ahmen im Lautlichen das Gemeinte nach.
14 *Entenhausen:* fiktive Heimatstadt der Hauptfiguren in den Donald-Duck-Comics

Andreas Öhler ist Journalist bei „DIE ZEIT Christ und Welt“.

Hinweise und Tipps

*Die vorliegende Aufgabe entspricht der Aufgabenart „**Erörterung eines pragmatischen Textes**" und ist zweigliedrig angelegt. Dabei ist die **erste Teilaufgabe** mit 40 % geringer gewichtet als die **zweite** mit 60 %.*

***Teilaufgabe 1:** Die erste Teilaufgabe läuft auf eine **strukturierte Zusammenfassung** des pragmatischen Textes hinaus. Der Operator „Darstellen" gibt Ihnen zu verstehen, dass keine umfassende Analyse von Ihnen verlangt wird, Sie also die sprachliche Ebene oder auch die Leserlenkung nicht untersuchen müssen. Stattdessen teilt Ihnen die Arbeitsanweisung mit, auf welche beiden Aspekte Sie sich konzentrieren sollen: Es gilt den **Argumentationsgang** des Textes herauszuarbeiten, also darzulegen, was er sagt (Wiedergabe der zentralen Aussagen) und wie er seine Ausführungen aufbaut (Argumentationsstruktur). Außerdem sollen Sie seine **Intention** ableiten.*
*Lesen Sie den Artikel zunächst **mehrfach und aktiv**, d. h., nutzen Sie Stifte und Textmarker, mit denen Sie **wesentliche Punkte** hervorheben und **am Rand kommentieren** können. Notieren Sie neben jedem Abschnitt knapp dessen **zentrale Aussage und Funktion** für das Textganze: Handelt es sich um eine Überleitung, um eine These, eine Erläuterung, ein Beispiel oder etwa um das Anführen eines Gegenarguments? Mithilfe dieser Strukturbegriffe gelingt es Ihnen, den **Gedankengang** von Andreas Öhler transparent zu machen. Achten Sie darauf, über all den angeführten Beispielen für Politiker und Politikersprech nicht den Überblick zu verlieren. Wichtig für Ihre Erschließung ist die jeweilige Aussage, die Öhler mit den Beispielen und Belegen veranschaulicht.*
Übrigens: Da der Autor zahlreiche Beispiele aus der jüngsten bundesrepublikanischen Vergangenheit antippt, ist es für das Verständnis hilfreich, über solides geschichtliches Wissen zu verfügen.

***Teilaufgabe 2:** Die zweite Teilaufgabe baut auf der von Ihnen geleisteten Texterschließung auf. Sie sollen **erörtern**, ob die von Öhler **kritisierte Redeweise** der politischen Elite **problematisch** ist. Die Konjunktion „ob" weist Sie darauf hin, dass eine **dialektisch abwägende Auseinandersetzung** erwartet wird und Sie sowohl **zustimmende** als auch **ablehnende Argumente** anführen müssen. Zudem sollte immer wieder der **Ausgangstext** einbezogen werden.*
*Notieren Sie sich zunächst knapp die **wesentlichen Kritikpunkte**, die Öhler vorbringt. Lassen Sie sich nicht vom Lead des Artikels irritieren: Der Verfasser setzt sich nicht nur mit der Verwendung von Comicausdrücken auseinander, sondern attackiert im Folgenden auch **nichtssagende Phrasen**, **fehlende Differenzierung** und **beschönigende Wendungen**. Sammeln Sie dann auf einem Konzeptblatt **Punkte**, bei denen Sie sich Öhlers **Meinung anschließen** können, sowie Aspekte, mit denen Sie ihm **widersprechen** möchten. Es ist naheliegend, Argumente aufzugreifen und weiterzuführen, die der Verfasser anspricht, so z. B. die Überlegung, ob der nachlässige Sprachgebrauch zur Politikverdrossenheit beiträgt.*

*Zu Beginn Ihres Aufsatzes stellen Sie zunächst in einem Basissatz den Text knapp vor, indem Sie seine **wesentlichen Informationen** nennen (Autor, Titel, Publikationsjahr und -ort, Thema). In der Folge empfiehlt es sich, **Inhalt und Argumentation** chrono-*

logisch, also entsprechend dem Textgang, darzustellen. Auf diese Weise können Sie auch den ***Aufbau*** *von Öhlers Artikel deutlich machen. Im Anschluss sollten Sie in einem eigenen Abschnitt die* ***Position des Verfassers*** *resümieren. Achten Sie darauf, sich nicht zu wiederholen und nicht noch einmal einzelne Aussagen Öhlers wiederzugeben. Hier geht es vielmehr darum, auf einer übergeordneten Ebene die* ***Absicht*** *abzuleiten, die der Verfasser mit seinem Text verfolgt.*

Als Überleitung zur eigentlichen Erörterung können Sie noch einmal die Stoßrichtung von Öhlers Artikel auf den Punkt bringen, um dann die zu ***erörternde Fragestellung*** *zu nennen. Beim Aufbau der Erörterung haben Sie die Möglichkeit,* ***blockweise*** *vorzugehen, d. h. erst alle Argumente der einen Seite, dann die der anderen anzuführen. Sie können aber auch flexibler* ***zwischen den beiden Seiten wechseln****. Der folgende Lösungsvorschlag führt vor, wie sich einzelne Argumente relativieren oder differenzieren lassen. Der von der Aufgabe geforderte Textbezug legt es nahe, auch* ***Öhlers Argumentationsweise*** *kritisch in den Blick zu nehmen. So lässt sich seine Meinung hinterfragen, eine Pflege der Redekunst gehe mit einem demokratischen Führungsstil einher. Ziehen Sie am Schluss Ihrer Ausführungen ein* ***Fazit:*** *Dabei müssen Sie sich nicht für die Pro- oder Kontra-Position entscheiden, sondern können gewichten, indem Sie zeigen, wo Sie die sprachliche Entwicklung problematisch finden und wo Sie ihr positive Seiten abgewinnen können.*

Sie haben sich im Rahmen des Themenfelds „Sprache in politisch-gesellschaftlichen Verwendungszusammenhängen" vermutlich auch mit kommunikationstheoretischen Ansätzen beschäftigt. Greifen Sie auf Ihr entsprechendes Wissen zurück, wenn Sie damit Ihre Argumentation vertiefen können.

Lösungsvorschlag

„Wumms, ruckel, ruckel, wumms“ – Bereits mit dem lautmalerischen Titel führt Andreas Öhler vor, was er in seinem 2022 in der ZEIT erschienenen Artikel polemisch kritisiert: eine comicartige und infantilisierende Politikersprache, die seiner Meinung nach der Krisenlage nicht angemessen ist.

Teilaufgabe 1
Einleitung
Informationen zur Textgrundlage

Öhlers Kolumne beginnt mit einer Entschuldigung dafür, dass er entgegen seinen Vorsätzen eine **kulturkritische Klage** anstimme. Indem er sich dabei als alter vergesslicher Mann charakterisiert, der eigentlich nicht zu einem solchen Gejammer berechtigt sei, wirbt er um die Sympathie der Leserschaft (vgl. Z. 1 ff.). Zudem relativiert er gleich darauf die anfängliche Ankündigung: Er werde mit seiner Kritik nur die **Sprache des politischen Leitungspersonals** ins Visier nehmen (vgl. Z. 9 f.). Eine Häufung von Beispielen für diese sorgt einerseits für Anschaulichkeit und anderseits für Komik, da sie die Lächerlichkeit der Phrasen herausstellen (vgl. Z. 10–16). Öhler kritisiert, dass der Politikersprech die (Krisen-)Realität **beschönige**, und unterstreicht seine Wertung mit dem Hinweis, Deutschlands politische Führung sei mit dieser Redeweise in Europa allein.

Textuntersuchung
Darstellung des Gedankengangs
Kritik am Sprachgebrauch von Politikern

Nachdem das Problem benannt worden ist, fragt der Verfasser nach den **Ursachen:** Zum einen vermutet er, dass sich – anders als Autokraten – demokratisch legitimierte Regierende „nicht mächtig genug“ (Z. 21) fühlen, um die Bevölkerung mit den harten Tatsachen zu konfrontieren. Immerhin würden sie den Machterhalt, d. h. ihre **Wiederwahl im Auge** behalten. Zum anderen würden sie aus ihrem Amtseid das Recht ableiten, das **Volk**, für das sie die Verantwortung übernommen haben, zu **entmündigen** (vgl. Z. 23 f.). Öhler wirft den Politikerinnen und Politikern vor, die **intellektuellen Kapazitäten der Bevölkerung geringzuschätzen**, indem sie sich auf ein niedriges sprachliches Niveau begeben. Vor den Folgen dieser „Verkümmerung der politischen Rhetorik“ (Z. 28) **warnt** er eindringlich: Die Politik werde die Menschen verlieren, wenn diese mit der Kommunikationsweise nichts anzufangen wüssten.

Ursachen für rhetorischen Niedergang

Um den bedauernswerten aktuellen Stand der Politikerrede zu **veranschaulichen**, holt der Autor zu einem umfassenden **historischen Rückblick** aus: Dabei bescheinigt er den früheren bundesrepublikanischen Politikern Schmidt, Strauß und Wehner beachtliches rhetorisches Talent. Ihnen sei es gelungen, ihre jeweiligen Programme ohne sprachliche Versimpelung darzulegen und so die Wählerschaft für voll zu nehmen (vgl. Z. 31–41). Dass heute nur noch die Bundespräsidenten, aber nicht mehr die eigentlich Regierenden eine solche Redekultur pflegen würden, hält Öhler für problematisch.

Entwicklung der Rhetorik in der BRD: Beispiele für Redekunst

Nach dem Lobpreis der rhetorischen Blütezeit zeichnet er den **sprachlichen Niedergang in der Politikersprache** nach, der mit Bundeskanzler Kohl begonnen habe. Dessen unfreiwillig komisches Statement „Entscheidend ist, was hinten rauskommt" (Z. 43) markiert für Öhler den Einzug einer flapsigen, schiefen Ausdrucksweise in die politische Kommunikation. Einen Teil der Verantwortung sieht er bei den Redenschreibern, die heute aus der Werbebranche stammen und nicht über eine politische Vorbildung verfügen würden (vgl. Z. 47 f.).

Sprachliche Verkümmerung ab Ära Kohl

Zahlreiche Beispiele für hohle Phrasen und schnoddrige Floskeln aus der Amtszeit von Bundeskanzler Schröder dienen Öhler dazu, seine kritische Perspektive zu rechtfertigen. Während er Schröder vorwirft, **wenig durchdachte, unzureichend fundierte Aussagen** von sich gegeben zu haben (vgl. Z. 49–54), kritisiert er die **einschläfernde Wirkung** seiner Nachfolgerin Merkel, die sprachliche „Beruhigungspillen verteilt" (Z. 56) habe. Antworten sei sie schuldig geblieben – wie nun auch wiederum ihr Nachfolger Olaf Scholz. Damit beendet der Verfasser den Rückblick und führt seine Politikerschelte in die Gegenwart. Zugespitzt formuliert er seinen zentralen Kritikpunkt: Scholz denke, „dass Kanzler kann, wer Comic kann" (Z. 60). Die **Comicsprache** „verniedlicht" (Z. 61) für Öhler Probleme, beschönige sie also und spiele sie herunter.

Beispiele für schlechte Rhetorik in Kanzlerschaften von Schröder und Merkel

Um auch eine andere Sichtweise zu Wort kommen zu lassen, zitiert Öhler die **Schriftstellerin** Ulrike Draesner, die die **lautliche Qualität sowie die emotionalisierende Wirkung von Comicausdrücken** wie „Zisch-zack-krawumm" (Z. 63) erkennt.

Gegenstimme: positive Seite von Comicsprache

Dieser relativierenden Einschätzung widerspricht Öhler aber bestimmt (vgl. Z. 68). Er räumt zwar ein, keinen Kausalzusammenhang zwischen dem rhetorischen Abstieg und zunehmender **Politikverdrossenheit** herstellen zu wollen (vgl. Z. 69 ff.), weil die Menschen, die populistischen Slogans folgen, ohnehin nicht mit ausgefeilter und differenzierter Redekultur erreichbar seien. Aber durch die Erwähnung legt er indirekt trotzdem nahe, dass es hier eine Beziehung geben könnte. Öhler betont zum Schluss seines Artikels die Gefahr, die eine comicartige Sprache in der Krisenkommunikation mit sich bringe: Mit der schlichten Rhetorik werde der **falsche Eindruck** geweckt, alle **Probleme** – sei es bei der Bewältigung der Pandemie oder der Inflation oder der Energiekrise – könnten **rasch und einfach gelöst** werden. Diese **Verzerrung der Wirklichkeit** sei politisch anfechtbar. Werde die Wählerschaft mit einer verharmlosenden Sprechweise getäuscht, sei die **Desillusionierung** umso größer, wenn sich die Krisen als hartnäckiger erweisen. Öhler pro-

Mögliche problematische Auswirkungen von Comicsprache

phezeit für diesen Fall eine wachsende Unzufriedenheit und ein Aufbegehren der Bevölkerung, letztlich also politische Spannungen.

Fazit: Intention des Textes

Andreas Öhler formuliert eine harsche **Kritik an dem Sprachgebrauch heutiger Politikerinnen und Politiker**, da dieser darauf verzichte, komplexe Zusammenhänge zu durchdringen, sondern die tatsächliche Lage überdecke, indem er sie durch eine flapsige Ausdrucksweise verharmlose. Im Lead des Textes wird angekündigt, dass die „politische Sprache in der Krise" (Z. 1) beleuchtet werde, letztlich ist die aktuelle Krisenkommunikation aber nur der Aufhänger, um generell mit der fehlenden Redekultur in der Politik abzurechnen. Diese Sprachkritik ist auch **Kulturkritik**. Öhler legt nahe, dass der Verzicht auf eine differenzierte politische Rhetorik den **offenen Diskurs über Probleme verhindere**. Und so lässt sich sein Artikel als dringende **Warnung** verstehen, dass eine **nachlässig-falsche Sprache** auch die **demokratische Kultur beschädigen** wird.

Teilaufgabe 2

Überleitung

Streng geht Andreas Öhler mit dem Sprachgebrauch unserer Volksvertreterinnen und Volksvertreter ins Gericht. Doch ist diese Kritik berechtigt? Ist die heutige politische Rhetorik tatsächlich ein **Problem**, das man mit Sorge betrachten muss?

Erörterung

Argumente gegen laxen Sprachgebrauch: Lächerlichkeit von Sprache und Sprechenden

Tatsächlich wirken die zahlreichen im Artikel zitierten Beispiele einer infantilen oder nichtssagenden Politikersprache („Wumms", „Doppelwumms", „Pakete […], die auf den Weg gebracht werden", Z. 11 f.; „Man kann es so oder so machen. Ich bin für so.", Z. 53) **lächerlich und albern**. Es besteht die Gefahr, dass **Politikerinnen und Politiker**, die sich so phrasenhaft und lautmalerisch ausdrücken, selbst **als Witzfiguren** erscheinen, die unfähig sind, sich entsprechend der Würde ihres Amtes auszudrücken. Dies könnte dann nicht nur die jeweiligen Sprecher, sondern das ganze von ihnen repräsentierte **politische System in Misskredit** bringen.

Entstehen von Missverständnissen zwischen Politikern und Bevölkerung (Kommunikationsquadrat von Schulz von Thun)

Eine ungenaue, schnoddrige Ausdrucksweise ist zudem oft **Quelle von Missverständnissen**. Zum besseren Verständnis kann hier das **Kommunikationsquadrat** von Schulz von Thun dienen, das von vier Seiten einer Botschaft ausgeht: Sachinformation, Selbstkundgabe, Beziehungshinweis und Appell. Allerdings stimmen die vier Botschaften, die ein Sender mit jeder Äußerung schickt, oft nicht mit den vier Botschaften überein, die beim Empfänger ankommen. So mag ein Redner, der die Anstrengungen zur Krisenbewältigung mit einem „Doppelwumms" umschreibt, durch die Lautmalerei Nähe zur Zuhörerschaft herstellen wollen (Beziehungshinweis). Diese könnte aber dagegen heraushören, dass der Sprecher sie „für dumm verkaufen" will. Während der Redner seine zupackende, kompetente Herangehensweise deutlich machen möchte (Selbstkundgabe), versteht der Empfänger möglicherweise, dass der Politiker auf eine Weise agiert, die nicht dem Ernst der Lage entspricht. Die Botschaft, die bei den Wählerinnen und Wählern ankommt, wäre dann das Gegenteil von dem, was der Redner eigentlich erreichen wollte.

Entmündigung durch unterkomplexe Sprache

Öhler wirft der politischen Elite vor, dass sie „uns wie **entmündigte** Schutzbefohlene [behandelt], denen man nicht zutraut, komplexere politische Zusammenhänge zwischen Ursache und Wirkung geistig zu durchdringen" (Z. 25 ff.). Die **unterkomplexe Redeweise** könnte bei der Zuhörerschaft den Verdacht wecken, **von oben herab behandelt** und **nicht ernst genommen** zu werden. Allerdings hat das Volk, das in einer Demokratie den Souverän des Staates darstellt, das Recht, vonseiten der Politik mit **Achtung und auf Augenhöhe** behandelt zu werden.

Unangemessenheit bei Darstellung von Krisen

Zudem muss die Redeweise nicht nur dem Publikum, sondern auch dem behandelten Gegenstand gerecht werden. Eine kindliche Sprache mit Vereinfachungen, Lautmalereien oder Inflektiven, wie sie aus dem Comic bekannt sind („ruckel, ruckel, wumms"), ist wenig geeignet, um eine Krise zu erklären. Vielmehr müssen **komplexe Sachverhalte auch entsprechend differenziert und vertieft dargelegt** werden. Wie Öhler ausführt, drohen **Politikverdrossenheit** und **Zweifel an der Demokratie**, wenn die Bürgerinnen und Bürger erkennen müssen, dass eine verfehlte Krisenkommunikation bei ihnen falsche Erwartungen erzeugt hat (vgl. Z. 78 ff.).

Relativierung: Defizite bei Rhetorik kein neues Phänomen

Jedoch muss man **relativierend** einwenden, dass die **Phrasenhaftigkeit der Politikerrede** schon weitaus **länger existiert** als von Öhler behauptet. Auch in der von ihm verklärten Vergangenheit (vgl. Z. 31 ff.) wurde der nichtssagende Redestil von Politikern karikiert, etwa durch den Humoristen Loriot. Zudem lässt sich auf YouTube nachhören, wie sich damals die Herren Strauß oder Wehner im Parlament attackierten und dabei auch nicht vor persönlichen Beleidigungen zurückschreckten. Die politische Rhetorik war früher anders, aber war sie auch besser?

Relativierung: politische Rhetorik als Instrument zur Beeinflussung

Darüber hinaus ist es ein Trugschluss, von Politikern stets eine differenzierte, umfassende Darlegung erwarten zu können, schließlich vertreten diese die **Agenda ihrer jeweiligen Partei**, reden und handeln also **interessegeleitet**. Es gilt als Merkmal politischer Rhetorik, dass man das Gegenüber überzeugen will. Daher werden oft nur die Argumente präsentiert, die die eigene Position stützen, wohingegen die Gegenseite und Bedenken gerne verschwiegen werden. Die **Vielgestaltigkeit einer Krise** muss in der politischen **Debatte unter Vertretern unterschiedlicher Parteien** deutlich werden. Daneben kommt der Wissenschaft, etwa der Geschichtswissenschaft oder der Politologie, die Aufgabe zu, für einen ausgewogenen, objektiven Blick auf Krisen zu sorgen und Hintergründe zu erläutern.

Relativierung: Gefahren von rhetorischer Brillanz

Rhetorische Meisterschaft kann sich zudem als zweischneidig erweisen. Brillante Rhetoriker, wie z. B. der frühere britische Premier Boris Johnson, verstehen es, mit ihrer Sprachgewalt andere zu **manipulieren** und die eigenen machtpolitischen Ziele durchzusetzen. Eine ausgeklügelte **Redekunst** ist **somit keine Garantie für eine umsichtige**, dem Allgemeinwohl dienende **Politik**.

Argumente pro laxen Sprachgebrauch: Emotionalisierung

Politiker und Politikerinnen müssen also nicht zwangsweise differenziert sprechen. Doch sollten Wendungen aus der **Comicsprache** einen Platz in der politischen Rhetorik haben? Eine solche Sprache wird ebenso konträre Reaktionen hervorrufen wie die von der Politik ersonnenen sprechenden Benennungen „Gute-Kita-Gesetz“ oder „Respekt-Rente“. Die einen halten solche Wendungen für banalisierend und kindlich, die anderen erkennen ihre Qualitäten: So betont Ulrike Draesner, dass Lautmalereien „an Emotionen [appellieren]“ (Z. 64), also die **Zuhörerschaft auf eine sinnliche Weise packen** können. Plakative Comicwendungen stellen einen bewussten Stilbruch in den ansonsten oft trockenen und theoretischen Ausführungen dar und vermögen es, stärker zu begeistern.

Erreichen vieler Menschen als Aufgabe der Demokratie

In einer Republik ist es die Pflicht der Regierenden, die **Bevölkerung sprachlich zu erreichen**, sie gleichsam mitzunehmen und für ihr Programm zu begeistern sowie zum bürgerschaftlichen Engagement anzuspornen. Eine bewusst **volksnahe und griffige Sprache** lässt sich auch als Versuch werten, alle anzusprechen, da sie **keine elitäre Distanz** aufbaut. Sie ist – das zeigt das Beispiel vom wieder und wieder zitierten und verspotteten „Doppelwumms“ – **einprägsam** und weckt **Aufmerksamkeit**, kann also dazu beitragen, die Bevölkerung zum Hinhören und Mitdiskutieren zu bewegen. Gerade **jüngere Wählerinnen und Wähler**, die für Politik und Demokratie begeistert werden sollen, fühlen sich möglicherweise eher von einer saloppen Ausdruckweise angesprochen.

Schluss

Differenzierte Abwägung und Plädoyer für maßvollen Einsatz von salopper Rhetorik

Meistens entscheidet das **rechte Maß** über den Erfolg. Dies gilt auch für die politische Rhetorik. Sprachliche Verfremdungseffekte wie die comicartigen Inflektive sind durchaus geeignet, um Botschaften zu transportieren. Allerdings ist es ratsam, sie **gezielt und nur vereinzelt zu nutzen** und sie **keinesfalls als Ersatz** für eine sachliche Analyse zu betrachten. Mit seiner Sorge, dass verniedlichende Wendungen zum Niedergang des politischen Stils und sogar der Demokratie beitragen könnten, schießt Andreas Öhler aber über das Ziel hinaus. Seiner Argumentation kann man den gleichen Vorwurf machen, den er gegenüber der Politik erhebt: Sie ist undifferenziert und pauschal.

Gerade in **Krisenzeiten** ist eine beunruhigte **Bevölkerung auf wahrheitsgemäße Erklärungen und auf Anleitung angewiesen**. Es wird für Politiker und Politikerinnen eine **Gratwanderung** bleiben, eine Sprache zu finden, die **unserer komplexen Welt gerecht** wird und zugleich für die Bürgerinnen und Bürger **verständlich** ist. Generell wären eine klare Redeweise und ein zupackender Vortragsstil wünschenswert – so verhindert man, dass die Adressaten weghören oder umschalten. Politik ist spannend und betrifft uns alle. Das sollte sich auch in der Kommunikation niederschlagen.

Abitur Deutsch (Schleswig-Holstein) – Übungsaufgabe 7: Materialgestütztes Verfassen eines argumentierenden Textes

Thema:
Sprache in politisch-gesellschaftlichen Verwendungszusammenhängen

Aufgabe:
Stellen Sie sich vor, dass Sie Vertreterin bzw. Vertreter im Jugendparlament Ihrer Kommune sind. Da auf der Website der Kommune immer wieder auch Hasskommentare gepostet werden, veranstaltet das Jugendparlament eine öffentliche Debatte, in der es um die Probleme der Hate Speech im Netz gehen soll. Im Vorfeld der Diskussion verfassen Sie einen auf der Website zu veröffentlichenden argumentativen Beitrag, der sich mit der Frage auseinandersetzt, ob es sich bei Hate Speech um ein Problem des Internets handelt.
Verfassen Sie diesen argumentierenden Text. Nutzen Sie dazu die folgenden Materialien (1–8) und Ihre Kenntnisse aus dem Unterricht.
Verweise auf die Materialien erfolgen dem Stil eines Internetbeitrags entsprechend ohne Zeilenangabe nur unter Nennung des Autors/der Autorin und ggf. des Titels.

Ihr Text sollte ca. 1200 Wörter umfassen und mit einer passenden Überschrift versehen sein.

Erlaubte Hilfsmittel:
– ein Wörterbuch der deutschen Rechtschreibung

Material 1: Broschüre der Arbeitsgemeinschaft Kinder- und Jugendschutz und der Landesanstalt für Medien NRW

Hate Speech – Hass im Netz

Ein respektvolles Miteinander ist auch im Internet unverzichtbar. Zu beobachten ist aber gegenwärtig, dass dort Hetze, Hass und Diskriminierung immer mehr Verbreitung finden – besonders in Sozialen Netzwerken, Foren und Kommentarspalten. […] Für das Phänomen der Verbreitung von Hassbotschaften im Internet hat sich auch im deutschen Sprachgebrauch der Begriff Hate Speech (englisch für „Hassrede“) durchgesetzt. Er beschreibt abwertende, menschenverachtende und volksverhetzende Sprache und Inhalte, durch die die Grenzen der Meinungsfreiheit überschritten werden. Denn, so Artikel 1 des Grundgesetzes, „die Würde des Menschen ist unantastbar“. Das gilt auch im Internet. […]

Hate Speech ist kein reines Netzphänomen

Hass im Netz existiert nicht losgelöst vom analogen Leben, sondern greift reale Macht- und Diskriminierungsstrukturen auf, aus denen er sich speist. Zusätzlich lässt sich im Internet eine Art Enthemmungseffekt beobachten. Meinungen, die im realen Leben oft nur von einer Minderheit offen vertreten werden, sind mit wenigen Klicks veröffentlicht und finden im Internet eine große Bühne. Dahinter stehen nicht selten rechtsextreme Gruppen und Personen, die die Möglichkeiten des Internets für ihre Propaganda nutzen. Das fehlende direkte Gegenüber, die Möglichkeit, anonym zu bleiben, und das Wissen, kaum zur Rechenschaft gezogen zu werden, tragen weiter zur Enthemmung bei. Dabei wird nicht nur anonym gehetzt, sondern häufig auch ganz offen mit Klarnamen.

Quelle: Hate Speech – Hass im Netz. Informationen für Lehrkräfte und Eltern. Hrsg. v. d. Arbeitsgemeinschaft Kinder- und Jugendschutz und von der Landesanstalt für Medien NRW, 5. Aufl., 2019 (https://ajs.nrw/wp-content/uploads/2019/10/Hate_Speech_AJS_LFM_2018.pdf).

Material 2: Strafrechtliche Konsequenzen von Hate Speech

„Merkel[1] muss öffentlich gesteinigt werden.“

Konsequenz: 2 000 Euro Strafe

Quelle: Beispiele für strafbare Hasskommentare im Netz (© Stiftung Warentest), https://www.bpb.de/252408/strategien-gegen-hate-speech

Anmerkung:
1 *Angela Merkel:* deutsche Bundeskanzlerin von 2005 bis 2021

Material 3: Gesetzestexte des Grundgesetzes und des Strafgesetzbuches

Grundgesetz für die Bundesrepublik Deutschland Art. 5

(1) Jeder hat das Recht, seine Meinung in Wort, Schrift und Bild frei zu äußern und zu verbreiten und sich aus allgemein zugänglichen Quellen ungehindert zu unterrichten. Die Pressefreiheit und die Freiheit der Berichterstattung durch Rundfunk und Film werden gewährleistet. Eine Zensur findet nicht statt.

(2) Diese Rechte finden ihre Schranken in den Vorschriften der allgemeinen Gesetze, den gesetzlichen Bestimmungen zum Schutze der Jugend und in dem Recht der persönlichen Ehre.

StGB

Strafgesetzbuch

§ 185 Beleidigung

Die Beleidigung wird mit Freiheitsstrafe bis zu einem Jahr oder mit Geldstrafe und, wenn die Beleidigung mittels einer Tätlichkeit begangen wird, mit Freiheitsstrafe bis zu zwei Jahren oder mit Geldstrafe bestraft.

§ 186 Üble Nachrede

Wer in Beziehung auf einen anderen eine Tatsache behauptet oder verbreitet, welche denselben verächtlich zu machen oder in der öffentlichen Meinung herabzuwürdigen geeignet ist, wird, wenn nicht diese Tatsache erweislich wahr ist, mit Freiheitsstrafe bis zu einem Jahr oder mit Geldstrafe und, wenn die Tat öffentlich oder durch Verbreiten von Schriften (§ 11 Abs. 3) begangen ist, mit Freiheitsstrafe bis zu zwei Jahren oder mit Geldstrafe bestraft.

§ 187 Verleumdung

Wer wider besseres Wissen in Beziehung auf einen anderen eine unwahre Tatsache behauptet oder verbreitet, welche denselben verächtlich zu machen oder in der öffentlichen Meinung herabzuwürdigen oder dessen Kredit zu gefährden geeignet ist, wird mit Freiheitsstrafe bis zu zwei Jahren oder mit Geldstrafe und, wenn die Tat öffentlich, in einer Versammlung oder durch Verbreiten von Schriften (§ 11 Abs. 3) begangen ist, mit Freiheitsstrafe bis zu fünf Jahren oder mit Geldstrafe bestraft.

Quelle: https://www.gesetze-im-internet.de/gg/ BJNR000010949.html#BJNR000010949BJNG000100314

Material 4:
Anatol Stefanowitsch[1]: Was ist überhaupt Hate Speech?

Hassrede (Hate Speech) ist kein sprachwissenschaftlicher, sondern ein politischer Begriff mit mehr oder weniger starken Bezügen zu juristischen Tatbeständen. […] Die im europäischen Zusammenhang relevante politische Definition […] fasst unter diesem Begriff „alle Ausdrucksformen, die Rassismus, Fremdenfeindlichkeit, Antisemitismus oder andere Formen [von] auf Intoleranz beruhendem Hass verbreiten, dazu anstiften, sie fördern oder rechtfertigen; einschließlich von Intoleranz, die sich in aggressivem Nationalismus und Ethnozentrismus[2], der Diskriminierung und Feindseligkeit gegenüber Minderheiten, Migranten/Migrantinnen und Menschen mit Migrationshintergrund äußert“ (Ministerkomitee des Europarats, Empfehlung R (97) 20, 30. 10. 1997, meine Übersetzung).

Sprachwissenschaftliche Definitionen orientieren sich allgemein an dieser politischen Definition. […] Aus sprachwissenschaftlicher Perspektive stellen sich zwei Fragen: erstens, was es bedeutet, sprachlich „Hass auszudrücken“, und zweitens, welche sprachlichen Ausdrucksmittel zu diesem Zweck zum Einsatz kommen. Bezüglich der ersten Frage gehen einige Autoren/Autorinnen davon aus, dass Hassrede dann vorliegt, wenn der/die Sprechende Hass empfindet und/oder erreichen will, dass Dritte Hass empfinden […]. In der öffentlichen Diskussion wird der intentionalen[3] Definition häufig eine Definition aus Betroffenenperspektive entgegengesetzt: Hassrede liegt dann vor, wenn es Menschen gibt, die sich durch diese Rede herabgesetzt oder verunglimpft fühlen. Als Grundlage einer Definition ist die Betroffenenperspektive sicher besser geeignet als die Intention des Sprechenden. Sie darf allerdings nicht individualisiert verstanden werden […]. Um aus sprachwissenschaftlicher Sicht als Hassrede zu gelten, muss eine sprachliche Äußerung […] von einem wahrnehmbaren Teil der Sprachgemeinschaft als herabwürdigend und/oder verunglimpfend gegenüber einer Bevölkerungsgruppe verstanden werden […].

Das ist vor allem dort der Fall, wo die Herabwürdigung und/oder Verunglimpfung von einem wahrnehmbaren Teil der Sprachgemeinschaft als Teil der konventionellen[4] Bedeutung eines sprachlichen Ausdrucks betrachtet werden. Solche Ausdrücke finden sich am sichtbarsten in jenem Bereich des Wortschatzes, in dem die deutsche Sprache uns eine Vielzahl von Ausdrücken liefert, die entweder über die Zuschreibung von bzw. Einschränkung auf bestimmte stereotype[5] Eigenschaften (Schlitzauge, Fotze, Arschficker, Mongo) oder direkt über das Wissen um ihre Verwendungszusammenhänge (Kanake, Tussi, Schwuchtel, Spast) eine pejorative, also abwertende Wirkung entfalten. […]

Während Ausdrücke mit einer klar pejorativen Bedeutung die deutlichste Erscheinungsform von Hassrede sind, kann eine Äußerung eine Bevölkerungsgruppe auch herabwürdigen und/oder verunglimpfen, ohne solche Ausdrücke zu enthalten. Auch dann fällt sie unter die Definition von Hassrede. Im einfachsten Fall ist die Herabwürdigung/Verunglimpfung ein expliziter[6] Teil der Aussage, z. B. in „(Alle) Griechen sind faul". Sprachwissenschaftlich interessanter und im Alltag schwerer zu erkennen sind aber Fälle, in denen die Aussage selbst zunächst harmlos oder sogar positiv wirkt, und die Hassrede Teil einer zum Verständnis der Äußerung notwendigen stillschweigenden Grundannahme ist. Ein Satz wie „Er ist Grieche, aber total fleißig" scheint ja einem speziellen Griechen eine positive Eigenschaft zuzuschreiben. Durch die Verbindung der beiden Satzteile mit dem Wort „aber" wird jedoch kommuniziert, dass der Fleiß der betroffenen Person unerwartet ist; das kann sie aber nur vor dem Hintergrund der Annahme sein, dass Griechen/Griechinnen normalerweise faul seien. Politische Gruppen verwenden diese Strategie der impliziten[7] Hassrede häufig: Wenn eine Partei etwa ständig betont, dass Migranten/Migrantinnen willkommen seien, „solange sie sich an unsere Gesetze halten", ist dies ja zunächst eine fast schon trivial[8] harmlose Aussage, denn selbstverständlich sollen sich alle Menschen an Gesetze halten. Die Aussage wird aber dadurch zu einer Verunglimpfung von Migranten/Migrantinnen, weil sie nur dann einen Sinn ergibt, wenn wir annehmen, dass Migranten/Migrantinnen sich normalerweise nicht an Gesetze halten.

[…] Zum Schluss sei noch angemerkt, dass Hassrede auch aus sprachwissenschaftlicher Perspektive kein vorrangig sprachliches, sondern ein gesellschaftliches Problem darstellt. Sprachliche Ausdrücke beschreiben und bewerten nicht (bzw. nicht nur). Sie erzeugen vielmehr ein Verständnis der (vorsprachlichen) physikalischen Realität[9] und gesellschaftliche Realität(en), die als allgemeingültig verstanden werden und deshalb nicht ohne Weiteres hinterfragt werden können. Hassrede ist also nicht (nur) ein Problem des kommunikativen Umgangs oder der „Verbreitung, Anstiftung, Förderung oder Rechtfertigung" von Hass, sie ist zentral an der Erzeugung des Hasses und der für den Hass notwendigen Denkmodelle beteiligt – einem Hass, der […] historisch immer wieder die Grundlagen für die Zerstörung der betreffenden Gruppen gelegt hat.

Quelle: Anatol Stefanowitsch: Was ist überhaupt Hate Speech?, Amadeu Antonio Stiftung, S. 11 f., https://www.amadeu-antonio-stiftung.de/w/files/pdfs/hatespeech.pdf

Anmerkungen:

1 *Anatol Stefanowitsch:* Professor für Sprachwissenschaft an der Freien Universität Berlin, der den auszugsweise abgedruckten Artikel bei der Amadeu Antonio Stiftung veröffentlicht hat, die im Jahr 1998 gegründet wurde und sich dafür einsetzt, die Zivilgesellschaft in Deutschland gegen Rechtsextremismus, Rassismus und Antisemitismus zu stärken

2 *Ethnozentrismus:* Ansicht, wonach das eigene Volk anderen Völkern überlegen ist

3 *intentional:* absichtsvoll, gezielt

4 *konventionell: eigentlich* gewöhnlich; *im linguistischen Sprachgebrauch* von den Sprechern unausgesprochen vereinbart

5 *stereotyp:* verallgemeinernd, klischeehaft

6 *explizit:* ausdrücklich

7 *implizit:* einbegriffen, nicht ausdrücklich

8 *trivial:* nichtssagend, banal

9 *physikalische Realität:* im Sinne von erfahrbarer, noch nicht gedeuteter Wirklichkeit

Material 5: Ausgewählte Ergebnisse einer Forsa-Studie im Auftrag der „Landesanstalt für Medien NRW" (2022)

So oft haben Internetnutzer*innen persönlich schon Hate Speech bzw. Hasskommentare im Internet gesehen:

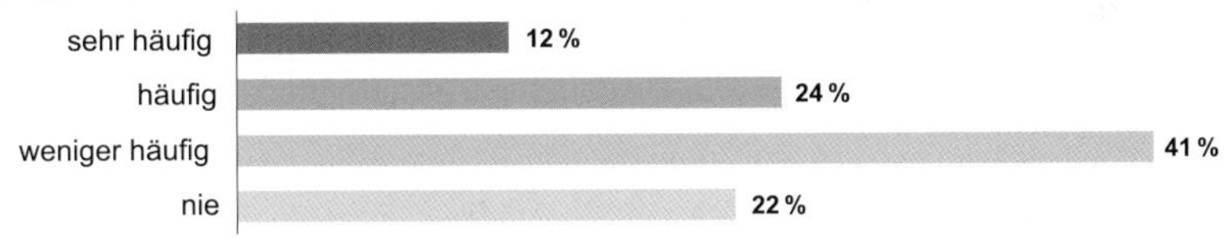

Datenbasis: 1.008 deutschsprachige Internetnutzer*innen
Befragungszeitraum: 2. bis 10. März 2022

So haben die Internetnutzer*innen reagiert, die schon einmal persönlich Hate Speech bzw. Hasskommentare im Internet gesehen haben: Sie haben ...

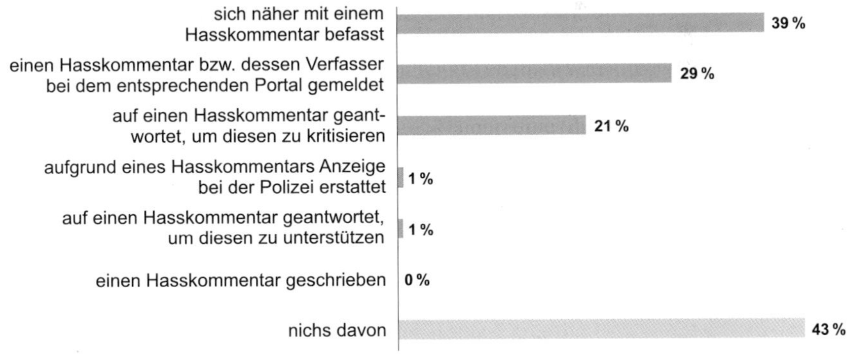

Datenbasis: 791 deutschsprachige Internetnutzer*innen, die schon einmal Hate Speech gesehen haben
Befragungszeitraum: 2. bis 10. März 2022

Quelle der Daten: https://www.medienanstalt-nrw.de/fileadmin/user_upload/NeueWebsite_0120/Themen/Hass/LFM_Hatespeech_forsa_2022.pdf

Material 6: Broschüre der Arbeitsgemeinschaft Kinder- und Jugendschutz und der Landesanstalt für Medien NRW

MAKE LOVE NOT HATE SPEECH

TIPPS FÜR JUGENDLICHE

Hate Speech (englisch für „Hassrede") ist digitale Gewalt, die über Sprache, Worte und Bilder verbreitet wird. Hate Speech zielt mit Hass auf ganze Gruppen, die auch außerhalb des Internets ausgegrenzt und angefeindet werden. Hate Speech beleidigt, bedroht und verachtet Menschen aufgrund ihrer Herkunft, ihres Glaubens, ihres Geschlechts oder ihrer sexuellen Orientierung. Hate Speech sorgt in Sozialen Netzwerken für ein feindliches Klima, das auch Gewalttaten im realen Leben auslösen kann. Aber jeder Mensch kann dazu beitragen, dass Hass im Netz sich nicht weiter verbreitet. Auch du!

AKTIV WERDEN!

Das Internet ist dein Lebensraum. Übernimm Verantwortung und sorge dafür, dass Rassismus, Sexismus und Hetze im Netz keinen Platz finden. Hater und Dauer-Störer (sogenannte Trolle) dürfen in Sozialen Medien nicht dafür sorgen, dass sich Mädchen oder Jungen aus Angst vor Gewalt zurückziehen. Zeige Zivilcourage – online und offline.

EINMISCHEN ERLAUBT!

Beziehe Position für ein weltoffenes und respektvolles Miteinander. Weise andere darauf hin, wenn du das, was sie posten, für rassistisch hältst. Informiere dich, argumentiere gegen Hetze im Netz, betreibe Widerstand mit Worten. So haben Rassisten und Menschenfeinde nicht das Gefühl, im Sinne einer schweigenden Mehrheit zu handeln.

RESPEKT IM NETZ!

Achte auf Netiquette und einen fairen Umgangston – auch Worte können andere verletzen. Vermeide aggressiv klingende Pseudonyme. Schaue auch bei vermeintlich lustigen Seiten darauf, ob die Späße nicht auf Kosten anderer gemacht werden. Diskriminierung ist nicht lustig! Pass auf, dass du nicht selbst Sprachmuster benutzt, in denen Vorurteile stecken (z. B. „Das Boot ist voll.").

Quelle: Hate Speech – Hass im Netz. Informationen für Lehrkräfte und Eltern. Hrsg. v. d. Arbeitsgemeinschaft Kinder- und Jugendschutz und v. d. Landesanstalt für Medien NRW, 5. Aufl., 2019 (https://ajs.nrw/wp-content/uploads/2019/10/Hate_Speech_AJS_LFM_2018.pdf).

Material 7: Cartoon Hate Speech

Hate Speech in Schule und Internet – Zusammenhang zwischen Hassreden und Gewalt: Beleidigungen, Drohungen und tätliche Angriffe nehmen zu, beklagen Lehrer und Schüler.

Quelle: Schwarwel: Die Alternative zu Fakten – Karikaturen & Cartoons 2016/2017, Verlag Glücklicher Montag AGM Leipzig GmbH, Seite 32

Material 8: Auszug aus dem „Netzwerkdurchsetzungsgesetz" (seit 2017 in Kraft)

§ 3 Umgang mit Beschwerden über rechtswidrige Inhalte

(1) Der Anbieter eines sozialen Netzwerks muss ein wirksames und transparentes Verfahren nach Absatz 2 und 3 für den Umgang mit Beschwerden über rechtswidrige Inhalte vorhalten. Der Anbieter muss Nutzern ein bei der Wahrnehmung des Inhalts leicht erkennbares, unmittelbar erreichbares, leicht bedienbares und ständig verfügbares Verfahren zur Übermittlung von Beschwerden über rechtswidrige Inhalte zur Verfügung stellen.

(2) Das Verfahren muss gewährleisten, dass der Anbieter des sozialen Netzwerks

1. unverzüglich von der Beschwerde Kenntnis nimmt und prüft, ob der in der Beschwerde gemeldete Inhalt rechtswidrig und zu entfernen oder der Zugang zu ihm zu sperren ist,

2. einen offensichtlich rechtswidrigen Inhalt innerhalb von 24 Stunden nach Eingang der Beschwerde entfernt oder den Zugang zu ihm sperrt; dies gilt nicht, wenn das soziale Netzwerk mit der zuständigen Strafverfolgungsbehörde einen längeren Zeitraum für die Löschung oder Sperrung des offensichtlich rechtswidrigen Inhalts vereinbart hat […].

Quelle: https://www.gesetze-im-internet.de/netzdg/BJNR335210017.html

Anmerkung:
Das Netzwerkdurchsetzungsgesetz war eine gesetzgeberische Reaktion auf die Zunahme von Hasskriminalität und anderen strafbaren Inhalten im Internet.

Hinweise und Tipps

*Die Aufgabenart des **materialgestützten Schreibens** ist von einer sehr **umfangreichen Aufgabenstellung** geprägt. Diese besteht aus der Kommunikationssituation, innerhalb derer der zu verfassende Text zu verorten ist, und dem eigentlichen Aufgabenapparat. Lesen Sie die gesamte Aufgabenstellung sorgfältig durch: Sie gibt Ihnen nicht nur Hinweise auf den Inhalt Ihres Aufsatzes, sondern auch auf dessen Gestaltung.*
*Der **situative Kontext** schreibt Ihnen vor, dass Sie in die Rolle eines Vertreters oder einer Vertreterin des Jugendparlaments Ihrer Heimatstadt schlüpfen sollen. Sie nehmen also eine **offizielle öffentliche Perspektive** ein und keine private. Sie schreiben für junge Menschen, die die Website Ihrer Stadt besuchen. Damit ist ein **Adressatenkreis** definiert, an dem Sie Ihre sprachliche Gestaltung ausrichten müssen. Aus der Kombination von Sender (offizieller Vertreter/offizielle Vertreterin) auf der einen Seite sowie Empfänger (junge Leute) und Publikationsort (Website Ihrer Stadt) auf der anderen Seite ergibt sich die stilistische Ebene Ihres Schreibens. Sie bedienen sich also einer **normgerechten Sprache**, dürfen aber zugleich einen etwas lässigeren Ton anschlagen, z. B. in der Anrede die Du- oder Ihr-Form verwenden. Da das zu verfassende Schreiben **mit Argumenten überzeugen** soll, steuern Sie eine überwiegend sachliche Ausdrucksweise an. Den **fiktiven Anlass** für Ihren Beitrag bildet die Veröffentlichung von Hasskommentaren auf der Website Ihrer Heimatstadt. Dieses gesellschaftlich relevante Problem können Sie in Ihrer Einleitung aufgreifen.*
*Nachdem Sie sich mit dem situativen Kontext vertraut gemacht haben, richten Sie Ihren Blick auf den konkreten Arbeitsauftrag. Dieser verlangt von Ihnen, einen **argumentierenden Text** zu der Fragestellung zu verfassen, ob es sich bei **Hate Speech** um ein **Problem des Internets** handelt.*
*Dazu müssen Sie die beigefügten Materialien unter Zuhilfenahme der Worterläuterungen sehr sorgfältig lesen. Markieren Sie dabei Textpassagen, die Sie später verwenden wollen. Zur effektiven **Nutzung der Materialien** können Sie sich auch notieren, welches Material Sie wie in Ihren Aufsatz einflechten wollen (z. B. Material 2 für die Einleitung usw.).*
*Nachdem Sie die Materialien durchgearbeitet haben, müssen Sie für sich entscheiden, wie Sie die **Ausgangsfrage** „Ist Hate Speech ein Problem des Internets – ja oder*

*nein?" **beantworten** wollen. Wie Sie den Aufsatz aufbauen, kann davon abhängen, welche Position Sie einnehmen. Wenn Sie beispielsweise eine blockbildende Struktur wählen, sollten Sie zuerst **Argumente für die Seite** ausführen, **der Sie** selbst **nicht zustimmen**, um anschließend die Aspekte darzulegen, die Ihre **eigene Meinung stützen**.*

*Beginnen Sie die Niederschrift Ihres Beitrags zunächst mit einer **Einleitung**. In dieser können Sie den oben bereits erwähnten Anlass aufgreifen und die Problemfrage zum Thema „Hate Speech" darstellen. Sie können auch ein **Beispiel als Aufhänger** benutzen, um dadurch das Interesse Ihrer Leserschaft zu wecken.*

*Im **Hauptteil** entfalten Sie Ihre **Argumentation** mithilfe der Materialien sowie mit Ihrem eigenen **Welt- und Unterrichtswissen**. Achten Sie darauf, die Leserschaft nicht nur über das Thema „Hate Speech" zu informieren, sondern sie mit logisch aufgebauten Argumenten zu überzeugen. Berücksichtigen Sie außerdem, dass Sie nicht in der sonst üblichen Form zitieren, sondern nur unter Nennung des Autors/der Autorin und ggf. des Titels auf ein Material hinweisen sollen.*

*Zum **Schluss** ziehen Sie eine **resümierende Bilanz** hinsichtlich der Ausgangsfrage. Dabei können Sie sich nochmals an die intendierten Adressatinnen und Adressaten wenden und Ihre Ideen mit einem (positiven) **Appell** verbinden.*

*Vergessen Sie außerdem nicht, Ihren Beitrag mit einer Interesse weckenden **Überschrift** zu versehen.*

*Nehmen Sie sich nach der Abfassung Ihres Aufsatzes noch Zeit, Ihren Text **Korrektur zu lesen**. Prüfen Sie dabei sowohl die **sprachliche Ebene** (Rechtschreibung, Grammatik, Zeichensetzung und Stil) als auch den **Inhalt** (sinnvolle Einbindung der Materialien, nachvollziehbare Strukturierung, Logik der Argumentation). So stellen Sie sicher, einen formal und inhaltlich ansprechenden Text abzugeben.*

Lösungsvorschlag

„Make Love not Hate Speech" oder die Frage, ob uns das Internet sprachlich verrohen lässt

Überschrift (Bezug zu M 6)

Einleitung (Bezug zu M 2 und M 6)

Bedeutsamkeit des Themas

Anlass des Beitrags

Die humorvoll gemeinte Aufforderung „Make Love not Hate Speech" ist nicht nur sprachlich, sondern auch inhaltlich gar nicht so weit entfernt vom Ursprungszitat der Hippies „Make love, not war". Schließlich ist **Hate Speech** eine neue Form von verbaler (digitaler) Gewalt, wie zum Beispiel der gegen die ehemalige Bundeskanzlerin gerichtete Internetkommentar „Merkel muss öffentlich gesteinigt werden" zeigt. Leider sind auch in den Kommentarspalten der Website unserer Stadt immer wieder Hasskommentare zu finden. Dies bewegt uns als eure Vertreterinnen und Vertreter des kommunalen Jugendparlaments dazu, einmal genauer auf das Phänomen der **Hate Speech** einzugehen und zu klären, ob es sich dabei vor allem um ein **Problem des Internets** handelt.

Der Begriff „Hate Speech" stammt aus dem Englischen, bedeutet übersetzt „Hassrede" und hat sich auch im deutschen Sprachraum als feste Wendung etabliert. Er ist zunächst ein **politischer Begriff**, wie der Linguistik-Professor Stefanowitsch in einem Beitrag für die Amadeu Antonio Stiftung bemerkt – politisch deshalb, weil er **Äußerungen** bezeichnet, **die rassistisch**, **fremdenfeindlich**, **antisemitisch** oder in anderer Weise **intolerant sind** und Hass verbreiten, zu Gewalt aufrufen oder Hass und Gewalt legitimieren. Die Sprachwissenschaft bezieht sich auf das politische Verständnis von Hate Speech und unterscheidet zwischen **zwei möglichen Definitionen:** Nach der ersten, **intentionalen Definition** liegt Hate Speech vor, wenn **der Sprecher oder Verfasser selbst Hass empfindet** und mit seiner Äußerung erreichen möchte, dass der Hass verstanden und ebenfalls vom Hörer oder Leser nachempfunden wird. Die **zweite sprachwissenschaftliche Definition** erfolgt aus der Sicht der Betroffenen. Demnach liegt dann Hate Speech vor, **wenn** sich Menschen von einer Äußerung **beleidigt oder verletzt fühlen**. Allerdings dürfen sie dies nicht allein so empfinden, sondern ein größerer Teil der Gesellschaft muss eine bestimmte Aussage oder Bezeichnung als herabwürdigend verstehen. Egal welche der beiden Definitionen man zugrunde legt – sie sind unabhängig von der Frage, ob es sich um Online- oder um Offline-Äußerungen handelt. Der **Weg**, auf dem die Hassbekundungen verbreitet werden, ist daher zunächst einmal **unerheblich**, weshalb es zu kurz greifen würde, Hate Speech als ein reines Internetproblem anzusehen.

Hauptteil
Kontra-Argumente: Ausprägungen von Hate Speech in der analogen Welt
(Bezug zu M 4)

Auch die **offizielle Gesetzeslage** macht deutlich, dass Hate Speech nicht nur im Internet vorkommt und dort unterbunden werden muss. Denn egal, ob jemand im Netz oder im „echten Leben" **Hasskommentare** von sich gibt, eventuell macht er oder sie sich damit **strafbar:** Zwar gewährt das Grundgesetz die **Meinungsfreiheit**, diese wird aber eingeschränkt, wenn es zum Beispiel um den **Schutz der Jugend** oder die **persönliche Ehre** geht. Dann greifen die **§§ 185–187** des Strafgesetzbuches (StGB), die Beleidigungen, üble Nachrede und Verleumdung je nach Tatbestand mit Geldstrafen oder sogar Freiheitsstrafen bis zu fünf Jahren ahnden. Der Gesetzgeber hat zunächst einmal angenommen, dass diese Vergehen im analogen Raum passieren. Es wäre also eine **unzulässige Vereinfachung, Hate Speech nur im Internet zu verorten**.

strafrechtliche Verfolgung im nicht-digitalen Raum
(Bezug zu M 3)

Neben den möglichen juristischen Folgen von Hate Speech sind die **Auswirkungen auf das Zusammenleben in der Gesellschaft** noch viel folgenschwerer. Selbst wenn Hate Speech also im Internet ihren Anfang nimmt, hat sie einen direkten **Einfluss auf die nicht-digitale Welt**. **Sprachliche Äußerungen** beschreiben und

Auswirkungen von Hate Speech auf das Zusammenleben
(Bezug zu M 1)

bewerten die gesellschaftliche Realität und **erzeugen** ein **Bild der Wirklichkeit**. Hate Speech ist also nicht nur Ausdruck von Hass, Verachtung und Diskriminierung, sondern sie trägt zur **Erschaffung und Etablierung bestimmter Denkweisen** bei. Wenn jemand beispielsweise fortgesetzt in seinem Freundes- oder Familienkreis hört, dass „die Migranten" schuld an erhöhter Gewalt seien oder den Sozialstaat ausnutzen würden, dann glaubt er/sie dies irgendwann und hinterfragt es nicht mehr. Dabei spielt es keine Rolle, ob diese Ansichten ursprünglich im Netz oder am Stammtisch verbreitet wurden – die Folgen sind die gleichen. Dass so etwas die Gesellschaft vergiften kann, wissen wir bei Weitem nicht erst, seit es das Internet gibt. Ein **Blick in die Geschichte** genügt, um uns daran zu erinnern, welch **fatale Auswirkungen** Hassreden gegen einzelne Gruppen haben können – und das **ganz ohne Computer und Smartphones**.

Hassrede stellt also schon seit langer Zeit ein Problem im menschlichen Zusammenleben dar. Die Etablierung des **Anglizismus „Hate Speech"** im Deutschen könnte allerdings ein Zeichen dafür sein, dass Hate Speech **heutzutage vornehmlich ein Problem des Internets** ist. So entfaltet auch ein Cartoon von Schwarwel seine Wirkung daraus, dass der Begriff „Hate Speech" bei einer (analogen) Unterhaltung beim Essen verwendet wird: Der Sohn sagt, er hasse Spinat, worauf seine Mutter ihn rügt, bei Tisch keine Hate Speech zu verwenden. Das erscheint unpassend, da **Hate Speech eher für Äußerungen der Online-Kommunikation** benutzt wird. Außerdem richtet sie sich normalerweise gegen Personen oder Personengruppen und drückt nicht wie im Cartoon einfach eine bestimmte Vorliebe oder Abneigung aus.

Überleitung zu Pro-Argumenten
(Bezug zu M 7)

Klar ist auf jeden Fall, dass das **Internet** eine **verstärkende Rolle** bei der Verbreitung von Hate Speech hat. Der Weg ist denkbar **einfach** und **bequem** – ein Klick reicht und der Post ist veröffentlicht. In Sozialen Netzwerken kann man alles Mögliche und Unmögliche veröffentlichen – bis ein verletzender Post gelöscht wird, muss schon viel passieren. Gerade den Menschen, die mit ihren Ansichten eine Minderheit darstellen, bietet das Internet eine große Bühne. Die **Reichweite**, die Posts entwickeln können, kann man im „real life" nur mit erheblichem zeitlichen oder finanziellen Aufwand erzielen.

begünstigende Faktoren der Verbreitung von Hate Speech im Internet: Einfachheit
(Bezug zu M 1)

Ein weiterer nicht zu unterschätzender Aspekt ist die **Anonymität**, die das Internet bietet. Als User kann ich alle möglichen Profile anlegen, ohne meinen Klarnamen zu nennen. Den **vermeintlichen Schutz dieses Unsichtbarseins und -bleibens** nutzen viele Hater, um ihre ätzenden Kommentare zu verbreiten. Sie gehen davon aus,

Anonymität, Schwierigkeit strafrechtlicher Verfolgung
(Bezug zu M 1)

dass die Anonymität ihnen den Schutz gibt, nicht strafrechtlich für ihr Vergehen belangt zu werden.

Fehlen des Gegenübers

Eine wichtige Rolle spielt außerdem, dass es im Internet **kein direktes Gegenüber** gibt, dem man bei Äußerungen des Hasses in die Augen sehen muss. Es macht einen **enormen Unterschied, ob** eine **Online-Unterhaltung oder** eine **Face-to-Face-Kommunikation vorliegt**. Bei Letzterer merkt man direkt, ob man jemanden verletzt oder beleidigt. Das erhöht zumindest bei den meisten Menschen die **Hemmschwelle** und **verhindert vorschnelle Hassbekundungen**. Im Internet dagegen sieht das vollkommen anders aus. Bezieht man gängige **Kommunikationsmodelle** auf die Verständigung in Sozialen Netzwerken, erkennt man schnell die ganz andere Kommunikationssituation. So ist bei der Unterhaltung im Internet gemäß dem „**Vier-Ohren-Modell**" von Schulz von Thun die **Beziehungsebene gestört**. In einer herkömmlichen analogen Gesprächssituation lässt sich für den Gesprächspartner oft aus **nonverbalen Signalen** wie der Körpersprache oder dem Tonfall ableiten, wie sein Gegenüber zu ihm steht. Bei der Internetkommunikation ist der Beziehungshinweis meist unklar, was zur Störung der Kommunikation führen kann.

Gesetz gegen Hate Speech im Netz

(Bezug zu M 5 und M 8)

All diese Punkte zeigen, dass das Internet einen **Enthemmungseffekt** in Bezug auf Hasskommunikation hat. Wie präsent diese im Netz ist, zeigt eine Statistik der Landesanstalt für Medien NRW vom März 2022: Danach haben 77 Prozent der Onliner bereits Hasskommentare gelesen. Unter anderem aufgrund der **starken Verbreitung von Hate Speech im Netz** hat der Bundestag schon 2017 ein Gesetz verabschiedet, das solche Kommentare eindämmen soll. Seitdem müssen Soziale Netzwerke rechtswidrige Inhalte innerhalb von 24 Stunden nach Erhalt eines entsprechenden Hinweises löschen. Dass dieses Gesetz notwendig wurde, zeigt eines deutlich: **Hate Speech** ist ein **Netzphänomen**, das sich von analogen Hassbekundungen abhebt. Und die **Konsequenzen** von Hasskommentaren im Netz sind beträchtlich. Ihr habt sicherlich auch schon einmal von Personen aus dem öffentlichen Leben gehört, die ihre Accounts in den Sozialen Netzwerken zumindest vorübergehend stillgelegt haben, weil sie die Hasskommentare nicht mehr ertragen konnten, wie zum Beispiel Ed Sheeran oder Justin Bieber. Außerdem kann sich die **Verrohung der Sitten** im Internet auch auf die nicht-digitale Welt auswirken. Wo das hinführen kann, zeigen zum Beispiel **gewaltsame Übergriffe gegen gesellschaftliche Minderheiten** wie beim Anschlag auf eine Synagoge in Halle im Oktober 2019.

Unsere **Kommunikation** hat sich aufgrund der digitalen Möglichkeiten **massiv verändert**. Mühsam erworbene (und nicht immer erfolgreiche) **Strategien für** eine **respektvolle Kommunikation** müssen in die Online-Welt übertragen werden. Bisher überwiegt der Eindruck, dass sich vor allen Dingen Hate Speech im Netz ausbreitet. Die typischen Eigenschaften des Internets wie Schnelligkeit, Einfachheit und fehlende unmittelbare Anwesenheit begünstigen diese Entwicklung.

Schluss
veränderte Kommunikation durch Digitalisierung

Trotzdem ist das Internet nicht per se schlecht, es gehört zu unserem Leben einfach dazu. Die Frage ist, wie wir es gestalten. **Werdet deshalb aktiv**, wenn ihr Hate Speech begegnet, ob im Internet oder im persönlichen Umfeld, mischt euch ein und **zeigt Respekt** füreinander – auch im sprachlichen Umgang!

Appell
(Bezug zu M 6)

Das **Internet ist zu kostbar, um es den Hatern zu überlassen**. Nutzen wir es für etwas Gutes!

Abitur Deutsch (Schleswig-Holstein) – Übungsaufgabe 8: Interpretation eines literarischen Textes

Thema:
Kurzprosa unter Einbezug parabolischer Texte

Arbeitsgrundlage:
Günter Kunert: *Der rote Streifen*

Aufgabe:
1. Interpretieren Sie den Prosatext *Der rote Streifen* von Günter Kunert. (70 %)
2. Überprüfen Sie, ausgehend von Ihren Ergebnissen, inwiefern die allgemeinen Aussagen des Literaturwissenschaftlers Peter Bekes zu Kunerts Parabeln (Material 2) auch für den vorliegenden Text *Der rote Streifen* Gültigkeit haben. (30 %)

Erlaubte Hilfsmittel:
– Ein Wörterbuch der deutschen Rechtschreibung

Material 1
Günter Kunert[1] (1929–2019): Der rote Streifen

Als ich in jenes bekannte Land kam, wußte ich wenig Genaues über den Kopfwechsel. In den Zeitungen meiner Heimat hatte ich darüber gelesen, der Eindruck von etwas Grausigem war daraus entstanden, doch nun, da ich mich im Land des Kopfwechsels befand, war ich enttäuscht. Heulen und Zähneklappern hatte ich erwartet, die Schreie der zur Köpfung Geführten, den jammervollen Anblick derer, denen man einen neuen Kopf angeflickt hatte – nichts dergleichen begegnete mir.

Ein Land, so schien es, wie alle anderen. Nur daß ein großer Teil der Einwohner, offensichtlich die Mehrheit, einen feinen roten Streifen um den Hals trug, als sei er mit einem Farbstift gezogen worden. In einem Lokal der Hauptstadt, wo ich mich, weil auf Durchreise, nur einen Tag aufhalten durfte, konnte ich in aller Ruhe und aus nächster Nähe die rotberingten Hälse mustern. Der rote Streifen erwies sich als schmale Narbe, als unauffälliges Zeichen des gelungenen Heilungsprozesses. Zum ersten Male, und das verursachte ein eigentümliches Gefühl, erblickte ich Menschen, denen man den alten Kopf abgeschnitten und einen neuen aufgepfropft hatte: bewundernswerte Leistung einer Chirurgie, von der alle anderen Nationen nur lernen könnten.

Ohne weiteres gelang es mir, mit einem dieser Menschen, da er an meinem Tisch Platz nahm, ins Gespräch zu kommen. Radebrechend[2] und gestikulierend machte er mir klar, wie man ihn von seinem alten unzufriedenen angstvollen und häufig von unsinnigen Träumen erfüllten Kopf befreit habe. Als ich mich nach dem *Warum* dieser Maßnahme erkundigte, meinte er bloß, sein Buchstabe sei eben an der Reihe gewesen. Auf diesen Umstand nicht näher eingehend, begann er sogleich seinen neuen

Kopf zu loben, mit dem er sich jetzt vierundzwanzig Stunden täglich wohl fühle. Er sei äußerst zufrieden, ja, glücklich, wolle er sogar meinen, und wünsche sich kein anderes Leben und vor allen Dingen: nie wieder einen anderen Kopf. Bereitwillig erzählte er, daß sein neuer Kopf, wie alle neuen Köpfe überhaupt, keineswegs auf mörderische Art besorgt würden (Gerüchte über Kopfjägerei wären böswillige Verleumdungen), sondern einfach Zuchtexemplare seien, die in großen bio-chemischen Plantagen auf speziellen Nährböden wüchsen und dort auf humanitäre Weise geerntet würden. Nicht etwa mit einer Sense, beileibe nicht!: er lachte laut auf bei dem Gedanken: Und der Kopfwechsel geschähe sogar kostenlos – so großzügig sei man hierzulande!

Nach einem ganz ausgezeichneten Essen trank ich an der Bar des Restaurants noch einen Kognak, doch bevor ich fortgehen konnte, hielt mich ein leicht angetrunkener Mann am Ärmel fest: in meiner Muttersprache lud er mich so herzlich und zugleich so dringlich zu einem gemeinsamen Trunk ein, daß ich die Einladung nicht ablehnen mochte. Auch seinen Hals zierte der Streifen, und als er meinen Blick bemerkte, kicherte er und verbeugte sich schwankend: Er sei Hauptchirurg – in des Wortes wahrster Bedeutung. Und ob ich vielleicht einen anderen Kopf haben wolle, er hätte ein paar ausgesuchte Exemplare auf Lager! Auch er lachte lärmend, als er mein Entsetzen bemerkte, und schlug mir kräftig auf die Schulter. Ziemlich hastig leerte ich mein Glas. Er, der Chirurg, fröhlich und höflich, wollte mich, den Ausländer, zum Wagen begleiten, doch zu diesem Zwecke mußte ich erst ihm vom Hocker helfen. Er stützte sich schwer auf mich, rutschte halb an mir ab und hing an meinem Arm. Dabei mußte ich unwillkürlich mit dem Ärmel über seinen Hals hinweggestreift sein, denn ich erkannte verblüfft, daß der rote Streifen teilweise fehlte: er war tatsächlich abgewischt. Bei ihm war die kreisrunde Narbe nur aufgeschminkt. Der Chirurg hatte seinen alten Kopf auf.

Trotz seiner Trunkenheit spürte er mein Staunen, machte sich los und versuchte in den Spiegel hinter der Bar zu schauen. Dann wandte er sich erneut zu mir, wobei er nüchterner geworden schien. Er schlug sofort den Kragen seiner Jacke hoch und legte einen zerknüllten Geldschein auf die Bar, ehe er zur Tür ging. Dort zögerte er einen Moment und zuckte die Achseln, als wäre es ihm eigentlich gleichgültig, daß er mir verraten hatte, was nicht allein ihm anvertraut war: Daß man, um andern neue Köpfe zu verpassen, den eigenen fest auf den Schultern behalten muß. Gleich darauf war er verschwunden, während ich später die ganze Fahrt hindurch überlegte, ob ich nun wirklich mit meinem Ärmel über seinen Hals gewischt hatte oder vielleicht er mit seinem Hals über meinen Ärmel.

Aus: Günter Kunert: Camera obscura. München / Wien: Carl Hanser 1978, S. 53–55.

Anmerkungen:

1 Günter Kunert wurde 1929 in Berlin geboren. Weil seine Mutter Jüdin war, hatte er unter der Diskriminierung der Nationalsozialisten zu leiden. Nach dem Krieg lebte er als Berufsschriftsteller in Ostberlin (DDR). In den 1970er-Jahren übte Kunert zunehmend Kritik am realen Sozialismus der DDR, unterzeichnete 1976 – wie viele andere Schriftsteller – die Petition gegen die Ausbürgerung des Liedermachers Wolf Biermann und siedelte 1977 in die Bundesrepublik über. Schon in den frühen 1970er-Jahren unternahm Biermann Reisen u. a. in die USA und nach England.

2 radebrechen: in einer fremden Sprache fehlerhaft und mühsam sprechen

Material 2
Peter Bekes: [Über Gunter Kunerts Prosaerzählungen]

Genese[1] und Wirkung des literarischen Werks von Kunert sind vor dem Hintergrund der gesellschaftspolitischen Bedingungen der Entwicklung einer sozialistischen Gesellschaftsordnung in der DDR zu sehen. […] Sein Motiv zu schreiben ist persönlich-biographisch bedingt, aber dennoch nicht als bloß privates zu sehen. Er begreift sich und sein Werk als gesellschaftliche Paradigmen. […] [Bei] den kurzen Prosaformen […] finden sich [seit Mitte der 1960er-Jahre] häufiger Texte […], deren Wort- und Bildwelt eine größere Eigendynamik entwickeln, ohne dabei den Bezug zur Realität und zur Gegenwart völlig aufzugeben. In diesen [G]eschichten dominieren groteske[2] und surreale[3] Stilzüge, Paradoxien[4] und kühne Metaphern: Die Wirklichkeit wird traumhaft und traumatisch erfahren, verrätselt sich, wird zur Groteske, zum Geheimnis […].

Aus: Peter Bekes: Verfremdungen. Parabeln von Bertolt Brecht, Franz Kafka, Günter Kunert. Stuttgart: Klett 1988, S. 38

Anmerkungen:
1 Genese: Entstehung
2 grotesk: Komisches und Grausiges sind eng verbunden.
3 surreal: traumhaft, unwirklich
4 Paradoxie: Widersinnigkeit, Widersprüchlichkeit

Hinweise und Tipps

*Die Aufgabe ist zweigeteilt: In der ersten Teilaufgabe soll der vorliegende Text von Günter Kunert **interpretiert** werden, die zweite Teilaufgabe fordert die **Überprüfung** der Aussagen eines sekundärliterarischen Textes, der sich auf Günter Kunert bezieht. Der Schwerpunkt der Aufgabenstellung liegt dabei auf der ersten Teilaufgabe, die mit 70 % gewichtet wird, während der Vergleich mit 30 % in die Benotung eingeht.*

***Teilaufgabe 1:** Die erste Teilaufgabe erfordert es, dass Sie über Inhalt und Aufbau des Textes informieren, sinnvolle Erschließungskategorien an den Text anlegen und diesen interpretieren.*

*Bevor Sie mit den Arbeiten für Ihren eigenen Aufsatz beginnen, setzen Sie sich gründlich mit den zur Verfügung gestellten **Informationen** und Materialien auseinander. Hier können die Informationen zum Autor und die Thesen des Literaturwissenschaftlers Bekes bereits nützliche Fingerzeige und Anregungen für Ihre Interpretation geben. So erhalten Sie beispielsweise den entscheidenden Hinweis, dass es sich beim vorliegenden Text um eine **Parabel** handelt.*

*Sie haben verschiedene Möglichkeiten, mit einer **Einleitung** zum Text hinzuführen. Der folgende Lösungsvorschlag greift die Darstellungsform des Reiseberichts auf, die der Text variiert. Alternativ könnte man schon an dieser Stelle einzelne Elemente aus den biografischen Anmerkungen zu Kunert nutzen. Zwingend notwendig ist es dann, die wichtigsten Rahmeninformationen zum Text (Autor, Titel, Erscheinungsjahr) anzuführen. Zudem sollten Sie den Inhalt knapp in einer Art **Basissatz** zusammenfassen.*

*Im **Hauptteil** sollten Sie zu Beginn den Aufbau des Textes skizzieren, indem Sie den Inhalt der von Ihnen ermittelten **Sinnabschnitte** kurz wiedergeben. Um unnötige Wiederholungen zu vermeiden, ist es ratsam, sich in diesem Teil des Aufsatzes kurz zu halten. Bei der eigentlichen Interpretation empfiehlt es sich, der Textchronologie zu folgen und Besonderheiten der **sprachlich-stilistischen sowie der erzählerischen Gestaltung** zu beleuchten. Besonders relevant und bedeutungstragend sind die Darbietungsformen des Textes (die Äußerungen der Bürger des fremden Landes sind allesamt in indirekter Rede wiedergegeben) und bestimmte sprachliche Mittel, die den Wahrheitsgehalt der Aussagen immer wieder infrage stellen.*
*Bei Ihrer Untersuchung müssen Sie unbedingt der **Parabelstruktur** des Textes Rechnung tragen, seinen Gleichnischarakter herausarbeiten und Vorschläge für die Deutung machen, also Bezüge zur realen Welt herstellen.*
*Um Ihren Aufsatz zu **strukturieren**, können Sie die Interpretation gewissermaßen in zwei Stufen aufbauen. In einem ersten Schritt deuten Sie die Erzählung auf der Ebene der Realität des Textes, bleiben also noch auf der Bildebene (linker Parabelast). Beim zweiten Schritt wechseln Sie auf die übergeordnete Ebene der Abstraktion, die Gedankenebene (rechter Parabelast).*

***Teilaufgabe 2:** Auch in der zweiten Teilaufgabe müssen Sie strukturiert vorgehen. Der Operator „überprüfen“ besagt, dass Sie die vom Literaturwissenschaftler **Peter Bekes** allgemein zur Kurzprosa von Günter Kunert aufgestellten **Thesen kritisch hinterfragen**, auf ihre Gültigkeit für den vorliegenden Text hin einschätzen und diese Einschätzung, ausgehend von Ihren Ergebnissen, begründen sollen. Dabei ist ein genaues Verständnis der **Aussagen von Peter Bekes** wichtig. Sammeln Sie daher auf einem Konzeptblatt alle zentralen Thesen des Wissenschaftlers zu Kunerts Prosa und formulieren Sie diese in eigenen Worten. Im Anschluss können Sie dann, im Rückgriff auf Ihre Interpretation, klären, ob und inwieweit die Thesen auch auf „Der rote Streifen“ zutreffen. Sprechen Sie es an, wenn Sie Widersprüche entdecken.*
*Ein guter Aufsatz wird durch einen **Schlussgedanken** abgerundet, der auch rhetorisch das Ende Ihres Textes markiert.*

Lösungsvorschlag

Teilaufgabe 1
Einleitung
Reiseberichte – zwischen Realität und Fiktion

Reisen bildet und erweitert den Horizont! Das wissen wir heute, und das wissen die Menschen schon lange, nicht zuletzt deshalb, weil Reisende – Marco Polo etwa oder Alexander von Humboldt – immer wieder Bericht erstattet haben von ihren Eindrücken und Erlebnissen, von exotischen Landschaften, von fremden Sitten und Gebräuchen. Auf ähnliche Weise faszinieren literarisch-fiktive Schilderungen, beispielsweise diejenigen des schon Kindern bekannten Gulliver, der auf seinen Reisen in fantastische Länder seltsamen Einwohnern mit befremdlichen Gepflogenheiten begegnet. Wie ein Reisebericht wirkt zunächst auch die im Jahre 1978 erschienene Erzählung Günter Kunerts mit dem Titel *Der rote Streifen.*

In diesem kurzen Prosatext schildert ein Ich-Erzähler in **drei klar gegliederten Abschnitten** seine Eindrücke und Begegnungen während eines Auslandsaufenthaltes: Zunächst stellt er allgemeine Überlegungen zu Land und Leuten an (Z. 1–15), dann gibt er zwei Gespräche wieder, die er in einem Lokal der Hauptstadt geführt hat, zuerst mit einem einfachen Bewohner des Landes (Z. 16–31), dann mit einer höhergestellten Person, einem Chirurgen (Z. 32–57). An der Erzählsituation ist so weit nichts ungewöhnlich, in unaufgeregtem, fast lapidarem Plauderton bringt die Ich-Figur ihre Geschichte vor – umso irritierender wirkt dadurch der **Inhalt** dieser Geschichte.

Interpretation
Erzählsituation und dreigliedriger Aufbau

Der Erzähler bereist ein Land, dessen Name nicht genannt wird, das aber als „Land des Kopfwechsels" (Z. 3) bekannt ist. Mit dieser Praxis des **Kopfwechsels** verbindet er, vermittelt durch die Berichterstattung in seiner Heimat, bestimmte Vorstellungen und Erwartungen von Grausigem, die sich durch seine Beobachtungen vor Ort jedoch nicht bestätigen. Vielmehr bietet sich ihm ein **harmloses, friedliches Bild**. Während eines Restaurantbesuchs hat er Gelegenheit, die Menschen aus nächster Nähe zu betrachten, und kann als einziges Anzeichen des Kopfwechsels nur eine dezente Narbe an ihren Hälsen feststellen. Hier im Lokal kommt der Reisende nun mit einem **Einheimischen** ins Gespräch, der nachgerade enthusiastisch von seinem Leben mit einem neuen Kopf schwärmt und bereitwillig Auskunft gibt über die Herkunft der Köpfe, die in biochemischen Plantagen gezüchtet würden. Nach dem Essen wird der Ich-Erzähler an der Bar des Restaurants von einem angetrunkenen Mann in etwas aufdringlicher Weise zu einem Getränk eingeladen. Dieser stellt sich als „Hauptchirurg" vor, bietet dem Reisenden an, auch dessen Kopf auszuwechseln, und amüsiert sich über dessen entsetzte Reaktion. Als sie gemeinsam das Lokal verlassen wollen, muss der Ich-Erzähler den Betrunkenen beim Aufstehen stützen. Dabei wischt er versehentlich mit dem Ärmel über den Hals des Arztes und stellt fest, dass der rote Streifen der **Narbe** bei ihm nur **aufgemalt** ist, dass er folglich noch seinen ursprünglichen Kopf trägt. Der Chirurg bemerkt die Irritation des Ich-Erzählers und verlässt nach einem Moment des Zögerns das Lokal. Der Reisende bleibt nachdenklich zurück.

Inhaltszusammenfassung

Nicht nur von diesem Ende her wirft die Geschichte viele **Fragen** auf, zu denen eine **nähere Betrachtung des Textes** Aufschluss geben kann. Zunächst zur **Person des Ich-Erzählers:** Über den Grund seiner Reise lassen sich nur Vermutungen anstellen. Ist er als Tourist oder geschäftlich unterwegs, womöglich als eine Art Berichterstatter? Jedenfalls treibt ihn eine gewisse Neugier und Sensationslust in dieses Land, der erhoffte Nervenkitzel bleibt aber zunächst aus. In seiner offenen und zugewandten Art ist der Reisende ohne

Textimmanente Interpretation nach Leitaspekten

Charakterisierung des Ich-Erzählers

Weiteres bereit, sich seine Voreingenommenheit einzugestehen und sein vorgefasstes Bild des Landes zu revidieren. So lobt er das „ganz ausgezeichnete[] Essen“ (Z. 32) und findet Gefallen daran, mit Einheimischen ins Gespräch zu kommen.

Das „Land des Kopfwechsels“ – besondere Merkmale

Im „**Land des Kopfwechsels**“ herrschen offensichtlich Reisebeschränkungen, da sich der Erzähler „nur einen Tag [in der Hauptstadt] aufhalten“ (Z. 10) darf. Darüber hinaus zeichnet sich im Hintergrund die straffe und **bürokratische Organisation** einer Staatsmacht ab, die es vermag, einen existenziellen Eingriff wie den „Kopfwechsel“ in alphabetischer Reihenfolge bei (fast) allen Einwohnern durchzuführen (vgl. Z. 20 f.), ohne nach deren Willen oder Einverständnis fragen zu müssen. Die Episode um den Chirurgen macht schließlich deutlich, dass es in diesem Staat einiges gibt, was möglichst gar nicht an die Öffentlichkeit dringen sollte (vgl. Z. 52 f.). Von Anfang an **klaffen**, was das Land und vor allem den „Kopfwechsel“ betrifft, die **Erwartungen** des Erzählers **und** die **Realität**, die er wahrnimmt, **auseinander**. Seine bisherigen, sich auf die Lektüre der „Zeitungen [s]einer Heimat“ (Z. 2) stützenden Vorstellungen von mittelalterlicher Grausamkeit und rohen Sitten stehen im krassen Gegensatz zu dem Bild ruhiger (vgl. Z. 10), moderner Fortschrittlichkeit, das sich ihm bietet: Seiner Erwartung von jämmerlichen „Schreie[n]“, von „Heulen und Zähneklappern“ (Z. 4) laufen die Begeisterung und der Optimismus seines Gesprächspartners im Lokal zuwider. Anstatt blutig Geköpfter (vgl. Z. 5), denen stümperhaft-grobschlächtig ein „neue[r] Kopf angeflickt“ (Z. 5 f.) wurde, erblickt er Menschen, bei denen die Kopf-OP dank der Leistungsfähigkeit modernster Chirurgie nur noch an einem fast schon elegant wirkenden „feinen roten Streifen um den Hals“ (Z. 8) erkennbar ist, ein „unauffälliges Zeichen des gelungenen Heilungsprozesses“ (Z. 12).

Erwartungen, Wahrnehmungen und die Frage nach der Wahrheit:

Sprachliche Signale des Textes

Doch hat der beobachtende Erzähler dieses Zeichen richtig gedeutet? Tatsächlich stellt der Text durch bestimmte sprachliche Wendungen und Strategien den **Wahrheitsgehalt** dieser schönen heilen Welt infrage. So erweckt das Land nur den Anschein von Normalität, es „schien [...] wie alle anderen“ (Z. 7), der Reisende sieht zunächst nur das „[O]ffensichtlich[e]“ (Z. 8). Betrachtet man gezielt die Verben und Prädikate, die Wissen, Wahrnehmung und den **Weg der Erkenntnis** zum Ausdruck bringen, so durchläuft der Ich-Erzähler geradezu einen Parcours, bei dem die Gewissheit immer wieder ins Wanken gerät: Zwar ist das Land „bekannt[]“, doch weiß er „wenig Genaues“ (Z. 1) darüber, seine ursprünglich gehegten Erwartungen werden „enttäuscht“ (Z. 4), er „erblickt[]“ (Z. 13) Menschen mit neuem Kopf, bei denen sich der Streifen um ihren Hals als Narbe „erweist“ (vgl. Z. 11) und der so aussieht, „als sei er mit einem Farbstift gezogen worden“ (Z. 8 f.). Sogar dieser Vergleich wird ins Gegenteil gewendet, „erkennt“ (vgl. Z. 45) der Erzähler doch am Ende „verblüfft, daß der rote Streifen [am Hals des Chirurgen] […] tatsächlich abgewischt“ und „die kreisrunde Narbe nur aufgeschminkt“ war (Z. 45 f.).

Die Glaubwürdigkeit des Einheimischen mit dem neuen Kopf

Dementsprechend gibt der Reisende auch das **Gespräch**, das er im Lokal **mit dem Einheimischen** führt, ausnahmslos in der indirekten Rede wieder. Durch diese sprachliche Form der Darbietung geht er deutlich auf **Distanz zu den Aussagen**, für deren Richtigkeit er nicht geradestehen kann oder möchte. In einem Redeschwall, der kaum Möglichkeit für Zwischenfragen lässt und der in seiner **Phrasenhaftigkeit** an Produktwerbung erinnert, lobt der Bürger überschwänglich „seinen neuen Kopf […], mit dem er sich jetzt vierundzwanzig Stunden täglich wohl fühle“ (Z. 21 f.); er sei „zufrieden, ja glücklich […] und wünsche sich kein anderes Leben und vor allen Dingen: nie wieder einen anderen Kopf“ (Z. 23 f.). Ebenso begeistert äußert er sich über den Staat – „so großzügig sei man hierzulande!“ (Z. 30 f.) –, weil der Kopfwechsel sogar kostenlos sei. Während alldem wirkt der Bewohner seltsam überdreht und unnatürlich: „Radebrechend und gestikulierend“ (Z. 17), unpassend laut lachend (vgl. Z. 29) und auf den einzigen kritischen Einwand des Reisenden „nicht näher eingehend“ (Z. 21) spult er sein Programm ab. Ist das also die Wirkung des neuen Kopfes?

Der Kopfwechsel: Herkunft der Köpfe – die Frage nach dem Warum

Zudem ist es dem Bewohner ein großes Anliegen, den Reisenden über die einwandfreie **Herkunft der Köpfe** aufzuklären: Er berichtet, dass alle neuen Köpfe „Zuchtexemplare seien, die in großen bio-chemischen Plantagen auf speziellen Nährböden wüchsen und dort auf humanitäre Weise geerntet würden“ (Z. 27 ff.). Grotesk wirkt hier der Transfer des menschlichen Kopfes in das Wortfeld und den **Vorstellungsbereich von Pflanzenzucht, Anbau und Ernte**, weil er unweigerlich Assoziationen mit Kohlköpfen oder ähnlichem Gemüse hervorruft. In diesem Zusammenhang echauffiert sich der Einwohner über „Gerüchte“ (Z. 26), die behaupten, die neuen Köpfe seien „auf mörderische Art“ (Z. 25 f.) beschafft und „mit einer Sense“ (Z. 29) abgeschnitten worden. Damit zielt er implizit auf die Berichterstattung im Ausland, die zuvor auch die Erwartungen seines Gesprächspartners geprägt hatte. Woher die Köpfe nun tatsächlich kommen, bleibt ungewiss.

Was lässt sich schließlich der Lobeshymne des Bürgers über die **Absichten** entnehmen, die **hinter** dieser staatlichen Maßnahme des **Kopfwechsels** stecken? Er schwärmt davon, dass „man ihn von seinem alten unzufriedenen angstvollen und häufig von unsinnigen Träumen erfüllten Kopf befreit habe“ (Z. 18 f.). Gründeten diese

Ängste und Unzufriedenheit etwa in den herrschenden politischen und sozialen Verhältnissen? Richteten sich Ideen und Hoffnungen auf eine Veränderung jener Verhältnisse, auf eine bessere Zukunft?

Die Begegnung mit dem „Haupt-Chirurgen“

Die **Begegnung mit dem „Hauptchirurgen“** schließlich bringt eine erneute Wendung. Auch in diesem Abschnitt bleibt vieles vage und ungewiss. Bemerkenswerterweise jedoch läuft der Text hier gleichsam auf seinen erzählerischen Höhepunkt zu, eine im Indikativ formulierte **Sentenz**, deren Wahrheitsgehalt unstrittig feststeht, die Erkenntnis nämlich, „[d]aß man, um andern neue Köpfe zu verpassen, den eigenen fest auf den Schultern behalten muß“ (Z. 53 f.). Ähnlich wie der einfache Einwohner wirkt auch der Chirurg zunächst übertrieben gut gelaunt, „verbeugt[] sich schwankend“ (Z. 37), „lacht[] lärmend“ (Z. 39) und schlägt seinem Gegenüber „kräftig auf die Schulter“ (Z. 40). Jedoch unterscheidet er sich von jenem Mitbürger nicht nur durch seinen Grad an Bildung, darin nämlich, dass er die Muttersprache des Reisenden beherrscht (vgl. Z. 34), sondern auch dadurch, dass er wach und aufmerksam den „Blick [seines Gegenübers] bemerkt[]“ (Z. 36) und dessen Regungen „spürt[]“ (Z. 48). Schon diese **geistige Präsenz** könnte ein Indiz dafür sein, dass der Chirurg durchaus noch im Besitz seines eigenen Kopfes ist. Die entscheidende Frage jedoch, die sich der Ich-Erzähler abschließend stellt, ist die, ob der Arzt das **Verwischen des Streifens womöglich absichtlich** herbeigeführt hat. Wenngleich der Text keine direkte Antwort gibt, so legen doch einige Hinweise diesen Verdacht nahe. Auffällig ist zunächst die Dringlichkeit, mit der der Chirurg den Fremden zum „gemeinsamen Trunk“ (Z. 35) einlädt. Nach dem Vorfall verschwindet der Arzt gleichgültig, ohne jeglichen Versuch einer Erklärung, einer Ausrede oder einer Rechtfertigung. Welche Gründe aber hätte er dafür, dem Reisenden das Geheimnis aufzudecken, diesem zu „verraten […], was nicht allein ihm anvertraut war“ (Z. 53)? Auch hier lassen sich nur Vermutungen anstellen: Hinter der fröhlichen Fassade sind **Verbitterung** und Verzweiflung spürbar – letztlich kein Wunder, hat er doch nach wie vor seinen „alten unzufriedenen angstvollen“ (Z. 18) Kopf! Womöglich versucht er, jenes Empfinden mit Alkohol zu betäuben. Mit schneidender **Ironie** stellt er sich selbst infrage, als „Hauptchirurg – in des Wortes wahrster Bedeutung“ (Z. 37 f.) –, der immer „ein paar ausgesuchte Exemplare [an Köpfen] auf Lager“ (Z. 39) hat. Hadert er mit sich, mit seinem Tun, mit seiner Rolle in diesem System? Oder möchte er den Reisenden dazu bewegen, Bericht zu erstatten über die wahren Verhältnisse im Land des Kopfwechsels? Sollte dies das Anliegen des Chirurgen gewesen sein, so ist es ihm gelungen, was der nun vorliegende Text belegt, der damit gleichsam auf sich selbst verweist.

Aber handelt es sich dabei wirklich um einen auf Tatsachen beruhenden Reisebericht? Wohl kaum. Von Anfang an deutet das unmögliche Phänomen des Kopfwechsels auf den **parabolischen Charakter** der Geschichte hin und macht klar, dass das Erzählte auf die Ebene der **eigentlichen Bedeutung** zu übertragen ist.

Deutung der Parabel

Übertragung von der Bildebene auf die Bedeutungsebene

Was also ist gemeint mit dem „Land des Kopfwechsels"? Es steht für ein **totalitäres System**, in dem der Staat radikal in das Leben der Menschen eingreift und ihre Persönlichkeitsrechte verletzt mit dem Ziel, pluralistische und kritische Sichtweisen zu beseitigen und damit eine ideologische Gleichschaltung zu erreichen. Der erste Gesprächspartner des Reisenden, der Einheimische mit dem neuen Kopf, repräsentiert einen willigen Mitläufer, ja glühenden Anhänger dieses Systems, der unreflektiert und im genauen Wortlaut das wiederholt, was die Staatspropaganda vorgegeben hat. Der Chirurg wiederum befindet sich in der zweifelhaften, prekären Position eines Mitglieds der Intelligenzschicht, das in ausführender Funktion benötigt wird und damit in hohem Maße mitverantwortlich ist für das, was dieser Staat seinen Bewohnern antut. Dabei gelingt es jenem Funktionsträger nicht, die eigene Rolle als Handlanger und Vollstrecker eines menschenverachtenden Systems gänzlich zu akzeptieren. Doch auch zu offenem Aufbegehren findet er nicht den Mut.

Das totalitäre Staatssystem

Was diesen Staat weiterhin ausmacht, sind seine besonderen **Leistungen auf dem Feld der Bio-Technologie**. Ethisch völlig skrupellos wendet er seine Methoden und Verfahren, die der Text als inhuman entlarvt, am Menschen an und missbraucht wissenschaftliche Erkenntnisse und Technologien für politische Zwecke. Bei alledem ist jenes System stets auf seine Außenwirkung bedacht, sieht sich im Konkurrenzkampf mit den anderen Ländern und rühmt sich selbst der Überlegenheit und Fortschrittlichkeit seiner wissenschaftlichen Errungenschaften.

Unethischer Umgang mit Errungenschaften der Wissenschaft

Dieser Aspekt führt schließlich zu einem weiteren Phänomen, das die Parabel auf raffinierte Weise vorführt: Es geht um den Wahrheitsgehalt und die **Glaubwürdigkeit von Berichterstattung** und **Medien**, von staatlicher **Propaganda** und Selbstaussagen, die immer mehr in Zweifel gezogen werden. Der Text entspinnt ein Geflecht von Wahrheit und Lüge, von Annahme und Irrtum, von Behauptung und Andeutung, in das sich der Ich-Erzähler – und mit ihm der Leser – immer mehr verstrickt, ohne am Ende der Geschichte daraus befreit zu werden.

Glaubwürdigkeit von Berichterstattung: Medien und Propaganda

Teilaufgabe 2

Überprüfung der Thesen von Peter Bekes

„Die Wirklichkeit wird […] zum **Geheimnis**." (M 2, Z. 9 f.) Dieses Merkmal, das der Literaturwissenschaftler **Peter Bekes** in seiner **Untersuchung** als charakteristisch für die **Parabeln** Günter

Kunerts benennt, trifft für den Prosatext *Der rote Streifen* zu: Die wahren Verhältnisse im Land des Kopfwechsels bleiben hinter einem Netz aus Vermutungen verschleiert.

Verrätselung und Geheimnis

Dabei deutet diese Aura von Geheimhaltung und versteckter Unterdrückung auch auf ein weiteres Merkmal hin, das Bekes hervorhebt. Trotz aller „groteske[n] und surreale[n] Stilzüge" nämlich ist der „**Bezug zur Realität und zur Gegenwart**" (M 2, Z. 7 ff.) ganz klar zu erkennen – vor allem, wenn man **Kunerts persönlich-biografischen Hintergrund** berücksichtigt. Das in der Parabel gezeichnete totalitäre System mit seinen Mechanismen von Propaganda, gewaltsam erzwungener ideologischer Gleichschaltung und staatlicher Überwachung erinnert zum einen an das Schreckensregime der **Nationalsozialisten**, unter dem auch Kunert als 1929 geborener Sohn einer jüdischen Mutter während seiner Kindheit zu leiden hatte.

Bezüge zu den historischen und biografischen Hintergründen

Zum anderen spiegeln sich die politisch-gesellschaftlichen Zustände der **DDR** wider, in der freie Meinungsäußerungen nicht möglich und sämtliche Lebensbereiche vom staatlich verordneten sozialistischen Einheitsdenken durchdrungen waren – Zustände, die Günter Kunert als Bürger der DDR selbst erfahren hat. Das Beispiel des Chirurgen führt vor Augen, wie heikel, ja gefährlich es war, sich in diesem Staat, in dem die Stasi kritische Äußerungen überwachte und ahndete, klar und offen zu positionieren. Der staatlich verordnete Kopfwechsel lässt sich durchaus als Metapher für die Umerziehung der Bevölkerung deuten, also als eine Art **Gehirnwäsche** im Dienste der herrschenden Ideologie. Wer friedlich und unbehelligt in dem Land leben möchte, passt am besten seine Denkweise an die offiziellen Maßgaben an. Auch in der DDR sorgte die staatstragende Partei dafür, dass die Bürgerinnen und Bürger im Sinne des Sozialismus **indoktriniert** wurden. Notgedrungen arrangierten sich viele mit den Zwängen der Diktatur. Dem Phänomen des **Reisens** kommt vor dem zeitgeschichtlichen Hintergrund der DDR, die dieses Recht stark einschränkte, ebenso eine besondere Bedeutung zu. Dabei steht dem totalitären Staat (der DDR) ein freiheitliches westliches Land (die Bundesrepublik?) gegenüber, von dem aus das Reisen ohne Weiteres möglich ist. Interessanterweise hegt der Text aber auch ein gewisses Misstrauen gegenüber der Berichterstattung dieses freiheitlichen Landes, der westlichen Presse. Unbestreitbar also ist die Erzählung „Der rote Streifen" vor dem historisch-politischen Horizont der DDR und damit dem biografischen Hintergrund Kunerts zu lesen, wie Peter Bekes 1988 feststellt – zu einer Zeit, als es die DDR noch gab.

Darüber hinaus jedoch öffnet der Text auch dem heutigen Leser den Blick für Strukturen und Mechanismen von gegenwärtig existierenden Diktaturen und hat somit nichts an Aktualität eingebüßt. Dasselbe gilt für einen weiteren Aspekt, der in der Geschichte zum Tragen kommt: Die Darstellung des so unmenschlichen wie unethischen Handelns auf dem Gebiet von Medizin und Wissenschaft bringt die grundsätzliche **Skepsis gegenüber blindem Fortschrittsglauben** zum Ausdruck, lässt aber auch – bleibt man in der historischen Perspektive – an die grausamen medizinischen Experimente und abstrusen nationalsozialistischen Vorstellungen von Züchtung im Dienste der sogenannten Rassenhygiene denken. Aus unserer heutigen Perspektive kommen Assoziationen mit den umstrittenen Möglichkeiten moderner Gentechnik hinzu.

Kühne Metaphern und Bildwelten

Noch ein letzter Punkt sei aus den Erklärungen zu Kunerts Schreibweise herausgegriffen, der sich mit der poetologisch-sprachlichen Ebene des Textes befasst: So betont Peter Bekes, dass „**kühne Metaphern**" (M 2, Z. 9) die Geschichten dominieren, deren „**Bildwelt** eine größere Eigendynamik entwickeln" (M 2, Z. 7). Tatsächlich wird in der Parabel vom roten Streifen die Körpermetapher des „Kopfwechsels" in einer Konsequenz und Radikalität, die an Kafka erinnert, zur Geschichte auserzählt. Der ganze Text basiert letztlich auf der literarischen Strategie, ein **Sprachbild ins Wörtliche zu transponieren**. Er erzeugt so seine groteske, surreale Wirkung, stellt aber gerade damit auf verstörende Weise die Grausamkeit des Kopfabschneidens und -aufpfropfens, des gewaltsam erzwungenen Gesinnungswechsels heraus.

Schlussgedanke

Die Lehre der Parabel

Dieses erzählerisch-rhetorische Verfahren entfaltet seine Wirkung auch im Blick auf die **Lehre**, die als wichtiger Bestandteil zu jeder guten Parabel gehört. Es bestärkt den Leser in seinem Vorsatz, diese Lehre zu beherzigen, und alles, wirklich alles daran zu setzen, den eigenen Kopf auf den Schultern zu behalten.

Abitur Deutsch (Schleswig-Holstein) – Übungsaufgabe 9: Interpretation eines literarischen Textes

Thema:
Kurzprosa unter Einbezug parabolischer Texte

Arbeitsgrundlage:
Sibylle Berg: *Und in Arizona geht die Sonne auf*

Aufgabe:
Interpretieren Sie die Kurzgeschichte *Und in Arizona geht die Sonne auf* von Sibylle Berg. Gehen Sie dabei auch auf typische Merkmale von Kurzgeschichten ein.

Erlaubte Hilfsmittel:
– Ein Wörterbuch der deutschen Rechtschreibung

Sibylle Berg (* 1962)
Und in Arizona geht die Sonne auf (2000)

Der Asphaltcowboy mit Sporen an den Stiefeln: Nur im Auto ist der Mann noch ein Mann. Es ist zu früh zu hell, das Hemd scheuert an seinem Hals, die Krawatte würgt ihn. Er möchte sich kratzen, kratzen, kratzen, bis der Abend kommt. Der ist noch weit und er sitzt am Tisch. Er schubbert ein wenig sein Bein am Stuhl. Dass es nicht auffallen möge, sie ihn wieder ansehen, mit diesem Blick, der sagt: Was macht der Hund bei Tisch?

Seine Tochter redet über Kleider, seine Frau redet über Kleider, er kennt diese Personen nicht. Sie sehen ihn nicht. Er versteht nichts von wichtigen Dingen. Von Musik, Büchern, Blumen und von Kleidern, gar nichts. Sie geben ihm das Gefühl, etwas Störendes zu sein, zu laut, zu derb, nicht schön.

Er stört. Überall. Wenn er auf dem Sofa lümmelt und Bier trinken möchte, Sport schauen, stundenlang, ist er im Weg. Seine Bierflasche hinterlässt Ringe auf den Kunstbüchern, die auf dem Beistelltisch liegen. Seine Füße verschieben den Teppich, seine Chips krümeln, sein Atem macht schlechten Dunst. Scheißleben! Geduldet nimmt er sein Frühstück ein, es mag nicht recht rutschen in der trockenen Kehle. Was fühlst du, was denkst du, warum bist du so grob, warum fühlst du nichts, denkst du nichts? Nie genügt er. Nie mag seine Frau ihm glauben, dass er gar nichts denkt, nichts fühlt. Dass er glücklich ist, Sport zu schauen, zur Decke zu starren, in einer Kneipe zu hocken und mit anderen Männern zu schweigen. Endlich ist das Frühstück zu Ende, ein flüchtiger Kuss, Vater geht in die Welt, vielleicht kommt er nie zurück.

Er geht zu seinem Auto. Er steigt ein, nimmt Platz, das Auto begrüßt ihn: Hey, umziehen! Und endlich trägt er auch außen die Kleidung, die er innerlich immer anhat: speckige Jeans, Stiefel, Lederweste, Cowboyhut.

Die Sporen an den Stiefeln scheppern, er tritt das Gaspedal. Die Maschine arbeitet, sie gehorcht ihm. Sie bettelt um Beherrschung, will sich unterwerfen. Er steuert, er lenkt. Die starke Maschine, so viele Pferde, sie tragen ihn über die Prärie, den Ozean, ist doch egal. Endlich ist er wer. Ein einsamer Mann, der mit muskulösen Armen die Zügel hält. Seine Pferde reiten, schneller, besser als alle anderen. Keine greinenden Weiber, er und die Maschine, und in Arizona geht die Sonne auf. Freiheit, die ich meine, summt er und raucht in Gedanken eine fette Zigarre. Hier ist seine wahre Heimat. Vergessen mit jedem Kilometer die Weiber, die Kunstbücher, die Ringe vom Bierglas, das ist sein Wagen und wenn er da Bier reinstellt, ist es seine Sache. Da hat ihm keiner dreinzureden.

Yeah, sagt er leise, schießt den Gang rein, das Auto stöhnt dankbar. Die anderen Männer auf den schwächeren Pferden – abgehängt. Der letzte Kampf, den einer noch schlagen darf in einer Welt voller Schwuchteln und Frauen, die zetern und greinen: den Wagen mit ruhiger Hand zu Höchstleistungen treiben, vorantreiben, alle abhängen, besiegen, zeigen, wo der Hammer hängt. Unter seiner Hand wird das Auto ein Boot, ein Panzer, ein Formel-1-Geschoss – egal was, Hauptsache, Metall, Holz, Kolben, die Öl fressen und arbeiten wie ein Glied, wie ein Mann, verdammt, es ist so wenig, was er braucht. Den Hut, das Pferd und seine Ruhe. Warum gibt es das nur hier? Weil die Welt falsch geworden ist, weil keiner Respekt hat vor der Arbeit eines Mannes, weil sie ihn auslachen zu Hause, wenn er sich mit Kunstbüchern nicht auskennt.

Und er rast über die Stadtautobahn. Vor ihm die Sioux, hinter ihm Apachen. Ein größeres Auto wäre toll. Größeres Auto, größere Freiheit, größere Geschwindigkeit und Macht und weit weg damit und nie zurück. Nie zurück zu einer Familie, die ihn nicht versteht, zu Dingen, die ihn nichts angehen. Manchmal, wenn er sich selbst nicht sieht, möchte er weinen, so kotzt es ihn an, das Leben, das ihm einer heimlich in die Tasche gesteckt hat und das er verdammt nicht will. Er kennt den Typ nicht, der im Anzug mit seiner Frau ins Theater geht. Seiner Frau, die mal so blond war, ihn bewundert hat. Lacht ihn aus inzwischen. War auch gar nicht blond. Gefärbt, betrogen, ausgelacht. Verdammt will er sein, ein anderes Leben haben, eines, das er sich als Junge immer vorgestellt hat. Er war ein Held gewesen in seinen Träumen. Und ist nun einer, der gelbe Haut hat und gelbe Finger vom Rauchen, vom Traurigsein. Das Auto umschließt ihn, ist ein Himmel für ihn allein, gibt ihm Halt in einer gottverdammten Welt, die aus den Fugen geraten ist. Rasen und kuppeln, das Chrom, das Leder, und dann beginnt er zu fliegen. Über die Straße, die anderen Wagen klein, die Straßen, die Luft unter dem Auspuff, fliegen, eine Runde drehen, da ist sein Haus, winzig klein, darin zwei Frauen, die er nicht versteht, in einem Leben, das er nicht verdient, in einer Welt, die nicht mehr gemacht ist für einen wie ihn. Er dreht ab, schräg über den Berg über die Prärie, da steht die Sonne und er lächelt. Zum ersten Mal an diesem Morgen.

Quelle: Sibylle Berg: Und in Arizona geht die Sonne auf,
Theo Sommer, Haug von Kuenheim (Hrsg.): ZEIT Punkte 3/2000. Bewegte Welt, Hamburg 2000, S. 35

Hinweise und Tipps

Die vorliegende Aufgabe verlangt von Ihnen, dass Sie die Ihnen wahrscheinlich unbekannte Kurzgeschichte „Und in Arizona geht die Sonne auf“ von Sibylle Berg strukturiert und differenziert interpretieren. Unter der ***Interpretation einer Kurzgeschichte*** *versteht man deren schlüssige* ***Gesamtdeutung****. Um zu dieser zu gelangen, müssen Sie systematisch den* ***Inhalt****, den* ***Aufbau****, die* ***Erzähltechnik*** *und die* ***sprachlich-stilistische Gestaltung*** *des Textes analysieren und die genannten Elemente im Hinblick auf ihre Funktion und Wirkung für die Gesamtaussage des Textes überprüfen.*

An den Beginn Ihrer schriftlichen Ausarbeitung sollten Sie eine ***Einleitung*** *stellen, in der Sie die wichtigsten Informationen zur vorliegenden Kurzgeschichte nennen (Textsorte, Titel, Erscheinungsjahr, Autorin), ihren Inhalt in einem Satz kurz zusammenfassen und eine Deutungsthese präsentieren, deren Tragfähigkeit Sie im Hauptteil Ihres Aufsatzes beweisen müssen.*

Der ***Hauptteil*** *beginnt mit einem* ***kurzen inhaltlichen Überblick*** *und einer knappen Darstellung, in welche* ***Sinnabschnitte*** *die vorliegende Kurzgeschichte gegliedert werden kann. In diesen Teil Ihrer Arbeit sollten Sie eher noch keine Zitate integrieren. Erst im Anschluss an diese mehr informierenden Ausführungen folgt die eigentliche* ***Interpretation*** *und damit die Beweisführung, dass Ihre Deutungsthese stimmt. Dafür müssen Sie die die Erzähltechnik und die sprachlich-stilistische Gestaltung des Kurzprosatextes aufeinander bezogen darstellen, mit dem Inhalt der Kurzgeschichte verknüpfen und im Hinblick auf ihre Funktion und Wirkung für die Gesamtaussage des Textes untersuchen. Dabei ist es erforderlich, Ihr Textverständnis stets mithilfe von* ***Zitaten*** *an der Kurzgeschichte zu belegen. Thematisieren Sie ruhig auch Deutungsalternativen und weisen Sie Mehrdeutigkeit oder Deutungsoffenheit als ein Element des vorliegenden Textes nach. Vergessen Sie außerdem nicht, im Hauptteil typische* ***Textsortenmerkmale*** *an Sibylle Bergs Kurzgeschichte zu zeigen.*

Fassen Sie dann im ***Schlussteil*** *Ihre wichtigsten Ergebnisse in einem Fazit zusammen und modifizieren Sie gegebenenfalls Ihre Deutungsthese.*

Lösungsvorschlag

Einleitung

allgemeine Einführung in die Thematik der Kurzgeschichte

„Typisch Mann“ – „typisch Frau“! Veraltete Rollenbilder und hartnäckige **Geschlechtsstereotype** sollten in modernen Gesellschaften mittlerweile als überwunden gelten, prägen aber – wie soziologische Studien belegen – bewusst oder unbewusst trotzdem noch heute den privaten Alltag und die Berufswahl junger Menschen.

Autorin, Titel, Textsorte, Erscheinungsjahr, Thema und Deutungsthese

Die im Jahr 2000 erschienene **Kurzgeschichte** „Und in Arizona geht die Sonne auf“ von Sibylle Berg kokettiert mit diesen Geschlechterklischees und zeichnet ein Bild **anachronistischer Männlichkeitsvorstellungen**. Der namenlose männliche Protagonist ist zutiefst unzufrieden mit seinem Leben in einer **bürgerlich-emanzipierten Gesellschaft**, definiert Männlichkeit über die Beherrschung eines leistungsstarken Autos und flüchtet sich in eine im Wilden Westen spielende Gegenwelt. Die Kurzgeschichte erzeugt durch die rhetorisch ausgefeilte hyperbolische Darstellung der Männersehnsüchte und die auch sprachlich verdeutlichte Herabsetzung von Frauen eine **kritische Distanz zu** den anachronistischen Macht-, Freiheits- und **Männlichkeitsfantasien** der Hauptfigur.

Interpretation
Inhalt der Kurzgeschichte

Inhaltlich geht es in der Kurzgeschichte um einen anonym bleibenden **Ehemann und Familienvater**, der sich in Gesellschaft seiner Frau und seiner Tochter beim Frühstück **unwohl fühlt**. Erst nach der flüchtigen Verabschiedung von seiner Familie und dem Verlassen des Hauses wird der Mann **in seinem eigenen Auto** von einem **Gefühl der Macht und des Glücks** durchströmt. Er stilisiert seine Autofahrt zum Ritt eines Cowboys durch die Prärie, erträumt sich Freiheit und **flüchtet** am Ende vollkommen **aus der Realität**.

Gliederung der Kurzgeschichte in Sinnabschnitte

Die Kurzgeschichte lässt sich in **drei Abschnitte** gliedern: Im ersten Abschnitt (Z. 1–20) wird die **Situation beim Frühstück** dargestellt. Den zweiten Abschnitt (Z. 21–44) dominieren die **Machtfantasien** des Protagonisten, wobei sich Männlichkeit und maskuline Autorität für ihn vor allem in der Beherrschung des Wagens zeigen. Im dritten Abschnitt (Z. 45–63) überwiegen sein **Selbstmitleid**, sein Wunsch nach Freiheit und die **Flucht in eine Traumwelt**.

Figurenkonstellation

In der Kurzgeschichte spielen **drei Figuren** eine unterschiedlich große Rolle. Der Fokus liegt auf dem **Mann**, aus dessen Sicht erzählt wird. Seine **Ehefrau** und seine **Tochter** fungieren nur als Negativfolie zu seinen Sehnsüchten und Vorlieben. Das **Verhältnis** zwischen ihm und seiner Familie ist zutiefst **gestört**. Der **Protagonist** findet keinen Zugang zu Frau und Tochter und **fühlt sich** ihnen **fremd** („er kennt diese Personen nicht“, Z. 7 f.). Diese wiederum scheinen eine harmonische Einheit zu bilden, was der Parallelismus „Seine Tochter redet über Kleider, seine Frau redet über Kleider“ (Z. 7) untermauert. Der Mann hat das Gefühl, von seiner Familie ausgeschlossen und missachtet zu werden, was mit einer asyndetisch gereihten Klimax unterstrichen wird: „Sie geben ihm das Gefühl, etwas Störendes zu sein, zu laut, zu derb, nicht schön.“ (Z. 9 f.)

Assoziationen zum ersten Satz

Bereits im ungewöhnlichen **ersten Satz** der Kurzgeschichte verdichtet sich die hyperbolische **Hauptaussage der männlichen Hauptfigur:** „Der Asphaltcowboy mit Sporen an den Stiefeln: Nur im Auto ist der Mann noch ein Mann“ (Z. 1 f.). Der metaphorische Neologismus „Asphaltcowboy“ weckt Assoziationen an die beiden Bildbereiche **Auto** und **Pferd**, die den gesamten Mittelteil der Kurzgeschichte dominieren und mit denen Vorstellungen von **Schnelligkeit**, **Kraft und Freiheit** einhergehen. Bevor diese jedoch weiter ausgeführt werden, versetzt Sibylle Berg ihren Protagonisten (und damit auch den Leser) erst einmal in eine gänzlich andere Situation, deren **Enge und Bürgerlichkeit** durch die zuvor geweckten Assoziationen noch stärker betont werden.

Erster Sinnabschnitt:
- Beziehungskälte beim Frühstück

Das im ersten Sinnabschnitt beschriebene Frühstück offenbart bereits die **Distanz**, die **zwischen dem Mann und seiner Familie** herrscht: Lediglich „[g]eduldet nimmt er sein Frühstück ein" (Z. 14 f.). Wie **unwohl** sich der Protagonist in seiner Haut fühlt, zeigt eine asyndetisch gereihte Klimax: „Es ist zu früh zu hell, das Hemd scheuert an seinem Hals, die Krawatte würgt ihn." (Z. 2 f.) Der Mann möchte mit wenig anständigen Bewegungen wie Kratzen und Schubbern auf die Situation reagieren, dabei aber möglichst keine Missbilligung erregen (vgl. Z. 3–6). Dadurch wirkt er wie ein **Gefangener in seinem eigenen Haus** sowie in seiner eigenen Haut.

- gegensätzliche Interessen und Erwartungen der Eheleute

Die **Fremdheit zwischen den Eheleuten** scheint aus der Sicht des Mannes vor allem auf **unterschiedliche Interessen und Wertvorstellungen** zurückzuführen zu sein: Während seine Frau und die gemeinsame Tochter Kultur in Form von Musik, Literatur, Kunst und Theater sowie Gespräche wertschätzen (vgl. Z. 7, 9, 13, 31, 51), bevorzugt der Mann Sportsendungen, Autos, Bier, Kneipenbesuche und Schweigen (vgl. Z. 11 f., 18 f., 46). Sein Wunsch nach Ruhe und Bequemlichkeit stößt allerdings auf die **gegenteiligen Erwartungen** seiner Frau. Dass diese den Protagonisten überfordern, zeigt die Aneinanderreihung der Fragen, mit denen die Frau ihren Mann nach dessen Empfinden traktiert: „Was fühlst du, was denkst du, warum bist du so grob, warum fühlst du nichts, denkst du nichts?" (Z. 16 f.) Der Wechsel des Fragepronomens von Was zu Warum verdeutlicht, dass der Mann sich von seiner Frau in seinem Verhalten bewertet fühlt. Dass er sich geradezu in sein von ihm selbst als „Scheißleben!" (Z. 14) tituliertes Schicksal hineinsteigert, zeigt der anaphorische Gebrauch des Wörtchens „nie": „Nie genügt er. Nie mag seine Frau ihm glauben" (Z. 17). Er klingt hier wie ein jammerndes Kind, das sich **unverstanden** und **von der Welt schlecht behandelt** fühlt, ohne in der Lage zu sein, die Perspektive seiner Mitmenschen einzunehmen und so vielleicht eine Verbesserung der Situation für alle Beteiligten herbeizuführen. Dadurch bleibt ihm letztlich nur noch die **Flucht** aus diesem Moment.

Zweiter Sinnabschnitt:
- Kleidung als Metaphern für Enge und Freiheit

Gleich zu Beginn des zweiten Sinnabschnitts spürt man als Leser die **Erleichterung des Mannes**, der häuslichen Enge beim Frühstück entkommen zu sein. Dies liegt zum einen an der **Personifikation des Autos**, das seinen Besitzer in dessen Gedanken mit einem gut gelaunten „Hey" (Z. 21) begrüßt und damit zum ersten Mal eine **gelungene Interaktion des Protagonisten** zeigt. Zum anderen wird seine Kleidung (vgl. Z. 2), die metaphorisch für das beengte, alltägliche und ungeliebte Leben in der bürgerlich-emanzipierten Familienwelt steht, nun mit ganz anderer **Kleidung** kontrastiert. In dieser fühlt sich der Mann wohl, da sie aus seiner Sicht der **Inbegriff von Männlichkeit** ist: „speckige Jeans, Stiefel, Lederweste, Cowboyhut" (Z. 23). Nur **fern von seiner Familie**, in seinem Auto kann sich der Mann **verwirklichen** und muss nicht mehr den Schein des biederen Familienvaters wahren: „Und endlich trägt er auch außen die Kleidung, die er innerlich immer anhat" (Z. 22 f.). Diese Selbstverwirklichung verbindet sich bei ihm mit dem Gefühl einer **Selbstwertsteigerung:** „Endlich ist er wer." (Z. 27)

– Flucht in Männlichkeitsfantasien

Der zweite Erzählabschnitt ist insofern mit dem ersten eng verzahnt, als die beiden mit dem **metaphorischen Neologismus „Asphaltcowboy"** aufgerufenen Bildbereiche weiter ausgeführt werden. Das **Auto** wird in der Fantasie zu zahlreichen **Pferden** – eine Assoziation, mit der auch auf die Leistungsstärke seines Wagens angespielt wird. Die männliche Hauptfigur genießt den **Ausbruch aus der häuslichen Enge** und imaginiert sich die Umgebung hyperbolisch als „Prärie" (Z. 26) oder als „Ozean" (Z. 27). Beide Begriffe stehen dabei für **Weite** und **Freiheit**. Dabei wird seine Fahrt geschlechtsstereotyp zu einem **Wettkampf** stilisiert: „Seine Pferde reiten, schneller, besser als alle anderen." (Z. 28; vgl. auch Z. 34 f.) Dem Mann geht es hier also nicht nur um Freiheit, sondern auch um **Macht**. Diese ist auch **gegen seine Familie gerichtet**, wenn es heißt: „Keine greinenden Weiber, er und die Maschine" (Z. 28 f.).

– Machtfantasien des Mannes

Der Protagonist wirkt dementsprechend äußerst **dominant und machohaft:** „Die Maschine arbeitet, sie gehorcht ihm. Sie bettelt um Beherrschung, will sich unterwerfen." (Z. 24 f.) Die Beziehung des Mannes zu seinem Gefährt wird dabei auch **erotisch konnotiert:** Er „schießt den Gang rein, das Auto stöhnt dankbar" (Z. 34). Hier liegt die Vermutung nahe, dass der Mann gerne die gleiche **Macht**, die er über sein Auto hat, auch **über Frauen** hätte. Die romantisierenden und positiv besetzten **Cowboy- und Wild-West-Assoziationen**, die sich immer wieder mit der Lust an seinem leistungsstarken Wagen mischen, sollen hier die **anachronistischen Männlichkeitsfantasien** des Protagonisten **rechtfertigen**. Er sieht sich als genügsamen Menschen, der nichts weiter verlange als „[d]en Hut, das Pferd und seine Ruhe" (Z. 41), obwohl er nur wenige Sätze später diese Selbstdarstellung unterläuft, wenn er den Wunsch äußert: „Ein größeres Auto wäre toll." (Z. 45 f.) Auch im vorigen Absatz wird an mehreren Stellen klar, dass seine Fantasien durchaus **beleidigende Züge** tragen. Davon zeugen seine Rede von „einer Welt voller Schwuchteln und Frauen, die zetern und greinen" (Z. 35), die Verwendung von Pejorativa („Weiber", vgl. Z. 29, 31) und die drastische Zuspitzung weiblich konnotierter Verhaltensklischees.

Diese Denkweise **provoziert Protest** und erzeugt eine kritische **Distanz zum Protagonisten**. Die Fantasien des Mannes offenbaren eine **große Diskrepanz zur Realität** seines Familienlebens, in der er sich ohnmächtig und nicht respektiert fühlt (vgl. Z. 41 ff.).

Dritter Sinnabschnitt:
- Selbstmitleid des Mannes

Das hier zum Ausdruck kommende **Selbstmitleid** des Mannes setzt sich im dritten und letzten Sinnabschnitt fort und erfährt noch eine **Steigerung**, wenn es heißt: „Manchmal, wenn er sich selbst nicht sieht, möchte er weinen, so kotzt es ihn an, das Leben, das ihm einer heimlich in die Tasche gesteckt hat und das er verdammt nicht will" (Z. 48 ff.). Er fühlt sich **machtlos** und **vom Leben betrogen**. Zunächst gibt er die Schuld daran einem nicht näher benannten, unbekannten Dritten („das ihm einer heimlich in die Tasche gesteckt hat", Z. 49 f.). Doch wenig später richtet sich seine **Wut** wieder **gegen seine Frau**, „die mal so blond war, ihn bewundert hat" (Z. 51 f.). Diese wird auf ihr Äußeres sowie auf ihre Ausrichtung auf den Mann reduziert und des Betrugs beschuldigt, weil ihre Haare gefärbt waren und sie sich von ihrem Gatten emanzipiert hat (vgl. Z. 52 f.). Hier wird deutlich, wie **gering** das **Selbstwertgefühl** des Protagonisten ausgeprägt ist, weshalb dieser sich in **Klischees vom starken Mann** flüchten muss. Seine **Unreife** zeigt sich daran, dass seine Wunschvorstellungen als Erwachsener sich nicht von den „Träumen" der Kindheit unterscheiden, in denen er „ein Held" (Z. 54) gewesen ist. Diese Gedanken lassen vermuten, dass der Mann als Junge Westernfilme und Cowboygeschichten rezipiert hat, die entsprechende **antiquierte Rollenklischees und Geschlechtsstereotype** transportieren und Männer zu dominanten und den Frauen übergeordneten Helden stilisieren. Den Fantasien aus der Kindheit wird die **harte Realität** antithetisch gegenübergestellt: „Und ist nun einer, der gelbe Haut hat und gelbe Finger vom Rauchen, vom Traurigsein." (Z. 54 f.) Insofern kann Sibylle Bergs Kurzgeschichte auch als **Kritik am unreflektierten Umgang mit Geschlechtsstereotypen** verstanden werden, die sowohl das Leben von Männern als auch das von Frauen auf ein gewisses Verhaltensrepertoire reduzieren und ihre Entfaltungsmöglichkeiten einschränken.

- mehrdeutiges und offenes Ende der Kurzgeschichte

Gegen Ende der Kurzgeschichte stellt sich der Protagonist vor, mit seinem Wagen abzuheben, über die ihm bekannte Welt zu fliegen und schließlich der Sonne entgegenzustreben, was ein Lächeln auslöst (vgl. Z. 58 ff.). Diese Fantasie zeugt davon, dass er **aus der häuslichen Enge** seines Familienlebens **fliehen** will – zumal zuvor an mehreren Stellen schon angedeutet wird, dass der Protagonist nicht zu seiner Familie zurückkehren möchte (vgl. Z. 20, 47 f.). Die Morgensonne erscheint als ein Bild für einen **Neuanfang**, so wie jeder neue Tag mit dem Sonnenaufgang beginnt. Der **Titel** der Kurzgeschichte „Und in Arizona geht die Sonne auf" (siehe auch

Z. 29) verweist insofern von Anfang an auf das wie auch immer geartete **Neue**, den Protagonisten aber auf jeden Fall Beseelende. Allerdings bleibt offen, ob es bei der **Fluchtfantasie** bleibt oder ob der Mann **tatsächlich** sein Leben hinter sich lassen wird: Ist sein Eintauchen in die Traumwelt und der vorgestellte Flug weg vom Zuhause und Richtung Sonne schon an sich so beglückend, dass er „[z]um ersten Mal an diesem Morgen" (Z. 62 f.) lächelt? Oder hat er sich möglicherweise durch die ihn beseelenden Macht- und Freiheitsfantasien entschlossen, sich von seiner **Familie zu trennen** und sein **biederes Leben hinter sich zu lassen**? Oder ist gar die Gleichsetzung des Autos mit einem „Himmel" (Z. 56) wörtlich zu nehmen und das Ende deutet darauf hin, dass das Rasen über die Stadtautobahn eine **bewusste Fahrt in den Tod** ist, also im **Suizid** endet, der mit einem Lächeln begrüßt wird? Diese Fragen bleiben unbeantwortet.

Personales Erzählverhalten

Das gesamte Geschehen wird von einem **personalen Er-Erzähler** komplett aus der **Perspektive des Mannes**, vorwiegend aus der Innensicht dargeboten. Über die Gefühle und Gedanken der weiblichen Familienmitglieder erfahren die Lesenden nichts. Es bleibt somit unklar, ob die Frau und die Tochter den Mann tatsächlich genau so sehen und behandeln, wie dieser es subjektiv wahrnimmt. Das gewählte personale Erzählverhalten und die erlebte Rede als Darbietungsform (vgl. z. B. Z. 26 ff.) führen dazu, dass die Lesenden die Macht-, Freiheits- und Männlichkeitsimaginationen des Protagonisten direkt miterleben. Die **Erzähltechnik akzentuiert** – zusammen mit der sehr aufwendigen sprachlichen Gestaltung des Kurzprosatextes – die **Emotionen des Mannes**. Dies führt dazu, dass man sich als Leser stellenweise dabei ertappt, die **Sichtweise des Mannes** zu übernehmen und ihn zu bemitleiden. Erst wenn man sich in eine **kritische Distanz zum Protagonisten** begibt, erkennt man seinen übertriebenen Jammerton und entlarvt seine **von Selbstmitleid geprägte Weltsicht**. Auf diese Weise gelingt es Sibylle Berg, gleichzeitig das machohafte Festhalten des Protagonisten an **längst überholten Vorstellungen von Männlichkeit** wie auch die einander teilweise widersprechenden **gesellschaftlichen Erwartungen an einen „echten Mann"** zu kritisieren. Die charakterliche Grundanlage des Protagonisten lässt dabei eher vermuten, dass der am Ende des Textes aufscheinende Neuanfang reine Fantasie bleiben wird.

Nachweis von Kurzgeschichtenmerkmalen:

Der Kurzprosatext „Und in Arizona geht die Sonne auf" weist fast alle **Merkmale einer klassischen Kurzgeschichte** auf:

– geringer Umfang und unvermittelter Beginn

Er ist mit nur 63 Zeilen **kurz gehalten** und **beginnt** zudem **unvermittelt** ohne Einleitung oder Hinführung: Der Leser wird sofort mit dem Nebeneinander von Realität und Sehnsucht einer nicht näher vorgestellten männlichen Figur konfrontiert (vgl. Z. 1 ff.). Diese Figur steht – das zeigt schon ihre Anonymität – als **Typ** sowohl für **Männer in der Midlife-Crisis** als auch für Männer, die überholten machohaften Vorstellungen von Männlichkeit anhängen.

Die Geschichte verfügt über einen **klaren**, **linearen Handlungsverlauf** und spielt nur im Haus der Familie sowie auf der Straße **ohne weitere Nebenhandlungen**. Im Wesentlichen geht es um die Gedanken- und **Gefühlswelt des Mannes**. Was die weiblichen Familienmitglieder erleben, fühlen und denken, nachdem der Vater das Haus verlassen hat, erfährt man nicht. Zudem wird nur ein **kleiner Ausschnitt** aus dem Leben des Mannes beschrieben, in diesem Fall handelt es sich um einen Zeitraum von wenigen Stunden vom Aufstehen bis zu seinem Lächeln beim Autofahren.

– linearer Handlungsverlauf

– kleiner Lebensausschnitt

Als einen **Wendepunkt** kann man das Einsteigen ins Auto verstehen, weil sich damit das Erleben des Protagonisten fundamental verändert. Falls man die Flugfantasie am Ende des Textes als Bruch mit seinem bisherigen Leben deutet, dann läge auch darin ein Wendepunkt. Die Kurzgeschichte **endet** insofern **offen**, als der Lesende nicht erfährt, ob der Mann tatsächlich nicht zu seiner Familie zurückkehrt. Fraglich bleibt deshalb auch, ob es sich bei dem Erzählten um eine besondere Situation und damit um eine einmalige Entscheidung handelt oder ob sich diese Flucht täglich wiederholt.

– Wendepunkt und offenes Ende

Die Handlung von Kurzgeschichten ist üblicherweise der **Alltagswelt** entnommen. Dieses Merkmal gilt für den Kurzprosatext „Und in Arizona geht die Sonne auf" insofern, als die **Zerrüttung einer Familie** und die Reaktion eines Familienmitglieds darauf dargestellt wird. Weniger alltäglich sind dabei aber die behandelten Macht-, Freiheits- und Männlichkeitsfantasien.

– Beschäftigung mit Alltagsproblemen

Das einzige Gattungskriterium, von dem Sibylle Berg abweicht, ist die **sprachliche Gestaltung** ihres Textes. Die Sprache ist **nicht**, wie bei dieser Textsorte üblich, an die **Alltagssprache** angelehnt. Vielmehr ist Bergs Text sprachlich äußerst **kunstvoll komponiert**. Zahlreiche rhetorische Figuren wie Asyndeta, Klimaxe, Ellipsen und Metaphern sowie umgangssprachliche Abwertungen und Vulgarismen transportieren die Emotionen des Protagonisten.

– Abweichung von typischen Merkmalen durch sprachliche Gestaltung

Schluss

Mit ihrer Kurzgeschichte „Und in Arizona geht die Sonne auf" greift Sibylle Berg ganz bewusst **Geschlechtsstereotype** auf und gibt den Mann mit seinen **Vorstellungen von Männlichkeit**, **maskuliner Macht**, **Stärke und Freiheit** in einer mittlerweile emanzipierten Welt der **Lächerlichkeit** preis.

Kernfach Deutsch (Schleswig-Holstein) – Abiturprüfung 2020
Aufgabe 4: Erörterung eines pragmatischen Textes

Thema:
Sprache, Medien, Lesen und Literatur

Arbeitsgrundlage:
Eisenberg, Peter: *Finger weg vom generischen Maskulinum!* (2018)

Aufgaben:
1. Stellen Sie den Argumentationsgang des vorliegenden Textes von Peter Eisenberg dar und erläutern Sie die Intention des Textes. (40 %)
2. Erörtern Sie ausgehend vom Text die Berechtigung einer Sprachregulierung in Bezug auf Gendergerechtigkeit. Beziehen Sie dabei Ihre im Unterricht erworbenen Kenntnisse über Sprachverwendung in gesellschaftlichen Zusammenhängen und über das Verhältnis von Sprache, Denken und Wirklichkeit ein. (60 %)

Erlaubte Hilfsmittel:
– Rechtschreibwörterbuch

Peter Eisenberg: Finger weg vom generischen Maskulinum! (2018)

Seit mehr als vierzig Jahren gibt es bei uns einen öffentlichen Diskurs über Notwendigkeit und Möglichkeit einer geschlechtergerechten Sprache, aber selten war er so intensiv wie in diesem Sommer. Und die vertretenen Positionen erweisen sich als kaum vereinbar, echte Kompromisse sind selten. Das gilt weitgehend auch für die beteiligten Sprachwissenschaftler, besonders bei der zu ihrer Domäne gehörenden Frage nach dem Verhältnis von Genus und Sexus, dem grammatischen und dem natürlichen Geschlecht.

Zugespitzt hat sich der Streit am sogenannten generischen Maskulinum, das bei Personenbezeichnungen wie Lehrer, Schlosser, Soldat, Spion in Erscheinung tritt. Dienen sie in der Grundbedeutung der Bezeichnung von Männern oder sind sie geschlechtsneutral in dem Sinn, dass sie gar keinen Bezug zum natürlichen Geschlecht haben, also weder auf männlich oder weiblich noch auf inter, trans, queer[1] und so weiter fixierbar sind? Ist es so, dann wäre durch das generische Maskulinum auch niemand diskriminiert, gleichgültig, welche Geschlechtsidentität er persönlich hat.

Um es deutlich zu sagen: Die hier vorgelegte Verteidigung des generischen Maskulinums richtet sich nicht gegen die Verwendung des Deutschen als geschlechtergerechte Sprache, sondern gegen seine Misshandlung und Manipulierung in vermeintlich guter Absicht. Denn gerade das generische Maskulinum ist eine in der Sprache tief verankerte, elegante und leistungsstarke Möglichkeit zur Vermeidung von Diskriminierung.

Am Diskurs beteiligte Sprachwissenschaftler sind geteilter Meinung, einige haben sich in letzter Zeit vom generischen Maskulinum distanziert. So schreiben die Kolleginnen Gabriele Diewald und Anja Steinhauer in der Dudenbroschüre „Richtig gendern“ (Berlin 2017), man solle das Maskulinum vermeiden. Es mache Frauen unsichtbar und sei nicht der Grammatik eingeschrieben, sondern lediglich eine Gebrauchsgewohnheit, die man ändern könne. Dem Leser wird geraten, einmal jemanden zu fragen: Wer ist dein Lieblingsschauspieler? Als Antwort würden ihm fast ausschließlich Männer genannt werden. Denn in unseren Köpfen seien solche Wörter fest mit „männlich“ verbunden. Man spricht hier auch von männlichen Stereotypen.

Solche Stereotypen gibt es, das ist keine Frage. Sie sind aus der Grundbedeutung von Lehrer (einer, der lehrt) oder Schauspieler (einer, der schauspielert) und so weiter abgeleitet, sie ändern aber an der Grundbedeutung nichts. Die von den Autorinnen gegebene semantische Charakterisierung des generischen Maskulinums „Frauen sind mitgemeint“ ist inkorrekt. Frauen sind gar nicht gemeint, ebenso wenig wie Männer oder Geschlechtsidentitäten jenseits der binären[2] Norm. Darin liegt gerade das Spezifische des generischen Maskulinums. Ein Wort wie Lehrer hat genau zwei Bausteine, nämlich den Verbstamm *lehr* und das Substantivierungssuffix *er*, das zu Bezeichnungen von Personen führt, die das tun, was der Verbstamm besagt. Solche Substantive können eine ganze Reihe von daraus abgeleiteten Bedeutungen haben, die alle nichts an der Grundbedeutung ändern.

So kann Raucher nicht nur jemanden bezeichnen, der raucht, sondern auch ein Abteil, in dem geraucht werden darf. Ein Seufzer kann auch eine Lautäußerung sein, ein Träger kann ein T-Träger, ein Gepäckträger, ein Hosenträger und vieles mehr sein. Und ist ein Gesetzgeber männlich oder auch nur belebt? Solche abgeleiteten Bedeutungen sind regelhaft und gut verstanden. Sie zeigen, dass es mit der Bindung der er-Substantive an „männlich“ nicht weit her ist. An der Grundbedeutung ändern sie nichts. Sie bleibt gültig und ist jeweils vorausgesetzt.

Schon als Kinder haben wir gern jemanden gebeten, ein Möbelstück, ein Musikinstrument und eine Farbe zu nennen. Die Antwort war mit statistisch signifikanter Häufigkeit Tisch, Geige und rot. Das sind die jeweiligen Prototypen, die wir zuerst im Kopf haben, die aber wie die Stereotype nicht das Geringste an der Bedeutung von Möbelstück und so weiter ändern. Assoziationstests sind unbrauchbar, wenn es um die Frage geht, welches die Grundbedeutung von Lehrer, Spion oder Soldat ist. Das gilt sogar dann, wenn fast alle Spione und Soldaten Männer sind. Schon ein einfacher Satz wie „Unter den Grundschullehrern gibt es zu wenig Männer“ zeigt das. Der ungerechtfertigte Kampf gegen einen produktiven Mechanismus zur Bildung von Substantiven (wie die auf *er*) kann nicht gewonnen werden. Er kann jedoch erheblichen Schaden anrichten.

In der genannten Dudenbroschüre (Seite 114) findet sich ein bemerkenswertes Zitat aus einem Text von Antje Baumann, die im Sprachbüro des Bundesjustizministeriums tätig ist: „Denn die spezielle Textsorte ‚Gesetz‘ hat Merkmale, die mit dem geschlechtergerechten Formulieren kollidieren: Abstraktion von allen Merkmalen einer Person, die für das zu regelnde Rechtsverhältnis irrelevant sind (wie z. B. vom natürlichen Geschlecht eines Schuldners, Täters etc.)." Genau. Warum sollen wir bei Rechtstexten, bei wissenschaftlichen und anderen Textsorten dauernd das natürliche Geschlecht vor uns hertragen? Das kann gut, notwendig und richtig sein, darf aber niemals zum Zwang werden.

Eine weitere Attacke auf die Maskulina wird in einer Reportage der Wochenzeitung „Die Zeit" (30. Mai) geritten. Sie zitiert den Berliner Anglisten Anatol Stefanowitsch mit der Äußerung, es gebe auf der Höhe des aktuellen Forschungsstandes keine einzige linguistisch fundierte Verteidigung des generischen Maskulinums. Im „Tagesspiegel" (6. Juni) erklärt der Kollege, was er damit meint: Wieder sind es Assoziationstests des Typs *Nennen Sie Ihren Lieblingsmusiker*. Wir brauchen ihn nach den Ausführungen zur Duden-Broschüre nicht weiter zu kommentieren.

Eine linguistisch fundierte Verteidigung der in der „Zeit" geäußerten diffamierenden Äußerung des Kollegen ist das nicht. Und immerhin sollte man zur Kenntnis nehmen, dass die Seite der Zeitung, auf der Stefanowitschs Text steht, voll von generischen Maskulina ist. Da ist die Rede vom Fortschrittsbringer, vom Kämpfer, vom Syrer, vom Vertreter des syrischen Volkes, von den Kurden, den Sunniten und so weiter und so fort. Was sollten wir bloß ohne das generische Maskulinum anfangen?

Auch die „Süddeutsche" beteiligt sich an der Jagd auf die unschuldige grammatische Kategorie generisches Maskulinum. Prominente Autoren sind der neue Direktor des Instituts für Deutsche Sprache Mannheim, Henning Lobin, und die Mainzer Sprachwissenschaftlerin Damaris Nübling. Unter dem Titel „Genus, Sexus, Nexus" („SZ" vom 7. Juni) stellen sie fest, die Idee des generischen Maskulinums sei falsch. Grundlegend für ihre Behauptung ist, „dass Personenbezeichnungen wie Terrorist, Spion, Physiker, Lehrer, Erzieher, Florist oder Kosmetiker ein sogenanntes soziales Geschlecht aufweisen, das unterschiedlich stark ausgeprägt sein kann. Es leitet sich aus dem realen Geschlechteranteil ab und aus Stereotypen, die man der jeweiligen Personengruppe zuschreibt."

Erneut wird dann von einem Assoziationstest erzählt, der deutlich macht, dass beim Wort Spion das soziale Geschlecht „männlich" ausgeprägt ist. Und wieder zeigen einfache Sätze wie „Der BND stellt heute vermehrt Frauen als Spione ein" ein Maskulinum, dessen Grundbedeutung generisch ist. Man kann das für alle von Lobin/Nübling genannten Wörter ebenso zeigen. Und wie eben ist der Artikel auf der Zeitungsseite und auf ihrer Rückseite von generischen Maskulina umgeben: Manager, Philharmoniker, Ex-Knackis, Flüchtlinge, Betreuer, junge Polen, Amerikaner und so weiter und so fort.

Wir sollten unsere Sensibilität für offene und besonders für versteckte sprachliche Diskriminierung von Frauen weiter schärfen. Genauso rücksichtsvoll haben wir mit Geschlechteridentitäten umzugehen, die nicht ins binäre Schema passen.

Das Deutsche ist in dieser Hinsicht sehr ausdrucksstark. Ein geschlechtergerechtes Durchregeln, das Eingriffe in die Sprache einschließt und uns ein permanent schlechtes Sprachgewissen macht, lehnen wir ab. Wo die Normalsprecherin und der Normalsprecher nicht mehr reden und schreiben können, wie ihnen Hand, Kopf und Schnabel gewachsen sind, vergehen wir uns an ihnen und an der Sprache.

Wenn wir dafür sorgen, dass es in Zukunft mehr Dirigentinnen, Richterinnen, Pfarrerinnen und Filmemacherinnen gibt als jetzt, tun wir etwas für die Gleichstellung aller in der Gesellschaft. Das soziale Geschlecht vieler Personengruppen wird sich dann verändern, und falsch bewertete Assoziationstests werden überflüssig. Über einen Krieg gegen das generische Maskulinum erreichen wir das mit Sicherheit nicht.

(1189 Wörter)

Aus: Peter Eisenberg: Finger weg vom generischen Maskulinum!, Tagesspiegel vom 08. 08. 2018, https://www.tagesspiegel.de/wissen/debatte-um-den-gender-stern-finger-weg-vom-generischen-maskulinum/22881808.html

Anmerkungen:

1 inter, trans, queer:
inter: Kurzform für: intergeschlechtliche Menschen, d. h. Personen, die mit körperlichen Merkmalen geboren werden, die medizinisch als „geschlechtlich uneindeutig" gelten.
trans: Kurzform für: transgeschlechtliche Menschen, d. h. Personen, die nicht in dem Geschlecht leben können oder wollen, welchem sie bei ihrer Geburt zugeordnet wurden.
queer: Kurzform für: queer lebende Menschen, d. h. Personen, deren Geschlecht oder Sexualität sich nicht mit den gängigen Kategorien der Zwei-Geschlechter-Ordnung erfassen lässt.

2 *binär:* aus zwei Einheiten bestehend.

Hinweise und Tipps

Bei der ***ersten Teilaufgabe*** *sollen Sie den* ***Argumentationsgang*** *des gegebenen Textes darstellen. Es kommt also nicht nur darauf an, die zentralen Aussagen des Textes wiederzugeben, sondern vor allem darauf, wie der Autor seine in der Überschrift formulierte Position argumentativ entwickelt. Hierzu müssen Sie zunächst die* ***inhaltlichen Zusammenhänge durchdringen****. Halten Sie neben jedem Absatz in Stichpunkten fest, worum es in der jeweiligen Passage im Kern geht. Im nächsten Schritt bilden Sie* ***übergeordnete Sinnabschnitte****, die dem* ***Gedankengang des Autors*** *entsprechen. Dabei helfen Ihnen folgende Fragen:*

- *Welcher* ***Ausgangspunkt*** *liegt den Ausführungen zugrunde?*
- *Was ist die* ***zentrale These*** *des Autors?*
- *Wie* ***begründet*** *er diese?*
- *Welche* ***Beispiele*** *werden im Text genannt und was soll damit veranschaulicht werden?*
- *Zu welcher* ***Schlussfolgerung*** *kommt der Autor?*

Die Länge eines Sinnabschnitts ist von den Schwerpunktsetzungen abhängig. So stellt der Autor die Gründe, die andere gegen seine Position anführen, eher überblicksartig zusammen, während er durch eine umfassende Sammlung von Kritikpunkten die Argumente seiner Gegner entkräften möchte. Ihre Darstellung gewinnt an Kontur, wenn Sie auf die ***zentralen Argumente*** *des Autors mit der gebotenen* ***Ausführlichkeit*** *eingehen und längere Passagen, die vor allem der Veranschaulichung dienen, stärker raffen.*
Im Rahmen der ersten Teilaufgabe sollen Sie auch genauer auf die ***Intention des Textes*** *eingehen. Da Sie den Text bereits in übergeordnete Sinnabschnitte eingeteilt haben, wird es Ihnen nicht schwerfallen, die zentralen* ***Absichten des Autors*** *zu benennen. Durch* ***passende Zitate*** *aus dem Ausgangstext können Sie diese erläutern. Im*

vorliegenden Fall bietet es sich an, auch auf die ***Überschrift*** *des Kommentars einzugehen, da hier nicht nur die inhaltliche Position des Autors deutlich zum Ausdruck kommt, sondern auch seine Haltung in der Diskussion zur gendergerechten Sprache. Der Schwerpunkt der Aufgabenstellung liegt auf der* ***zweiten Teilaufgabe*** *(60 % der Bewertung). Es soll* ***erörtert*** *werden, ob* ***Sprachregulierung in Bezug auf Gendergerechtigkeit berechtigt*** *ist. Dieser Arbeitsauftrag zielt auf eine* ***dialektische Betrachtung*** *des Themas ab. Das heißt, Sie* ***müssen sowohl Argumente für als auch gegen entsprechende Eingriffe in die Sprache*** *finden. Da Sie in Ihrer Erörterung vom Text ausgehen sollen (vgl. Aufgabenstellung), sollten Sie bei der Vorarbeit prüfen, an welchen Stellen Sie Eisenberg zustimmen können und an welchen Sie eine andere Position haben. Ihre Suche nach Argumenten beginnen Sie also am besten beim Text, der Ihnen Anhaltspunkte sowohl für die Kontra- als auch für die Pro-Seite liefert – sie sollte aber auch darüber hinausgehen. Denn laut Aufgabenstellung sollen Sie* ***aus dem Unterricht erworbene Kenntnisse*** *über* ***Sprachverwendung in gesellschaftlichen Zusammenhängen*** *und über das* ***Verhältnis von Sprache, Denken und Wirklichkeit*** *in Ihre Ausführungen einfließen lassen. Vergegenwärtigen Sie sich daher, was Sie im Unterricht darüber gelernt haben, und versuchen Sie, es auf die zu erörternde Thematik zu beziehen. Überlegen Sie beispielsweise, inwieweit* ***Sprache das Denken der Menschen beeinflussen*** *kann und ob dies für die* ***Geschlechtergerechtigkeit relevant*** *sein könnte. Bevor Sie mit dem Schreiben beginnen, sollten Sie* ***mithilfe eines Schreibplans*** *Ihre Erörterung so vorstrukturieren, dass ein Gliederungsprinzip erkennbar ist. Bei der vorliegenden Lösung sind die* ***Argumente alternierend angeordnet****, da jedem Kontra-Argument ein entsprechendes Pro-Argument gegenübergestellt wird. Es ist jedoch* ***auch eine blockweise Anordnung denkbar****. Wichtig ist, dass Sie am Ende beide Seiten gegeneinander abwägen und Ihren* ***eigenen Standpunkt*** *herausstellen.*

Lösungsvorschlag

In seinem Kommentar „Finger weg vom generischen Maskulinum!", der am 8. August 2018 im Tagesspiegel erschienen ist, spricht sich Peter Eisenberg **für die Verwendung des generischen Maskulinums** aus und **warnt vor zu starken Eingriffen** in die deutsche Sprache.

Einleitung
Angaben zur Textvorlage
Position des Verfassers

Im ersten Sinnabschnitt (vgl. Z. 1–20) konstatiert Eisenberg zunächst, dass der jahrzehntelange Streit um geschlechtergerechtes Formulieren noch nie so hitzig geführt wurde wie im Sommer 2018, und **stellt die Kernfrage** in dieser Diskussion heraus. Es gehe im Grunde darum, **welche Bedeutung Personenbezeichnungen** zugrunde liegt, die **in grammatischer Hinsicht männlich** sind. Sind damit in erster Linie Männer gemeint oder sind diese Bezeichnungen geschlechtsneutral? Bevor der Sprachwissenschaftler seine Argumentation entfaltet, um sich für die zuletzt genannte Sichtweise auszusprechen,

Hauptteil
Argumentation des Textes
Sinnabschnitt 1: Aktueller Anlass als Ausgangspunkt und Formulierung der Kernfrage

möchte er sich von dem Verdacht befreien, dass er sich gegen Geschlechtergerechtigkeit in der Sprache wende. Daher betont er, es gehe ihm in erster Linie darum, das Deutsche **vor gewaltsamen Eingriffen zu schützen**, die gar nicht dem Ziel einer geschlechtergerechten Sprache dienlich sind.

Am Beispiel von Empfehlungen in einer Duden-Broschüre zeigt Eisenberg im zweiten Sinnabschnitt (vgl. Z. 21–29) den **Standpunkt seiner Gegner** auf. Diese würden gegen die Verwendung des generischen Maskulinums folgende Argumente ins Feld führen: Es sei nicht tief im Sprachsystem verwurzelt, sondern nur eine **veränderbare Sprachgewohnheit** und es lasse **Frauen in der Sprache verschwinden**. Als Beleg würden die Duden-Autorinnen anführen, dass man mit Begriffen wie „Schauspieler", die in Bezug auf das Genus männlich sind, automatisch Männer assoziiere.

Sinnabschnitt 2: Darstellung der Gegenposition

Bei seiner **nachfolgenden Replik** (vgl. Z. 30–58) konzentriert sich Eisenberg auf den zuletzt genannten Punkt. Er räumt zwar ein, dass es stereotype Vorstellungen bei bestimmten Begriffen mit männlichem Genus gebe. Er meint aber, deswegen ändere sich nichts an der **Grundbedeutung** dieser Begriffe. Als Beispiel führt er das Wort „Lehrer" an. Sprachwissenschaftlich betrachtet sei das eine Person, die lehrt. Auch andere Begriffe, die auf das **Suffix -er** enden, können Eisenberg zufolge je nach Kontext eine **große Bandbreite an Bedeutungen** einnehmen. Durch diese **Analogie bekräftigt** der Autor sein zuvor genanntes Argument, Wörter wie „Lehrer" seien in ihrer Grundbedeutung offen, also **geschlechtsneutral**. Mit einer weiteren **Analogie** versucht der Autor die **Unbrauchbarkeit von Assoziationstests** zu unterstreichen: Frage man nach einem Exemplar einer Kategorie (z. B.: „Nenne mir eine Farbe."), werde meist der Prototyp (hier: „Rot.") genannt. Wie bei Stereotypen ändert sich dadurch aber laut Eisenberg nichts an der **Grundbedeutung** des Wortes, mit dem die Kategorie bezeichnet wird (hier: Farbe).

Sinnabschnitt 3: Argumentation gegen die Position seiner Gegner

Grundbedeutung vs. abgeleitete Bedeutung

Im vierten Sinnabschnitt (vgl. Z. 59–98) nennt Eisenberg mehrere **Beispiele für Widersprüche und Unzulänglichkeiten**, die in diversen Wortmeldungen der Gender-Befürworter seiner Ansicht nach zutage treten. Die gegnerische Seite müsse einräumen, dass der Gebrauch des generischen Maskulinums bei manchen Textsorten unverzichtbar sei. Sie würden reflexartig das Assoziationsargument wiederholen, über die inkonsequente Handhabung des Genderns in den Zeitungen hinwegsehen und zu Unrecht an der These festhalten, es gebe einen engen Zusammenhang zwischen Genus und Sexus. Durch diese Auflistung von Kritikpunkten möchte der Autor die **Glaubwürdigkeit der Gegenseite infrage stellen**.

Sinnabschnitt 4: Beispiele für Positionierungen gegen das generische Maskulinum – mit Gegenargumentation

Am Ende des Kommentars (vgl. Z. 99–111) erhebt Eisenberg auf Basis seiner Argumentation mehrere **Forderungen**. Er spricht sich dafür aus, weiterhin **sensibel mit Fragen der Geschlechtergerechtigkeit** umzugehen, **lehnt aber sprachliche Reglementierungen** im Zuge des Genderns ab. Statt Gleichheit zwischen den Geschlechtern sprachlich zu erzwingen, solle man lieber **Frauen in Berufe bringen**, die bislang **eher Männern vorbehalten** waren.

Sinnabschnitt 5: Schlussfolgerungen

Die **Intention des Textes** wird durch die pointiert formulierte **Überschrift** deutlich zum Ausdruck gebracht. Wie Eltern ihre Kinder mahnen („Finger weg vom Kuchen!“), ruft Eisenberg seinen Kolleginnen und Kollegen in der Sprachwissenschaft zu: „Finger weg vom generischen Maskulinum!“ Dadurch erscheint das generische Maskulinum als etwas Schützenswertes, das vor den (vermeintlich) impulsiven und ungeduldigen Zugriffen der Gender-Befürworter gerettet werden müsse. Argumentativ verfolgt Eisenberg das Ziel, das generische Maskulinum gerade als **kraftvolles Mittel gegen Diskriminierung zu verteidigen**, indem er mithilfe sprachwissenschaftlicher Erwägungen dessen Geschlechtsneutralität herausstellt. Unter anderem weil er sein Plädoyer gegen entsprechende **Sprachreglementierungen** in einer Zeitung veröffentlicht, darf man davon ausgehen, dass es ihm nicht einfach nur um eine **fachwissenschaftliche Einschätzung** geht, sondern dass er in der **gegenwärtigen** (vgl. Z. 2 f.) **öffentlichen Diskussion** auf die Meinung der Bürgerinnen und Bürger **Einfluss nehmen will**. Entsprechend versucht er die Leserinnen und Leser auch **emotional anzusprechen**, indem er suggeriert, das Gendern führe zu einer Einschränkung der Sprecher und Sprecherinnen, die sich dann nicht mehr äußern könnten, wie sie es möchten (vgl. Z. 104 ff.).

Intention des Textes

Mit der Anerkennung nichtbinärer Geschlechtsidentitäten durch den Bundesgerichtshof stellt sich die Frage nach der Geschlechtergerechtigkeit auf eine neue Weise. Es geht nicht mehr allein um die Gleichheit von Männern und Frauen, der sprachlich beispielsweise durch **Doppelformen** (wie z. B. Bürgerinnen und Bürger) Ausdruck verliehen wird, sondern auch um die Anerkennung von Personen, die sich weder eindeutig dem männlichen noch dem weiblichen Geschlecht zurechnen. Deshalb wird nach Möglichkeiten gesucht, auch Menschen, die sich weder mit dem männlichen noch dem weiblichen Geschlecht identifizieren können, in der Sprache zu repräsentieren. **Gendergap und Gendersternchen** haben sich als eine zusätzliche Form des gendergerechten Formulierens etabliert. Inzwischen gibt es daher eine **Vielzahl an Möglichkeiten des sogenannten Genderns**. Unumstritten ist der Zweck, der hinter solchen Innovationen steht: Es geht um die Förderung der Gleichheit zwischen den Geschlechtern. Aber bei den Mitteln herrscht Uneinigkeit, da kontrovers

Überleitung

Zahlreiche Varianten des gendergerechten Formulierens

diskutiert wird, ob man überhaupt derart in die Sprache eingreifen darf. Daher stellt sich die Frage: **Ist Sprachregulierung berechtigt, um Gendergerechtigkeit herzustellen?**

Erörterung

Kontra-Argument: Verlust von Ungezwungenheit in der Sprache

Der Sprachwissenschaftler Peter Eisenberg verneint dies unter anderem deshalb, weil sprachliche Vorgaben, die zur Realisierung von Gendergerechtigkeit beitragen sollen, seiner Meinung nach **dem natürlichen Sprachgebrauch zuwiderlaufen**. Tatsächlich ist es so, dass wir **im Alltag**, also beispielsweise bei Unternehmungen mit Freunden, beim Einkaufen oder bei Gesprächen mit der Familie, **auf komplizierte sprachliche Formen und umständliche Formulierungen verzichten**. Wenn aber in anderen Kontexten, etwa beim Lesen von Zeitschriften oder im Unterricht, Formen der gendergerechten Sprache begegnen, könnte das die Erwartung wecken, sich diesem **Sprachgebrauch anpassen** zu müssen. Wer dem Trend – vielleicht aus Bequemlichkeit beim Sprechen – nicht folgt, läuft Gefahr, „**ein permanent schlechtes Sprachgewissen**" (Z. 103 f.) zu haben, da er das Gefühl hat, sich nicht ausreichend an der Verwirklichung von Geschlechtergerechtigkeit zu beteiligen. Eisenberg richtet sich daher mit einer warnenden Botschaft an Gender-Befürworter. Er meint: „Wo die Normalsprecherin und der Normalsprecher nicht mehr reden und schreiben können, wie ihnen Hand, Kopf und Schnabel gewachsen sind, vergehen wir uns an ihnen und an der Sprache." (Z. 104 ff.)

Pro-Argument: Ausdruck für gesellschaftlichen Fortschritt

Es darf jedoch nicht übersehen werden, dass eine Gesellschaft flexibel auf Veränderungen reagieren kann. Das ist auch durch die **Wandelbarkeit der Sprache** möglich. Die Mitglieder einer Sprachgemeinschaft können durch ihre Äußerungen deutlich machen, dass sie **gesellschaftliche Lernprozesse** verinnerlicht haben. Aus der Geschichte heraus sind sich viele Deutsche der Tatsache bewusst, dass es ein hohes Gut ist, in einer Demokratie zu leben, die auf **Werten wie Gleichheit und Freiheit** basiert. Ein großer Teil der Sprecher vermeidet es daher, Wörter in den Mund zu nehmen, die diesen Werten widersprechen. Begriffe wie „Fräulein", „Zigeuner" oder „Neger" sind im Zuge einer wachsenden Sensibilität für „**political correctness**" aus dem Wortschatz der meisten Menschen so gut wie verschwunden. Diese Entwicklung ist auf einen Bewusstseinswandel zurückzuführen, der auch durch bestimmte Maßnahmen, wie das **Streichen problematischer Begriffe aus Kinderbüchern**, vorangetrieben wird. Es scheint daher legitim zu sein, durch Sprachregulierungen auch im Bereich der Gendergerechtigkeit einen Wandel hin zu einer rücksichtsvollen und gerechten Gesellschaft zu beschleunigen.

Anhänger und Anhängerinnen der Position Eisenbergs werden entgegnen, solche Maßnahmen seien gar nicht notwendig, um dieses Ziel zu erreichen. Ihrer Argumentation zufolge eröffnet das **generische Maskulinum** die Chance, dass sich nicht nur **Männer**, sondern auch **Frauen** und **nicht-binäre Personen** mit Bezeichnungen identifizieren können, die ein männliches Genus aufweisen. Eisenberg verdeutlicht das an einem Beispiel. Er erklärt: „Ein Wort wie Lehrer hat genau zwei Bausteine, nämlich den Verbstamm *lehr* und das Substantivierungssuffix *er*, das zu Bezeichnungen von Personen führt, die das tun, was der Verbstamm besagt." (Z. 36 ff.) Da also Begriffe wie „Lehrer", „Mediziner", „Sportler" **nichts über das natürliche Geschlecht** der so bezeichneten Person aussagen würden, entsprächen sie gerade der gendergerechten Sprache. Folgt man diesem Gedanken, so wären die Formen, die bislang im Zuge des Genderns vorgeschlagen wurden, wie beispielsweise das **Binnen-I**, **Schrägstrichvarianten oder das Gendersternchen**, **überflüssig**. Das generische Maskulinum erscheint dann als „elegante und leistungsstarke Möglichkeit zur Vermeidung von Diskriminierung" (Z. 19 f.).

Kontra-Argument:
Neutralität des generischen Maskulinums

Weshalb betreibt man also den sprachlichen Aufwand, um mit verschiedenen Mitteln Gendergerechtigkeit in der Sprache herzustellen? Kurz gesagt: Weil ein **großer Teil der Sprechenden nicht so denkt wie der Sprachwissenschaftler**. Der Begriff „Sportler" mag zwar aus linguistischem Blickwinkel tatsächlich eine auf kein Geschlechter bezogene Grundbedeutung haben, aber er hat eben auch eine andere Bedeutung, da er auch nur den Mann, der Sport treibt, bezeichnen kann. Diese Ununterscheidbarkeit kann dazu führen, dass der Adressat bzw. die Adressatin einer Aussage **hinter dem sozusagen generisch gemeinten Maskulinum** das **biologische Maskulinum** wahrnimmt. Daher ist im Sprachgebrauch das generische Maskulinum nicht „leistungsstark[]", wie Eisenberg meint, sondern eher anfällig für Missverständnisse. Und deshalb sind auch die **Assoziationstests** durchaus nützlich: Denn sie legen die Bedeutungsräume hinter den Begriffen offen. Diese Bedeutungen sind dabei sicherlich auch von **stereotypen Zuschreibungen** bestimmt, aufgrund derer Genus und Sexus im allgemeinen Sprachgebrauch nicht so einfach zu trennen sind. Besonders stark sind diese Stereotype bei Bezeichnungen ausgeprägt, die sich auf Tätigkeiten oder Berufe beziehen, die vor allem von Männern ausgeübt werden. Man denke etwa an die Begriffe „Fußballer" oder „Lkw-Fahrer". Erst wenn von „Fußballerinnen" und „Lkw-Fahrerinnen" die Rede ist, wird dem Gedanken Ausdruck verliehen, dass **auch Frauen in „männlichen Domänen" tätig** sein können. Die Frauen, die diese Bereiche bereits mitgestalten, werden überhaupt nicht wahrgenommen, wenn nur immer die männlichen Personenbezeichnungen genannt werden. Es

Pro-Argument:
Durchbrechen männlicher Stereotype

besteht also die Gefahr, dass **Frauen in der Sprache unterrepräsentiert** sind. Wer das ändern will, wird gegen eine Regulierung der Sprache eher nichts einzuwenden haben.

Zu fragen ist allerdings, ob es nicht effizientere Wege gibt, Gleichheit zwischen den Geschlechtern herzustellen. Statt die Wirklichkeit mittelbar über die Sprache beeinflussen zu wollen, so die Gender Gegner, solle man lieber **direkt die gegebenen Verhältnisse ändern**. Da Sprache Wirklichkeit abbildet, müsste sich nach deren Auffassung dann ein **sensibler Sprachgebrauch von allein** einstellen. In Bezug auf die Gender-Debatte heißt das: „Wenn wir dafür sorgen, dass es in Zukunft mehr Dirigentinnen, Richterinnen, Pfarrerinnen und Filmemacherinnen gibt als jetzt, tun wir etwas für die Gleichstellung aller in der Gesellschaft." (Z. 107 ff.) Denn dadurch könnten **fragwürdige Assoziationen vermieden** werden und in den Köpfen entstünde gar nicht erst die Vorstellung, eine bestimmte Tätigkeit oder ein bestimmter Beruf könne nur von Männern ausgeübt werden. Wer geht heute beispielsweise noch selbstverständlich davon aus, dass in den nächsten Jahren immer nur ein Mann Bundeskanzler wird? Seit 2005 steht Angela Merkel an der Spitze wechselnder Regierungen. Das hat dazu geführt, dass sich Bürgerinnen und Bürger unter einem Kanzler nicht allein einen Mann, sondern eben **auch eine Frau**, **eine Kanzlerin**, vorstellen. Unsere Einstellungen, Haltungen und Erwartungen werden also stark von **Rollenbildern** geprägt. Auf politischem Wege muss daher die Gleichberechtigung vorangetrieben werden, dann werden sich die Rollenbilder ganz von allein anpassen. Eingriffe in die Sprache können Befürwortern des generischen Maskulinums angesichts des großen Einflusses, den die soziale Wirklichkeit auf unser Denken hat, als überflüssig erscheinen.

Kontra-Argument: Alternativen auf dem Weg zur Gendergerechtigkeit

Die Wirkung, die Sprache im gesellschaftlichen Kontext entfalten kann, ist jedoch nicht zu unterschätzen. Man muss kein strikter Anhänger der Sapir-Whorf-Hypothese sein, nach der unser Sprachsystem das Denken determiniert, um davon auszugehen, dass **Sprache nicht einfach nur ein Abbild der Wirklichkeit ist**, sondern dass sie auch **unsere Vorstellungen von der Welt prägt**. In negativer Hinsicht zeigt sich das aktuell an den Folgen einer Sprache, die in manchen Bereichen, wie der Netzkommunikation, zunehmend verroht. Deutlich wird: Wo eine **Sprache des Hasses** gepflegt wird, kommt es mit größerer Wahrscheinlichkeit zu **Gewalttaten**. Umgekehrt kann Sprache aber auch ein **Instrument** sein, um den **gesellschaftlichen Zusammenhalt** zu stärken. Gendergerechtes Formulieren ist ein Zeichen dafür, dass man die **Gleichberechtigung von Frauen**, **Männern und nicht-binären Personen** anerkennt und auf diese hinwirkt. Politikerinnen und Politiker sind sich dessen in der

Pro-Argument: Veränderung des Denkens und Handelns durch Sprache

Regel bewusst. Sie wissen, dass sie durch ihre **Worte das Denken und Handeln** derjenigen, an die sie sich wenden, **beeinflussen** können. Daher ist in politischen Äußerungen oft von Bürgerinnen und Bürgern, Soldatinnen und Soldaten oder von Polizistinnen und Polizisten die Rede. In manchen Parteiprogrammen findet sich auch das Gendersternchen. Ein solcher Sprachgebrauch **schärft das Bewusstsein** dafür, dass zu unserer Gesellschaft sowohl Männer und Frauen als auch nicht-binäre Personen gehören. Daneben wird auf diese Wiese der **Anspruch** formuliert, dass sich die in der Sprache praktizierte **Gleichstellung auch in den realen Verhältnissen widerspiegeln** soll. Das Wissen um diesen Anspruch erhöht die Bereitschaft, Maßnahmen zur Förderung der Gleichheit zwischen den Geschlechtern einzuleiten. Eingriffe in die Sprache im Sinne der Gendergerechtigkeit erscheinen daher sinnvoll.

Schluss
Synthese
Flexible Handhabung des Genderns je nach Kommunikationsform

Abschließend bleibt festzuhalten, dass es **sowohl gute Gründe für als auch gegen eine Sprachregulierung** in Bezug auf Gendergerechtigkeit gibt. In den Sprachgebrauch der Menschen einzugreifen, ist sicherlich **keine Kleinigkeit** und natürlich dürften **andere Maßnahmen** wie z. B. die Sicherstellung gleicher Bezahlung von Männern und Frauen die **Geschlechtergerechtigkeit in größerem Maße fördern**. Doch wegen der im Sprachgebrauch vorhandenen engen Verbindung von Genus und Sexus könnte die Regulierung der Sprache als ein weiteres Mittel eingesetzt werden, dem **Ideal der Gleichheit zwischen den Geschlechtern** Ausdruck zu verleihen und auf eine gerechtere Gesellschaft hinzuwirken. Da **Sprache je nach Kontext unterschiedlich verwendet** wird, ist es dabei meines Erachtens nicht notwendig, „die vertretenen Positionen […] als kaum vereinbar“ (Z. 3 f.) anzusehen. Gendergerechte Sprache eignet sich vor allem, um **in der beruflichen und öffentlichen Kommunikation** zu zeigen, dass man den Grundsatz der Gleichheit zwischen den Geschlechtern beherzigt. In **privaten Gesprächen** wird und soll aber weiterhin so geredet werden, wie einem der „Schnabel gewachsen“ (Z. 105 f.) ist.

Kernfach Deutsch (Schleswig-Holstein) – Abiturprüfung 2021
Aufgabe 1: Interpretation eines literarischen Textes

Thema:
Lyrik

Arbeitsgrundlage:
1. Theodor Storm (1817–1888): *Abseits* (1848)
2. Sarah Kirsch (1935–2013): *Im Sommer* (1976)

Aufgaben:
1. Interpretieren Sie Theodor Storms Gedicht „Abseits". (60 %)
2. Vergleichen Sie die Gestaltung des Verhältnisses zwischen Mensch und Natur bei Storm mit der im Gedicht „Im Sommer" von Sarah Kirsch. Berücksichtigen Sie dabei sowohl inhaltliche als auch sprachlich-formale Aspekte. (40 %)

Erlaubte Hilfsmittel:
– Rechtschreibwörterbuch

Theodor Storm (1817–1888)
Abseits (1848)

Es ist so still; die Heide liegt
Im warmen Mittagssonnenstrahle,
Ein rosenroter Schimmer fliegt
Um ihre alten Gräbermale;
Die Kräuter blühn; der Heideduft
Steigt in die blaue Sommerluft.

Laufkäfer hasten durchs Gesträuch
In ihren goldnen Panzerröckchen,
Die Bienen hängen Zweig um Zweig
Sich an der Edelheide Glöckchen,
Die Vögel schwirren aus dem Kraut –
Die Luft ist voller Lerchenlaut.

Ein halbverfallen niedrig Haus
Steht einsam hier und sonnbeschienen;
Der Kätner[1] lehnt zur Tür hinaus,
Behaglich blinzelnd nach den Bienen;
Sein Junge auf dem Stein davor
Schnitzt Pfeifen sich aus Kälberrohr[2].

Kaum zittert durch die Mittagsruh
Ein Schlag der Dorfuhr, der entfernten;
Dem Alten fällt die Wimper zu,
Er träumt von seinen Honigernten.
– Kein Klang der aufgeregten Zeit
Drang noch in diese Einsamkeit. *(123 Wörter)*

Aus: Theodor Storm (1817–1888): Abseits (1848) in: Sämtliche Werke. Hrsg. von Karl Ernst Laage und Dieter Lohmeier, 4 Bände. Frankfurt am Main 1987–1988.

Anmerkungen:
1 *Kätner:* abhängiger Bauer oder Tagelöhner
2 *Kälberrohr:* Wiesen-Kerbel, auch „Flötenkraut" genannt, Pflanze

Sarah Kirsch (1935–2013)
Im Sommer (1976)

Dünnbesiedelt das Land.
Trotz riesigen Feldern und Maschinen
Liegen die Dörfer schläfrig
In Buchsbaumgärten; die Katzen
Trifft selten ein Steinwurf.

Im August fallen Sterne.
Im September bläst man die Jagd an.
Noch fliegt die Graugans, spaziert der Storch
Durch unvergiftete Wiesen. Ach, die Wolken
Wie Berge fliegen sie über die Wälder.

Wenn man hier keine Zeitung hält
Ist die Welt in Ordnung.
In Pflaumenmuskesseln
Spiegelt sich schön das eigne Gesicht und
Feuerrot leuchten die Felder. *(77 Wörter)*

Aus: Sarah Kirsch (1935–2013): Im Sommer (1976), in: Werke in fünf Bänden, hrsg. von Franz-Heinrich Hackel, München 1999.

Hinweise und Tipps

Es liegen Ihnen zwei Gedichte vor, die es miteinander zu vergleichen gilt. ***Teilaufgabe 1*** *verlangt zunächst die* ***Interpretation des Gedichts „Abseits" von Theodor Storm****. Auch wenn hierbei noch kein Bezug zum zweiten Gedicht, Sarah Kirschs „Im Sommer", gefordert ist, so ist es doch ergiebig, dieses schon einmal zu lesen und auch die Teilaufgabe 2 wahrzunehmen. Beides kann Ihnen Hinweise darauf geben, welche Aspekte Sie auch schon bei der Untersuchung von Storms Text berücksichtigen sollten, um für den Vergleich eine gute Grundlage zu haben.*

Erarbeiten *Sie zunächst Storms Gedicht mit* ***Stift und Textmarker****. Am besten versuchen Sie zunächst die* ***Struktur des Gedichts*** *zu erfassen, indem Sie neben dem Text* ***Sinnabschnitte*** *markieren und benennen (z. B. V. 1–12: „Idyllische Heidelandschaft"). Untersuchen Sie dann insbesondere die* ***Sprachgestaltung*** *im Hinblick darauf, wie sie für die Beschreibung der Wahrnehmungen, die das Gedicht prägen, genutzt wird (z. B.: positiv besetzte Farbadjektive, die die Schönheit der Natur zeigen). Dazu können Sie einen Textmarker benutzen, mit dem Sie besondere Stilmittel hervorheben (z. B. Häufung des „l"-Lauts in V. 12); es ist aber auch sinnvoll, neben dem Text (sofern Platz ist) oder auf einem Stichwortzettel Aspekte zu notieren, die für das ganze Gedichte bzw. weite Teile davon gelten (z. B.: parataktische Syntax). Vermerken Sie möglichst auch, welche Wirkung bzw. Funktion die sprachlichen Merkmale haben (z. B. parataktische Syntax → Unterstützung des Beschreibungsgestus). Das Gleiche gilt für die* ***Form des Gedichts:*** *Halten Sie die strophische Struktur, das Reimschema und das Metrum fest und überlegen Sie, welche Rolle sie im Gedicht haben.*

Besondere Aufmerksamkeit sollten Sie der für die zweite Teilaufgabe zentralen Frage schenken, in welchem ***Verhältnis der Mensch zur Natur*** *steht. Fragen Sie sich u. a.,*

- *ob sich mit der Hinwendung des Gedichts zum Kätner (ab Strophe 3) formal und sprachlich etwas ändert,*
- *wie das Haus beschrieben wird,*
- *was über den Kätner und seinen Jungen ausgesagt wird und wie ihr Verhalten wirkt.*

Beginnen Sie nach diesen Vorarbeiten Ihren Aufsatz mit einer ***Einleitung****, in der Sie die grundlegenden Informationen zum Gedicht nennen (Autor, Titel, Gattung, Zeit). Im vorliegenden Lösungsvorschlag wird darüber hinaus der historische Kontext thematisiert. Das ist nicht notwendig, bietet aber bei Storms Gedicht einen guten Ausgangspunkt. Bei der anschließenden* ***Textuntersuchung*** *ist es sinnvoll, zunächst auf allgemeine Aspekte wie die* ***Form*** *und den* ***Aufbau*** *einzugehen, um dann das Gedicht in inhaltlicher und sprachlicher Hinsicht genauer zu analysieren. Denken Sie daran, die festgestellten sprachlichen Mittel in ihrer Bedeutung für den Text zu beschreiben. Am besten runden Sie die Textuntersuchung mit einer reflektierenden* ***Schlussfolgerung*** *ab.*

Teilaufgabe 2 *fordert dann einen aspektorientierten Gedichtvergleich: Im Zentrum des Vergleichs soll (wie schon oben angemerkt) das* ***Verhältnis von Mensch und Natur*** *stehen – wobei auch Sprache und Form zu thematisieren sind. Mit 40 % ist Teilaufgabe 2 im Vergleich zu Teilaufgabe 1 schwächer gewichtet. Eine eigenständige Analyse von Kirschs Gedicht wird insofern nicht nahegelegt.*

Es ist nicht ratsam, den Vergleich blockbildend (erst das eine Gedicht und dann das andere Gedicht) anzulegen. Vergleichen Sie besser im ***Wechselprinzip****, wie einzelne Aspekte jeweils in den Gedichten ausgestaltet sind. Das reduziert die Gefahr unnötiger Wiederholungen und in der Regel gelingt so auch ein differenzierterer Vergleich. Am besten fertigen Sie als Vorbereitung eine* ***Tabelle*** *an, in der Sie* ***zentrale Erkenntnisse zu Storms Gedicht*** *in der einen Spalte vermerken und diesen dann in der anderen Spalte* ***entsprechende Beobachtungen und Einsichten zu Kirschs Gedicht*** *gegenüberstellen (z. B.: unberührte Natur bei Storm vs. teilweise bearbeitete Natur [Felder, Maschinen] bei Kirsch). Im Anschluss können Sie Ihre Notizen in der Reihenfolge nummerieren, in der Sie die jeweiligen Aspekte in Ihrem Aufsatz anführen wollen. Dann formulieren Sie den Vergleich aus. Da Kirschs Gedicht ja nicht separat analysiert worden ist, werden dabei teilweise analytische Betrachtungen nötig sein, in denen Sie mit Zitaten arbeiten und den Text deuten.*

Lösungsvorschlag

Einleitung
Basisinformationen zum Gedicht und Hinleitung zu seinem Thema

Das Jahr, aus dem das vorliegende Gedicht „Abseits“ von Theodor Storm stammt, war in historischer Hinsicht ein bewegtes Jahr: Im Frühjahr 1848 kam es in Berlin zur **Märzrevolution** und in der Folge arbeitete eine gewählte Nationalversammlung an einer Verfassung für den neu zu schaffenden Nationalstaat, mit dem die Kleinstaaterei des Deutschen Bundes überwunden werden sollte. Das Gedicht Storms muss damals wie aus der Zeit gefallen gewirkt haben, entwirft es doch eine **Naturidylle** jenseits jeglicher politischer Zusammenhänge.

Gedichtanalyse
Form

Das Gedicht besteht aus **vier Strophen** mit jeweils **sechs Versen**. Es herrscht ein weitgehend durchgehaltener **4-hebiger Jambus** vor, der jeweils in Vers 2 und 4 jeder Strophe eine überzählige Silbe hat. Dadurch entsteht hier am Versübergang eine **Doppelsenkung**, die den regelmäßigen Wechsel von Hebungen und Senkungen durchbricht und eine kleine Sprechpause nahelegt. Durch diese metrische Gestaltung wird die Feingliederung des Gedichts in **Doppelverse** unterstrichen, die sich aus der Satzstruktur ergibt: Das **Ende der Doppelverse** fällt mit einem **syntaktischen Einschnitt** zusammen, während innerhalb der Doppelverse überwiegend Enjambements zu finden sind. Zugleich wird die Regelmäßigkeit der strophischen Gestaltung noch dadurch gestützt, dass an jedem Strophenende ein Punkt steht, während innerhalb der Strophen fast ausschließlich Semikola oder Kommata verwendet werden. Das **regelmäßige Reimschema**, ein Kreuzreim verbunden mit einem Paarreim, betont die Abgeschlossenheit der Strophen noch. Insgesamt vermittelt die formale Gestaltung **Klarheit und Harmonie**, wobei die Anlage in Doppelversen den Beschreibungsmodus, der das Gedicht prägt, noch unterstützt: Zu weiten Teilen reiht das Gedicht **direkte Beobachtungen** einer Szenerie aneinander, die ein konkretes Bild vom harmonischen Zusammenleben von Mensch und Natur entwerfen. Ein **lyrisches Ich** wird dabei nicht greifbar, wodurch dieses Bild noch **unmittelbarer** wirkt, da kein vermittelndes Subjekt zwischen die Szenerie und die Leserinnen und Leser tritt.

Aufbau

In inhaltlicher Hinsicht ist das Gedicht von einem **zweiteiligen Aufbau** geprägt: Während im **ersten Abschnitt**, der aus den Strophen 1 und 2 besteht, eine **idyllische Heidelandschaft** beschrieben wird, rückt im **zweiten Abschnitt**, in den Strophen 3 und 4, ein **Honigbauer** in den Fokus, der in dieser **Heidelandschaft sein Haus** hat.

Erster Abschnitt (Strophe 1 und 2): Naturidylle

Gleich zu Beginn werden **Ort und Zeit** deutlich: Betrachtet wird eine **Heide zur Mittagszeit** (vgl. V. 1 f.). Die **Herrlichkeit** und der **Reichtum** dieser Naturlandschaft spiegelt sich nicht nur darin wider, dass sowohl die **Flora** als auch die **Fauna** beschrieben werden, sondern auch darin, dass **verschiedene Sinne angesprochen** werden: der auditive (u. a. „Es ist so still“, V. 1; „Lerchenlaut“, Z. 12), der visuelle (u. a. „Kräuter blühn“, V. 5), der olfaktorische (u. a. „Heideduft“, V. 5) und der taktile („warmen“, V. 2) Sinn. Worte wie „goldnen“ (V. 8) und „Edelheide“ (V. 10) deuten auf die Schönheit der Natur – und indirekt auf ihren Wert – hin. Der Eindruck **großer Ruhe** („Es ist so still“, V. 1) wird durch das Verb „lieg[en]“ (V. 1) unterstrichen. Die weiteren Verben in der ersten Hälfte des Gedichts deuten weiter in diese Richtung („blühn“, V. 5; „hängen“, V. 9) oder zeigen öffnende bzw. ins Freie weisende Bewegungen an („fliegt“, V. 3; „Steigt“, V. 6; „schwirren aus“, V. 11). Eine Ausnahme stellt hier lediglich das „[H]asten“ (V. 7) der Laufkäfer dar. Die **freundliche Atmosphäre** erzeugen unter anderem positiv konnotierte Adjektive (z. B.: „warmen“, V. 2) und Farbwörter (z. B.: „rosenroter“, V. 3; „blaue“, V. 6; „goldnen“, V. 8). Für **lautliche Harmonie** sorgen neben den Reimen Wiederholungen von Lauten oder Lautverbindungen wie beispielsweise das „ro“ in „rosenrot“ (V. 3), das „bl“ in der Mitte der Verse 5 und 6 oder auch die Häufung des „l“-Lauts in Vers 12.

Im Zentrum der ersten Gedichthälfte steht die konkrete Wahrnehmung verschiedener Naturelemente, die ein klares, von **Harmonie und Frieden geprägtes Bild** von der Heidelandschaft entstehen lässt. Zur Ausrichtung auf Klarheit passen dabei auch die **parataktische Struktur** der Sätze und die **gleichartige Satzgliedfolge** (Subjekt, Prädikat und dann weitere Satzglieder).

Zweiter Abschnitt (Strophe 3 und 4)

3. Strophe: Der Mensch und die Naturidylle

Der zweite Teil des Gedichts folgt zunächst noch dieser syntaktischen Struktur. Dadurch wird der Eindruck erzeugt, dass die Beschreibung der **Naturidylle fortgeführt** wird. So wie sich Strophe 3 in die syntaktische Struktur der vorigen beiden Strophen fügt, **fügt sich** auch das

Haus in die Landschaft ein („Steht einsam hier“, V. 14). Die Beschreibung des Hauses als „halbverfallen“, „niedrig“, „einsam“ und „sonnbeschienen“ (V. 13 f.) weckt auch **nicht** die Vorstellung, dass der ärmliche Kätner für die Idylle eine **Bedrohung** darstellt. Dementsprechend deuten seine Haltung („lehnt zur Tür hinaus“, V. 15) und sein Verhalten („Behaglich blinzelnd nach den Bienen“, V. 16) auf **Entspanntheit und Ruhe** hin, wobei die auffällige „b“-Alliteration in Vers 16 die harmonische Atmosphäre lautlich noch unterstreicht. Und auch das Schnitzen des Sohnes vor dem Haus wirkt **besinnlich**, zumal die entstehenden Pfeifen andeuten, dass er sich musikalisch betätigen will. Das Leben des Vaters mit seinem Jungen scheint von **Naturnähe** geprägt zu sein. Auch wenn sie die Natur im weitesten Sinne „ausbeuten“ – der Vater nimmt den Bienen den Honig, der Sohn bearbeitet Äste mit dem Schnitzmesser –, wirkt es hier trotzdem so, als ob sie im **Einklang mit der Natur** leben. Nicht einmal der Umstand, dass ein Kätner im sozialen Gefüge eher einen untergeordneten Rang einnimmt (vgl. Anmerkung 1), trübt den Eindruck friedlicher Beschaulichkeit.

4. Strophe: Naturidylle und Zeitgeschichte

Die **vierte Strophe** stellt dann jedoch einen **gewissen Bruch** dar – sowohl in sprachlicher als auch in inhaltlicher Hinsicht. So bringt die veränderte Satzgliedfolge (V. 19 ff.) mit der Inversion des Adverbs „Kaum“ (V. 19) und des Dativ-Objekts „Dem Alten“ (V. 21) Spannung in das bisher so gleichförmige Gedicht. Diese Spannung spiegelt sich inhaltlich darin wider, dass ein von außen kommendes, nicht der Naturidylle zuzuordnendes Geräusch zu hören ist: das Läuten einer Dorfuhr. Auch wenn dieses offenbar sehr leise ist (vgl. „Kaum“, V. 19), so deutet sich darin doch eine **leichte Störung der Idylle durch die Zivilisation** an, für die hier das entfernte Dorf symbolisch steht. Davon zeugt auch die Wortwahl: So haben das Zittern (vgl. V. 19) und der „Schlag“ (V. 20) **negative Konnotation**. Das Augenschließen des alten Kätners könnte man vor diesem Hintergrund als durch den Impuls von außen bewirkte **Abwendung von der Außenwelt** lesen. Dementsprechend geht zum ersten Mal im Gedicht der Blick von den direkten Wahrnehmungen der Außenwelt in die **Innen-**, ja sogar in die **Traumwelt:** „Er träumt von seinen Honigernten.“ (V. 22) Der letzte Doppelvers entfernt sich dann noch mehr von der Perspektive auf die konkrete Umwelt. Nach dem einen Einschnitt signalisierenden Gedankenstrich wird die eher abstrakte Einsicht formuliert, dass die **Idylle von zeitgeschichtlichen Zusammenhängen, von historischen Ereignissen unberührt** bleibt: „– Kein Klang der aufgeregten Zeit / Drang noch in diese Einsamkeit.“ (V. 23 f.) Die durch die Alliteration verstärkte Negation „Kein Klang“ (V. 23) unterstreicht die Unberührtheit der Lebenssituation des Kätners ebenso wie das Adverb „noch“, das hier am ehesten im Sinne von „je“ zu verstehen ist. Mit dem Verb „Drang“ (V. 24) assoziiert man dabei eine gewisse **Aggressivität**.

Unter anderem dadurch erscheint die **Naturidylle** indirekt als etwas **Schützenswertes**.

Gedichttitel

Erst von diesem Gedichtschluss her erschließt sich die volle Bedeutung des Gedichttitels „Abseits“. Er akzentuiert die gerade beschriebene **Distanz zwischen den historischen Veränderungen und der abgelegenen Naturidylle**, in der der Kätner und sein Sohn leben.

Schlussfolgerung

Bezieht man den **historischen Kontext** des Gedichts ein, dann kann man die „aufgeregte[] Zeit“ (V. 23) als Anspielung auf das Revolutionsjahr 1848 lesen. Das Gedicht beschwört als **Gegenpol zu diesen geschichtlichen Entwicklungen** die unberührte Naturlandschaft, mit der der Mensch im Einklang lebt. Daraus eine Positionierung zu den historischen Ereignissen abzulesen, würde zu weit führen, aber man darf das Gedicht durchaus als einen **Appell** lesen, die **Natur** vor Störungen von außen zu **beschützen**.

Vergleich mit Kirschs Gedicht „Im Sommer“

Basisinformationen zum Gedicht

In eine ganz ähnliche Richtung scheint Sarah Kirschs Gedicht „Im Sommer“ zu weisen. Es wurde 1976 veröffentlicht, also zu der Zeit, in der sich die Umweltbewegung zunehmend in der Gesellschaft etablierte.

Gemeinsames Thema

Unterschiedliche Perspektiven

Wie bei Storm steht im Mittelpunkt des Gedichts die **Natur** und das **Verhältnis des Menschen zu dieser**. Und auch hier tritt **kein lyrisches Ich** in Erscheinung, sodass ebenfalls **keine vermittelnde Instanz** fassbar wird. Die **Perspektive** jedoch ist eine andere: Während Storms Gedicht eine **konkrete Szenerie** – eine Heide zur Mittagszeit – gestaltet und aus der Nähe auf diese blickt, wählt Kirsch sowohl in zeitlicher als auch in räumlicher Hinsicht eine **weitere**, **allgemeinere Perspektive**. Davon zeugen abstraktere Formulierungen wie „Dünnbesiedelt das Land“ (V. 1) oder „die Dörfer“ (V. 3), die eine Sicht von oben suggerieren, aber auch die Zeitbegriffe (Titel „Im Sommer“; „August“, V. 6; „September“, V. 7) und das verallgemeinernde Pronomen „man“ (V. 7, 11), dem bei Storm die konkreten Figuren des Kätners und seines Sohnes gegenüberstehen. Während Storm insofern die Beziehung eines **einzelnen Menschen zur Natur** ins Zentrum rückt, scheint Kirsch das Verhältnis des Menschen zur Natur **generalisierender** in den Blick zu nehmen.

Ähnliche syntaktische Gestaltung

Unterschiede in der Form

Die syntaktische Anlage der beiden Gedichte ist dagegen vergleichbar: Sie werden von **Parataxen** dominiert, die den **Beschreibungsgestus** der Gedichte stützen. Während jedoch Storms Text diesen durch die **Regelmäßigkeit** von Metrum, Reim(schema), Satzgliedfolge sowie durch die Doppelversigkeit noch weiter steigert, ist die **Form bei Kirsch heterogener:** Regelmäßig ist hier nur die Anzahl der Verse pro Strophe, auf ein metrisches Schema und auf Reime wird ebenso verzichtet wie auf einen gleichförmigen Bau der Sätze –

dementsprechend finden sich hier eine Ellipse (vgl. V. 1) und viele Inversionen (vgl. z. B. V. 2, 8). Im Kontrast zu Storm, bei dem durch die aufeinanderfolgenden Beschreibungen der Naturelemente ein **geschlossen wirkendes Bild der Heidelandschaft** entsteht, spiegelt diese uneinheitliche Form bei Kirsch die **Heterogenität von Einzelbeobachtungen** wider, die sich nicht recht zu einem konkreten Gesamtbild zusammenfügen wollen.

Ähnliche Atmosphäre

Ähnlich sind sich die beiden Gedichte aber wieder im Hinblick auf die **ruhige Atmosphäre**. Darauf deutet schon die Verwendung des Wortes „Liegen" (V. 3) in Kirschs Text hin, das auch bei Storm (vgl. V. 1) vorkommt, aber auch die Schläfrigkeit der Dörfer (vgl. V. 3). **Storms Naturbild** allerdings wirkt insgesamt **harmonischer und idyllischer**.

Unterschiede im Hinblick auf das Verhältnis des Menschen zur Natur

Das liegt unter anderem daran, dass Kirsch gleich von Beginn an den Menschen mitberücksichtigt und ihn mit abstrakten Begriffen wie „Dünnbesiedelt" (V. 1) bzw. mit einem Hinweis auf die **industrialisierte Landwirtschaft** („Trotz riesigen Feldern und Maschinen", V. 2) einführt. Der Entstehungszeit der Gedichte entsprechend ist die **Nutzbarmachung der Natur bei Kirsch** schon sehr viel **weiter fortgeschritten:** Die Felder sind keine „natürliche" Natur mehr, sondern eine mithilfe von Technik („Maschinen", V. 2) bearbeitete. Zugleich zeugen einige Formulierungen von einem aggressiveren Umgang mit der Natur: Katzen werden mit Steinen beworfen und der „angeblasenen" Jagd wird sicherlich das eine oder andere Tier zum Opfer fallen. Dazu passt auch, dass die – vermutlich noch unbearbeitete – Natur durch die Industrialisierung gefährdet erscheint: Das Adverb „Noch" (V. 8) hat hier nämlich eine andere Bedeutung als in Storms Gedicht, in dem es in ähnlichem Zusammenhang vorkommt – es deutet darauf hin, dass die Wiesen wohl bald nicht mehr „unvergiftet[]" (V. 9) sein werden, dass also die fortschreitende Industrialisierung der Natur – etwa durch den Einsatz von Pestiziden – schaden wird: „Noch […] spaziert der Storch / Durch unvergiftete Wiesen." (V. 8 f.) Bei Kirsch scheint die Natur daher **stärker durch den Menschen gefährdet** zu sein als bei Storm.

Gemeinsamkeit: Kontrast von Geschichte und Leben auf dem Land

Interessanterweise teilen die beiden Gedichte miteinander noch einen weiteren Aspekt, der damit indirekt zusammenhängt. Ähnlich wie Theodor Storm entwickelt auch Sarah Kirsch einen **Gegensatz zwischen Zeitgeschichte und Leben auf dem Land**. Dazu greift sie wie Storm auf eine Negation zurück: „Wenn man hier keine Zeitung hält / Ist die Welt in Ordnung." (V. 11)

Unterschiede im Grad der Gefährdung

Dieser einzige hypotaktische Satz des Gedichts formuliert aber eine Bedingung, unter der die Welt in Ordnung zu sein scheint – wenn man die zeitgeschichtlichen, politischen und gesellschaftlichen Zusammenhänge, für die die Zeitung hier metonymisch steht, ausblendet. Implizit wird damit ausgedrückt, dass die Welt eigentlich nicht in Ordnung ist. Auch dieser Umstand suggeriert im Gedicht „Im Sommer“ eine größere Gefährdung der geschilderten Natur als in Storms Text „Abseits“. Auch farbsymbolisch schlägt sich dieser Unterschied nieder: Storms „rosenrote[m] Schimmer“ (V. 3), der **Zartheit** und **Harmonie** andeutet, steht bei Kirsch das „[f]euerrot[e]“ (V. 15) Leuchten der Felder gegenüber, das **aggressiv** wirkt.

Schluss

Nicht nur die Form von Kirschs Gedicht bezeugt daher dessen **Modernität** im Vergleich zu Storms Text. Es spiegelt auch einen späteren Zeitpunkt in der Geschichte wider: Die landwirtschaftliche Nutzbarmachung der Natur war in den 1970er-Jahren sehr viel weiter fortgeschritten als noch 120 Jahre zuvor. Die **Natur** wirkt in Kirschs Gedicht daher **gefährdeter** als bei Storm, es mahnt – mehr als der Text „Abseits“ – einen **schonenden Umgang mit der Natur** an.

Thema:
Familiengeschichten der Gegenwartsliteratur, ausgehend von Hans-Ulrich Treichel, *Der Verlorene*

Arbeitsgrundlage:
Zsuzsa Bánk (*1965): *Die hellen Tage* (2012)

Aufgaben:
1. Interpretieren Sie den vorliegenden Ausschnitt aus Zsuzsa Bánks Roman „Die hellen Tage“. (70 %)
2. Vergleichen Sie den Romanausschnitt und Hans-Ulrich Treichels Erzählung „Der Verlorene“ in Bezug auf den Umgang der Figuren mit den Verlusterfahrungen. (30 %)

Erlaubte Hilfsmittel:
- Rechtschreibwörterbuch
- unkommentierte Textausgabe: Hans-Ulrich Treichel, *Der Verlorene*

Zsuzsa Bánk, Die hellen Tage (2012)

Die Erzählerin Seri blickt zurück auf die gemeinsame Kindheit mit Aja und Karl, während der die Freunde viele Tage bei Évi, Ajas Pflegemutter, verbracht haben.

Nachdem sie [Karls Mutter] die Wunde, nachdem sie den Verband gesehen hatte, Karls Hände, die sich unablässig bewegten, auch in den Nächten darauf, änderte sich ihr Blick auf Ben [Karls Bruder], auf die blasse Farbe seines Gesichts, das Kreuz auf seiner Brust, wenn er badete, auf seine fahrigen, hastigen Bewegungen, wenn er einem Ball hinterherlief[1]. Wenn sie auf Bens Füße schaute, konnte sie nicht aufhören zu denken, sie, nicht Karls Füße hatten sich im Kabel verfangen und das Eisen herabgerissen, und vielleicht war es deshalb, dass Ben später zu seinem Vater zog, zu der Zeit, als Karls Mutter anfing, Karl fotografieren zu lassen, die Stelle überschminken, das Licht einrichten und Karls Kopf so drehen zu lassen, dass man nicht mehr als einen Schatten sehen konnte, einen Fleck am Haaransatz, der nur noch denen auffiel, die davon wussten. Es war nichts auf seiner Haut, es störte niemanden, wenn sie sich hinter seiner Wange in tausend Wellen legte, und jedes Bild von sich, das Karl in einem Schaufenster sehen konnte, in einem Katalog, in einer Zeitung, sollte ihm helfen zu glauben, es mache nichts, dass seine Mutter ihn und Ben sich selbst überlassen hatte, in einem

Haus voller Zimmer, mit einem Bügeleisen, das sie hatte stehen lassen und das Karls Haut in einer einzigen Sekunde verbrannt hatte.

Jahre später, als wir schon selbst Fotos von uns schossen, zeigte Karl uns Bilder aus dieser Zeit, die in einem Schuhkarton unter seinem Bett lagen und von denen uns nur eines gefiel. Karl lag neben einer Reihe Steckdosen unter einem großen Fenster, dessen schwarze Sprossen den Hof zerteilten, die Mauern unter Efeu, Fahrräder und zwei Akazien, die anfingen auszuschlagen. Er lag in einem Haufen schwarzer Kabel, er war eingeschlafen, die Arme von sich gestreckt, die Knie angezogen. Karl war nur am Rand der Aufnahme zu sehen, die unter Lichtern und Schirmen ein anderes Kind zeigte, dessen Haar gekämmt und dessen Kleider abgebürstet wurden. Mir gefiel dieses Bild sofort, schon weil es etwas von Karl zeigte, das nicht jeder bemerkte – dass er sich nie stören ließ von dem, was ihn umgab, wie laut und aufdringlich es auch sein mochte. Karl erzählte, das Bild sei später wenigstens hundertmal so groß in einer Ausstellung aufgetaucht, die nichts mit Kleidern oder Schuhen zu tun gehabt habe und zu deren Eröffnung Karls Mutter eine Einladung erreicht habe, auf der nicht mehr gestanden hatte als: Vielleicht hätten Sie Lust, Ihr schönes Kind einmal anders zu sehen.

Heute glaube ich, Karl hat angefangen zu fotografieren, weil er den Blick für das, was andere für wesentlich hielten, nie teilen konnte, weil er ihn auf etwas Anderes lenken wollte, auf etwas, das sich am Rand abspielte, und weil er keinen anderen Beruf fand, in dem zwei Sekunden entscheiden können. Als man schon mehr wusste über seinen Bruder und sein Verschwinden, als man sicher war, dass er mitten in Kirchblüt an einem hellblauen Nachmittag in einen Wagen gestiegen war, dass jemand die Tür zugezogen hatte und losgefahren war, und all das nicht länger als zwei Sekunden gedauert hatte, wurden zwei Sekunden zur Zeiteinheit, die Karl nicht mehr los- und seine Mutter nicht mehr zur Ruhe kommen ließ, die Zeiteinheit, in der beide fortan dachten, in der sie dem Sekundenzeiger mit ihren Blicken folgten, in der sie zählten und rechneten, mit der sie ihre Stunden, Tage und Jahre einteilten. Obwohl Karls Mutter ohne Uhr am Handgelenk ging und die wirkliche Zeit sie nicht kümmerte, musste diese Zählung in ihren Gedanken ohne Unterbrechung, dieser Takt ohne Unterlass mitlaufen. Zwei Sekunden, nicht länger als das Klack-Klack in Karls Kopf, zwei Sekunden, die ausreichten, in einen Wagen zu klettern und die Tür zu schließen, zwei Sekunden, die ausreichten, eine Aufnahme zu machen, einen Auslöser zu drücken und loszulassen. Zwei Sekunden, die Karls Mutter abzählte und neu zählte und dabei jedes Mal versuchte, sie in die Länge zu ziehen, sie zu dehnen und dann anders, ganz anders ausgehen zu lassen, sie gut ausgehen zu lassen, als könne sie Ben noch sehen und ihm zuwinken, als könne sie noch loslaufen und ihn abhalten davon, in ein Auto zu steigen und mitzufahren.

Wenn sie jetzt kam, um Karl abzuholen, ließ Évi ihr Zeit, in die Küche zu gehen und das Kästchen vom Regal zu nehmen, und weil Karls Mutter vor uns nicht zugeben wollte, dass sie Murmeln über Évis Tisch rollen ließ und auf das Geräusch hörte, das sie dabei machten, tat sie, als brauche sie nur ein Glas Wasser, als habe sie etwas liegenlassen und suche in Évis Küche alles, nur kein zitronengelbes Kästchen aus Blech, in dem früher kleine Tafeln Schokolade gelegen hatten, die Karl und sein Bruder aus bunten, glänzenden Papieren gewickelt und auf ihre Zungen gelegt hatten. Wir alle taten so, obwohl wir das leise Klacken hörten, wenn wir am Fenster vorbeiliefen und unseren Blick senkten, damit wir Karls Mutter nicht störten, wenn sie an Évis Tisch Kreise aus grünen und blauen Glasmurmeln legte. Seit sie wusste, dass Évi ein Kästchen für Ben aufbewahrte, schien sie Karl lieber bei ihr zu lassen, als ließe sie etwas glauben, Karl könne seinem Bruder nirgendwo näher sein als hier, näher jedenfalls als in ihrem eigenen Haus, in dem die Dunkelheit in jedes Zimmer gekrochen war, und näher als im Haus seines Vaters, an dem sich die Rosen hoch zum Dach rankten und anfingen, Stein um Stein zuzudecken. Vielleicht lag es an Évis Garten, auf den ein helleres Licht fiel als auf andere Gärten, vielleicht an Évis Stimme, an diesem Summen, das Évi umgab, wenn sie über Blüten strich, wenn sie ein Glas mit Wasser aus dem Hahn füllte und auf den Tisch stellte, neben eines ihrer Taschentücher mit den Stickrosen, wenn sie wusste, dass Karls Mutter kommen würde, sie würde im Haus verschwinden und unter dem schiefen Fenster, vor der Spüle mit schmutzigem Geschirr sitzen, ein Kästchen aus Blech in den Händen halten und die Murmeln darin anschauen, während Évi schon das Herbstlaub zusammenkehrte und bald die ersten Eiszapfen von der Regenrinne schlagen würde.

Bis zum Neujahrstag blieb es so, als Aja und ich Reste von Blei aus einer Schüssel fischten und Karls Mutter mitten im dichten Schneetreiben, das sie in ihrem eisblauen Mantel zerschnitt, ein rotes Päckchen mit weißer Schleife brachte, darin acht hohe Gläser aus Kristall, die Évi im Schrank über der Spüle verschwinden ließ, aber jede Woche herausnahm, um sie mit einem weichen Tuch abzuwischen und vor dem Fenster gegen das Licht zu halten. *(1 061 Wörter)*

*Aus: Zsuzsa Bánk (*1965): Die hellen Tage, Frankfurt/Main 2012, S. 118–122.*

Anmerkung:

1 Karls Bruder Ben kam krank auf die Welt, mit dem Kreuz auf der Brust sind Narben einer schweren OP unmittelbar nach der Geburt gemeint.

Hinweise und Tipps

__Teilaufgabe 1__ fordert von Ihnen die __Interpretation__ eines Textes, der Ihnen unbekannt sein dürfte. Es handelt sich um einen Auszug aus Zsuzsa Bánks Roman „Die hellen Tage" von 2012. Er stellt insofern eine Herausforderung dar, als es sich um keine geschlossene Einheit, z. B. ein Kapitel oder Ähnliches handelt, sondern um einige Seiten des Romans, die ganz unvermittelt beginnen und auf die vorausgegangene, dem Leser unbekannte Handlung verweisen. Beim Interpretieren sind Sie deshalb zum Teil auf Vermutungen angewiesen bzw. müssen Leerstellen zulassen, die sich aus dem Auszug nicht erklären lassen. Scheuen Sie sich nicht, diese Leerstellen offen anzusprechen.
Wie bei allen Interpretationsaufgaben besteht der erste Schritt in einer __genauen Textlektüre__. Machen Sie sich dabei u. a. zu folgenden Erschließungsfragen Notizen:

- *Welche __Themen__ werden angesprochen?*
- *Wie ist der Text __aufgebaut__? Ist eine äußere Gliederung erkennbar, z. B. Abschnitte?*
- *Wie lässt sich die __Handlung__, das __Geschehen zusammenfassen__?*
- *Welche __Figuren__ treten auf und in welcher Beziehung stehen sie zueinander?*
- *Wie werden die Figuren __charakterisiert__?*
- *Welche Figur wollen Sie als Hauptfigur (Protagonist/Protagonistin) betrachten?*
- *__Wer erzählt?__ Wie wird erzählt (Perspektive, Haltung)?*
- *Wie ist der Text __sprachlich__ gestaltet (z. B. Syntax, Tempus, Modus, Erzählbericht oder szenisches Erzählen, Wortwahl, Symbole und Bilder)?*
- *Worauf deutet der __Titel__ des Romans hin?*

Aus der Beantwortung dieser Fragen ergibt sich eine __erste Deutungshypothese__. Beziehen Sie dabei auch die Aufgabenstellung der zweiten Arbeitsanweisung mit ein: Welche __Verlusterfahrungen__ machen die Figuren im Textauszug? Welche Figuren sind betroffen? Wie __gehen__ sie mit ihren __Erfahrungen um__?

__Teilaufgabe 2__ verlangt von Ihnen einen __Vergleich__ des Auszugs mit der __Erzählung „Der Verlorene"__ von Hans-Ulrich Treichel. Als Vorbereitung können Sie beispielsweise eine __Tabelle__ anlegen, in der Sie vermerken, welche Gemeinsamkeiten und Unterschiede die Texte im Hinblick auf den geforderten Vergleichsaspekt – den Umgang mit den Verlusterfahrungen – aufweisen. Vergegenwärtigen Sie sich dazu die hierfür relevanten Handlungselemente der Erzählung.
__Führen__ Sie in Ihrem Aufsatz dann zunächst knapp __in Treichels Erzählung ein__, aber vermeiden Sie eine ausführliche Nacherzählung oder Inhaltsangabe. Anschließend __setzen__ Sie __die Erzählung__ auf der Grundlage Ihrer Vorarbeit __zu dem Romanausschnitt in Beziehung__. Nutzen Sie die Möglichkeit, zentrale Erkenntnisse durch Zitate aus der Ihnen vorliegenden Ausgabe der Erzählung abzusichern.

Verfassen Sie vor der Ausarbeitung Ihres Aufsatzes einen Schreibplan und formulieren Sie Gliederungspunkte für Einleitung, Hauptteil und Schluss. Beachten Sie dabei, dass die erste Teilaufgabe zu 70 %, die zweite zu 30 % in die Gesamtwertung einfließt. Die Textanalyse bildet insofern den Schwerpunkt der Aufgabe.

Lösungsvorschlag

Der vorliegende Text ist ein Auszug aus Zsuzsa Bánks Roman „Die hellen Tage“ (2012), in dem die Erzählerin Seri auf die **gemeinsame Kindheit mit Karl und Aja** zurückblickt. Die Passage hinterlässt die Lesenden zunächst etwas ratlos und wirft viele Fragen auf, die sich auf den Plot des Romans beziehen: Wer ist die Erzählerin Seri? Von welchem Zeitpunkt aus erzählt sie die Geschichte? Was ist mit Ajas „richtiger“ Mutter und mit ihrem Vater? Wie verarbeitet es der Vater, wie Karl, dass Ben verschwunden ist? Taucht er irgendwann wieder auf? Auch die literarische Gestaltung des Textes erscheint ohne Wissen über den Kontext geheimnisvoll und verschlüsselt. So fragt man sich zum Beispiel, was es mit dem „Klack-Klack in Karls Kopf“ (Z. 44) auf sich hat und welche Bedeutung dem Motiv der Glasmurmeln zukommt (vgl. Z. 60 f.).

Einleitung

Grundlegende Informationen zum Textauszug und zum ersten Leseeindruck

Der Auszug ist in **fünf Abschnitte** gegliedert. Der erste (Z. 1–16) beginnt mit dem Verweis auf ein vorausgehendes Ereignis („nachdem“, Z. 1). Erst allmählich erschließen sich dem Leser die **inhaltlichen Zusammenhänge**. Karl, der Freund von Aja und Seri, hat sich eine Wunde zugezogen, als seine Mutter ihre beiden noch jungen Söhne allein gelassen hat. Dabei haben sich die Buben im Kabel eines Bügeleisens verfangen, das sie hatte stehen lassen und das dann vom Bügelbrett auf Karls Kopf gefallen ist und ihm **schwere Verbrennungen** zugefügt hat. Der Anblick des verletzten Kindes, seines Verbands, seiner „Hände, die sich unablässig bewegten, auch in den Nächten darauf“ (Z. 2), **verändert das Verhältnis der Mutter zu ihren beiden Söhnen**. Den jüngeren Ben, ein Sorgenkind, das gleich nach der Geburt eine schwere Operation überstehen musste (vgl. „das Kreuz auf seiner Brust“, Z. 3 f.), sieht sie nun mit einem anderen Blick, sie kann sich nicht von der Vorstellung lösen, dass er sich im Kabel verfangen hat. Ob sie ihn für den Verursacher des Unfalls hält oder sich ausmalt, er selbst wäre verletzt worden, bleibt offen. Als sie beginnt, Karl fotografieren zu lassen, **zieht Ben zu seinem Vater**, der offensichtlich getrennt von seiner Familie lebt. Auf den professionell ausgeleuchteten Bildern des geschminkten Kindes, die in Schaufenstern, Katalogen und Zeitungen zu sehen sind, ist nichts von seinen Versehrungen zu sehen. Die Mutter hofft, dass Karl selbst darüber die **Ursache des Unfalls** und **ihre Schuld daran vergisst** (vgl. Z. 13 ff.). Die Erzählerin Seri gewährt hier **Einblicke in das mütterliche Innenleben**, die sie aus ihrer Perspektive eigentlich nicht haben kann. Aber sie reflektiert deren Verhalten nicht weiter und versucht auch nicht, es psychologisch zu erklären. Untergründig wird hier allerdings der Eindruck vermittelt, dass Ben deswegen zum Vater zieht, weil sich das **Verhältnis der Mutter** zu ihm nach

Interpretation

Linearer Durchgang durch die Abschnitte mit Blick auf den Inhalt

Erster Abschnitt: Der Unfall Karls und seine Folgen

dem Unfall **verschlechtert** hat – vielleicht auch, weil sie ihre **mütterliche Sorge** vor allem **auf den Bruder Karl** richtete, dessen Versehrungen sie mit den inszenierten Fotos wenn nicht ungeschehen, so zumindest **ungesehen** machen will.

Zweiter Abschnitt: Ein besonderes Foto Karls

Das **Motiv des Fotografierens** durchzieht auch den **zweiten** (Z. 17–30) und **dritten Textabschnitt** (Z. 31–51). Mit einem **Zeitsprung** gewinnt die Erzählerin **Distanz** zu dem schrecklichen Unfall, der das Leben von Karls und Bens Familie offenbar nachhaltig verändert hat. „Jahre später […] zeigte Karl uns Bilder aus dieser Zeit" (Z. 17 f.), so berichtet sie. Nur eines davon habe ihr und ihrer Freundin Aja gefallen. Karl ist darauf **nicht** in seiner damals **üblichen Rolle als Fotomodell** für Kleider und Schuhe zu sehen, sondern schlafend, während gerade eigentlich ein anderes Kind fotografiert wird. Für die Erzählerin zeigt dieses Bild Karls oft übersehene **Fähigkeit**, sich von seiner Umgebung **nicht stören zu lassen**, „wie laut und aufdringlich" (Z. 26) sie auch sein mochte. Auch Karls Mutter war diese Fähigkeit wohl nicht bewusst, was sich aus dem Einladungstext zu einer Ausstellung erschließen lässt, auf der eine stark vergrößerte Reproduktion dieses Fotos zu sehen war: „Vielleicht hätten Sie Lust, Ihr schönes Kind einmal anders zu sehen." (Z. 30) Diese **Einladung zum Blickwechsel** wird von der Erzählerin ohne jeden Kommentar zitiert. Wiederum werden hier die Lesenden zu einer Deutung angeregt: Die inszenierten Fotografien, mit denen die Mutter ihre Schuld an Karls Verbrennungen unsichtbar machen will, vermögen offenbar eine ganz **zentrale Fähigkeit** des Sohnes **nicht abzubilden:** Gerade in dem Moment, in dem Karl nicht das fotografierte „Objekt" ist, scheint sich sein Ich klarer zu zeigen. Unterschwellig **stellt** diese Textstelle daher **den Blick der Mutter auf ihren Sohn infrage**.

Dritter Abschnitt: Verlust Bens als Schicksalsschlag

Dass Karl selbst „den Blick […] auf etwas Anderes lenken wollte, auf etwas, das sich am Rand abspielte", hält Seri „[h]eute" (Z. 31 ff.), also in der Erzählgegenwart, für ein wichtiges **Motiv seiner Berufswahl** als Fotograf – neben der Tatsache, dass beim Fotografieren „zwei Sekunden" (Z. 34) über alles entscheiden können. Denn Karls Familie hat damals, in den Kindheitstagen, einen schweren **Schicksalsschlag** erlitten, der alles von einem Moment zum anderen verändert hat. **Ben**, der jüngere Bruder, ist „mitten in Kirchblüt an einem hellblauen Nachmittag in einen Wagen gestiegen" (Z. 35 f.) und mit „jemand[em]" (Z. 36) fortgefahren. In nicht mehr als zwei Sekunden ist er **für immer verschwunden**. Eindringlich beschreibt die Erzählerin in einer Reihe von Attributsätzen (vgl. die sieben Wiederholungen von „[z]wei Sekunden" in Z. 34, 37, 38, 44, 45, 47), wie „zwei Sekunden zur Zeiteinheit [werden], die Karl nicht mehr los- und seine Mutter nicht mehr zur Ruhe kommen ließ, die Zeiteinheit, in der beide fortan dachten, […] in der sie zählten und rechneten, mit der sie ihre Stunden, Tage und Jahre einteilten." (Z. 38–41) Diese **Fixierung** auf die **vergangenen „zwei Sekunden"** bleibt zwar unkommentiert. Für die Leserinnen und Leser unterstreicht diese Darstellung aber die **nachhaltige und tiefgreifende Beeinflussung** des Lebens durch den Verlust.

Vierter Abschnitt: Verhalten der Mutter nach dem Verlust Bens

Beim **erneuten Rückblick in die Kindheit** der drei Freunde (vgl. Abschnitt 4, Z. 52–74) wird deutlich, dass das **Verhaftetsein** der Mutter **in der Vergangenheit** das **Weiterleben in der Gegenwart** stark **beeinträchtigt:** Jedes Mal, wenn Karl von seiner Mutter bei Aja und ihrer Pflegemutter Évi vom Spielen abgeholt wird, läuft ein **merkwürdiges Ritual** ab: Unter einem Vorwand geht sie in die Küche, wo sie sich ein „zitronengelbes Kästchen aus Blech" (Z. 56) holt, in dem früher Schokolade für Karl und Ben gelegen hat und in dem sich nun Glasmurmeln befinden, mit denen sie spielt. Vorsichtig (vgl. das Verb „schien" und den Konjunktiv) versucht die Erzählerin, dieses seltsame Verhalten als **Bewältigungsstrategie** der Mutter zu **deuten:** „Seit sie wusste, dass Évi ein Kästchen für Ben aufbewahrte, *schien* sie Karl lieber bei ihr zu lassen, als *ließe* sie etwas glauben, Karl *könne* seinem Bruder nirgendwo näher sein als hier, näher jedenfalls als in ihrem eigenen Haus, in dem die Dunkelheit in jedes Zimmer gekrochen war […]." (Z. 61 ff.) Die hellen Tage, von denen der Romantitel spricht, sind im Haus der Mutter ausgelöscht. Auf Évis Garten aber fällt „ein helleres Licht […] als auf andere Gärten" (Z. 67), ihre Stimme, ihre Alltagsgesten, ihre Zurückhaltung und Diskretion, ihr Glaube an Bens Rückkehr (sie bewahrt das Kästchen für Ben auf, vgl. Z. 61 f.) lassen die Mutter offenbar ein wenig Trost erfahren.

Von **Évi** erfährt man in dem Romanausschnitt **nur wenig**. Sie wird als **gastfreundliche Frau** beschrieben, die im Einklang mit der Natur lebt, Taschentücher bestickt, Garten- und Hausarbeit verrichtet und ihre Pflegetochter Aja versorgt. Aber es entsteht dennoch das Bild einer **empathischen Person**, die auch ohne Worte Mitgefühl zeigt.

Fünfter Abschnitt: Weiterleben der Mutter?

So könnten die acht Kristallgläser, die Karls Mutter Évi am Neujahrstag schenkt (vgl. Abschnitt 5, Z. 75–80), als Zeichen ihrer Dankbarkeit gedeutet werden. Évi nimmt das Geschenk zwar an, aber sie lässt die Gläser „im Schrank über der Spüle verschwinden" (Z. 78) und holt sie nur heraus, um sie jede Woche zu putzen und „gegen das Licht zu halten" (Z. 80), vielleicht um die Erinnerung an die „hellen Tage" wachzuhalten.

Sprachliche und erzählerische Gestaltung

Auch wenn man den Roman nicht kennt, wird deutlich, dass sich die Ich-Erzählerin, die in diesem Auszug nicht im Mittelpunkt des

Erzählten steht, mit den **Themen Schuld, Verlust und Trennung** auseinandersetzt und durch Schreiben die Erlebnisse ihrer Kindheit zu **verarbeiten** sucht. Behutsam, unter Verwendung des Konjunktivs (vgl. Z. 14, 49, 50, 55, 62, 70, 74), der Verben „scheinen" (Z. 62) und „glauben" (Z. 13, 31, 63) und des Adverbs „vielleicht" (vgl. Z. 7, 66, 67), tastet sie sich an die Vergangenheit heran. Sie schildert die Personen und Ereignisse in langen hypo- und parataktischen Sätzen, mit variierenden Reihungen und Wiederholungen, z. B. bei den Erläuterungen zur Bedeutung der „zwei Sekunden" für das Leben nach Bens Verschwinden (vgl. z. B. Z. 44–51). In der Sprache der Erzählerin spiegelt sich wider, wie schwer sich die vielschichtigen Erinnerungen ordnen lassen. Sie springt dabei zwischen den Zeitebenen hin und her und folgt insofern weniger der Chronologie, sondern mehr den eigenen Assoziationen. **Dialoge** kommen in dem Romanauszug **nicht** vor. Überhaupt fällt auf, dass zwischen den Figuren **wenig verbale Kommunikation** stattfindet. Sowohl Karls Mutter als auch Évi, Ajas Pflegemutter, teilen sich ihrer Umwelt eher indirekt mit. Auch die Kinder Karl, Aja und Seri stellen keine Fragen, sondern senken den Blick (vgl. Z. 60), um das seltsame Murmelspiel der Mutter nicht zu stören. Das deutet darauf hin, dass **Bens Verschwinden** mit einem **Tabu** belegt wird, über das nicht geredet werden kann, und dass **nicht versucht** wird, die Ereignisse **kommunikativ** und **aktiv zu verarbeiten**.

Vergleich mit Treichels Erzählung

Vorstellen des Vergleichstextes

Auch in Hans-Ulrich Treichels autobiografisch inspirierter Erzählung „Der Verlorene" von 1998 geht es um eine **Mutter**, die den **Verlust eines Kindes nicht verwinden** kann. Die Handlung der Familiengeschichte spielt nach dem Zweiten Weltkrieg in Westdeutschland, in der Zeit des Wirtschaftswunders. Der **Ich-Erzähler** ist der Protagonist des Werks: Er ist der jüngere, nach dem Krieg in Westdeutschland geborene Sohn der Familie. Der andere Sohn der Familie, Arnold, ist während des Krieges **auf der Flucht aus dem Osten „verlorengegangen"**.

Knappe Darstellung der Erzählung

Dominiert wird das Familienleben von diesem **eigentlich abwesenden Sohn**. Ein einziges Foto des Kindes, das einen prominenten Platz im Fotoalbum einnimmt, wird wieder und wieder unter Tränen von der Mutter betrachtet, während sie für die vielen winzigen Bilder des namenlos bleibenden Ich-Erzählers kaum Interesse zeigt. In den ersten Jahren seiner Kindheit beunruhigt der verschollene Bruder den Ich-Erzähler kaum, eines Tages jedoch gesteht die Mutter, dass Arnold **nicht den Hungertod gestorben**, sondern **verloren gegangen** sei – und zwar durch ihre **Schuld**, denn auf der Flucht vor „dem Russen" habe sie ihr Kind einer fremden Frau in die Arme gelegt, aus Angst, zusammen mit dem Kind von den Soldaten getötet zu werden. Seither gibt es keine Nachricht von Arnold. Während der

Vater sich in wirtschaftliche Aktivitäten als Fleischgroßhändler stürzt, das Haus modernisiert und immer größere Autos anschafft, wird die Mutter von ihren **Schuldgefühlen** in die **Depression** getrieben. Neue Hoffnung keimt auf, als der **Suchdienst** des Roten Kreuzes das **Findelkind 2307** auftut und die Eltern erbbiologische Gutachten durchführen lassen, um Arnolds Identität zu klären. Für den Ich-Erzähler wird immer deutlicher, dass „der untote Bruder die Hauptrolle in der Familie spielte" (S. 17), er entwickelt zunehmend **Eifersucht und Neid** und reagiert mit **psychosomatischen Beschwerden**, z. B. Übelkeit beim Autofahren und neuralgischen Gesichtsschmerzen, auf die potenziell bedrohliche Existenz des Bruders. Erst im Rückblick begreift er, dass er „in einer von Schuld und Scham vergifteten Atmosphäre aufgewachsen" (S. 17) ist.

Die Mutter leidet nicht nur unter dem Verlust ihres Erstgeborenen, sondern ist auch von einer Vergewaltigung auf der Flucht **traumatisiert**. Aber sie kann weder über die Ereignisse noch über ihre Gefühle sprechen. Wie beim Ich-Erzähler **reagiert nur ihr Körper**, z. B. mit Tränenausbrüchen, unkontrolliertem Zittern des Kopfes und indem sie den Ich-Erzähler fast gewaltsam an sich drückt (vgl. S. 70, 73). Trotz der nahezu nullprozentigen Wahrscheinlichkeit, dass es sich beim Findelkind 2307 um Arnold handelt, **gibt die Mutter auch nach dem Herztod des Vaters nicht auf** und bemüht sich sogar um eine Adoption. Die Erzählung endet mit einer kurzen **Begegnung** mit dem inzwischen von anderen Eltern adoptierten und Heinrich genannten **Findelkind**, bei dem der Erzähler eine frappierende Ähnlichkeit mit sich selbst feststellt, die die Mutter jedoch offenbar nicht wahrhaben will.

Vergleich im Hinblick auf Umgang mit Verlusterfahrung

In beiden Texten **prägt der Verlust eines Kindes das Leben der ganzen Familie** nachhaltig. In Treichels Erzählung kann vor allem die Mutter nicht verwinden, dass ihr erstgeborenes Kind durch ihre Schuld auf der Flucht verloren gegangen ist. Sie unternimmt alles, um Arnold wiederzufinden, fällt schließlich in **Depression** und Lethargie – und vernachlässigt ihren zweiten Sohn. Auch Bens Mutter scheint mit **depressiven Verhaltensweisen** auf sein plötzliches, nicht von ihr **verschuldetes Verschwinden** zu reagieren. Sie zieht sich von ihrer Umwelt zurück (vgl. das Ritual des Murmelspiels) und in ihrem Haus herrscht **Dunkelheit** in jedem Zimmer (vgl. Z. 64). Aber sie sorgt weiterhin für Karl und versucht ihm **über den Verlust des Bruders hinwegzuhelfen**, indem sie ihn lieber als früher bei Évi lässt, weil er hier dem Bruder näher sein könne (vgl. Z. 62 f.), wie die Erzählerin vermutet. Umgekehrt verhält auch Karl sich **rücksichtsvoll** gegenüber seiner Mutter und ihrer Trauer. Der Textauszug deutet darauf hin, dass beide in der Freundschaft mit Seri, Aja und Évi **Unterstützung** finden.

Ganz anders ist die Situation in der Erzählung „Der Verlorene“. Im Unterschied zu Karl, der mit Ben aufgewachsen ist, hat der Ich-Erzähler den verlorenen Bruder gar nicht gekannt, er wächst als Einzelkind auf. Umso mehr **leidet** er darunter, dass die Eltern den **abwesenden Arnold in den Mittelpunkt der Familie stellen**. Schließlich entwickelt er ihm gegenüber **Eifersucht und Neid**. Auch zu den Eltern, die über ihre schmerzlichen Erinnerungen nicht sprechen können, vermag er **keine vertrauensvolle Beziehung** aufzubauen, der Mutter kann er in ihrer Trauer nicht beistehen. So bleibt er, wie seine Eltern, sprachlos und einsam in seinem Unglück, das er erst später durch Schreiben verarbeiten kann.

In beiden Werken spielt das Fotografieren eine wichtige Rolle: Für Arnolds Mutter ist das einzige Foto des verlorenen Kindes ein **wichtiges Erinnerungsmedium**, die vom jüngeren Kind aufgenommenen Fotos dienen allein dem Zweck, den verschollenen Bruder wiederzufinden und zu identifizieren. Die Mutter von Karl und Ben versucht durch inszenierte Fotos dagegen, ihre **Schuld an Karls Unfall** und seinen **Versehrungen zu kaschieren**. Als **Medium der Erinnerung** dient ihr das **Kästchen mit den Murmeln**, das Évi für Ben aufbewahrt, womit implizit die Hoffnung verbunden zu sein scheint, ihr verlorener Sohn könne wieder auftauchen.

Die Vorstellung, den Verlust **wiedergutzumachen** oder gar **rückgängig zu machen**, spielt dabei in beiden Texten eine Rolle – allerdings in ganz unterschiedlicher Weise. Bei Bens Mutter bleibt sie **reine Fantasie:** Sie versucht in ihrem Kopf die zwei Sekunden, in denen Ben verschwunden ist, „gut ausgehen zu lassen“ (Z. 49). Arnolds Mutter dagegen setzt ihre gesamte Energie daran, den **Verlust in der Realität rückgängig zu machen**, indem sie die Suche nach ihrem Sohn auf fast schon exzessive Weise betreibt.

Schluss

Zsuzsa Bánk und Hans-Ulrich Treichel erzählen von **Familien**, die vom **Verlust eines Kindes nachhaltig geprägt** sind, jedoch unterschiedlich damit umgehen. Die Mutter in Treichels Erzählung wird von ihren **Schuldgefühlen** gegenüber dem „verlorenen“ Arnold und vom Trauma einer Vergewaltigung verfolgt. Ob sie sich jemals von der **Vergangenheit lösen** und etwas Neues beginnen kann, bleibt angesichts des Schlusses der Erzählung aber **fraglich**. Im Auszug aus Bánks Roman „Die hellen Tage“ deutet sich hingegen an, dass die Mutter in der **Verarbeitung ihrer Trauer** weiterkommt. Das heimliche **Erinnerungsritual** mit den Glasmurmeln **findet ein Ende** und das sorgfältig verpackte Geschenk der „acht hohe[n] Gläser aus Kristall“ (Z. 77 f.) am Neujahrstag kann als Hinweis gedeutet werden, dass sie sich nun der **Zukunft zuwenden** kann.

Kernfach Deutsch (Schleswig-Holstein) – Abiturprüfung 2021
Aufgabe 4: Analyse eines pragmatischen Textes

Thema:
Sprache, Medien, Lesen und Literatur

Arbeitsgrundlage:
Margarete Stokowski: *Hamse jedient im Genderkrieg?* (2016)

Aufgaben:
1. Analysieren Sie die Kolumne „Hamse jedient im Genderkrieg?“ von Margarete Stokowski. (70 %)
2. Nehmen Sie begründet Stellung zur Forderung Stokowskis. (30 %)

Erlaubte Hilfsmittel:
– Rechtschreibwörterbuch

„Hamse jedient im Genderkrieg?“ (2016)

Eine Kolumne von Margarete Stokowski

Eine Schlacht tobt zwischen den Geschlechtern. Meinen zumindest einige Medien. Geht es auch ein paar Nummern kleiner? Es muss dringend verbal abgerüstet werden.

In letzter Zeit habe ich viel zu oft komische Konstruktionen gelesen wie „Gender-Kampf“, „Feministinnen-Krieg“ und „Krieg der Geschlechter“. „Zeit Online“ hat ein extra Schlagwort dafür, ernsthaft, „Geschlechterkampf“, süddeutsche.de auch. It's a thing.

Der Radiosender Ostseewelle spielt allmorgendlich die „Schlacht der Geschlechter“. Okay, das entbehrt nicht einer gewissen Niedlichkeit, aber ich muss auch sagen: Was zur Hölle? In einem Medium für junge Menschen habe ich gelesen, „Feminist sein, das fühlt sich eben nach Frontlinie an“ und „auf den Barrikaden“. Sagt mal: Frontlinie, Barrikaden, Krieg – habt ihr alle zu viel „Star Wars“ geguckt?

Echt, wenn es einen Gender-Kampf oder Geschlechterkrieg gäbe, ich glaube, ich wüsste davon. Ich werde militant genannt, Feminazi, extremistisch und radikal, aber ich lebe nicht im Krieg. Ist es so weit gekommen, dass ich irgendwem erklären muss, was Krieg ist? Krieg ist, wenn ich meine Katze essen muss. Zum Beispiel. Muss ich aber nicht. Es ist Sommer, Leute posten wieder ihre Füße auf Facebook, und die Füße sind an den Beinen noch dran und das Einzige, was im Supermarkt manchmal fehlt, sind bestimmte Sorten von Kaltgetränken, die wir vor fünf Jahren noch nicht mal kannten. Wir haben außer der Katze, die wir nicht essen müssen, noch einen Hund, der uns vor nichts beschützen muss. Meine Beziehung wird nicht daran scheitern, dass jemand an die Front muss, ich habe Großeltern, die mich zum Essen einladen, und meine Oma erzählt dann, wie sie zur Erstkommunion ein gekochtes Ei bekommen hat. Ein Ei. Ich habe sechs Eier im Kühlschrank und Hunderte auf Twitter[1], und ich brauche sie alle nicht zu essen, wenn ich nicht will, weil kein verdammter Krieg ist.

Wir reden so viel über Hetze gerade, über Stimmungsmache und Populismus und wie Leute gegeneinander aufgestachelt werden, indem zu viel Scheiße geredet wird. Ich will niemandem Hetze vorwerfen, der mal ein unpassendes Wort gebraucht hat, aber wie sollen wir wie gechillte Menschen miteinander reden, wenn wir mit lauter Großvokabeln um uns schmeißen, die eigentlich Ausnahmezuständen vorbehalten sind? Shitstorm hier, Krieg da.

Offen gestanden habe ich keine Ahnung, wer diese Leute sind, die vom Krieg der Geschlechter reden und wie sie drauf sind. Wer seid ihr? Ist das Ironie? Magnesiummangel? Sekundenschlaf? Oder meint ihr das ernst? Wenn euch in der Straßenbahn einer fragt: „Hamse jedient?", dann sagt ihr: „Öh nein, aber ich habe mal eine Viertelstunde lang einer Frau versucht zu erklären, dass die Frauenquote Frauen nur wegen ihres Geschlechts …". Bla, der Fragende ist vor drei Stationen ausgestiegen oder gestorben.

Die „Zeit" hat einen Mail-Wechsel veröffentlicht, in dem es darum ging, dass eine Autorin von „Studierenden" schreiben wollte und ein Redakteur das in „Studenten" geändert hat. Der Onlinekiosk Blendle[2], zugegebenermaßen ohnehin bekannt für blumig blöde Ansprachen, kündigte das in seinem Newsletter so an: „Hier erlebst du den Gender-Kampf live." Jo, geil, Gender-Kampf live, hab sofort geklickt, aber leider tauschen die Beteiligten dann Argumente aus. Argumente! Keine Barrikaden aus Binnen-Is oder Unterstrichen. Okay, es ist ein Kampf. Streit, auch das. Aber kein Gender- oder Geschlechterkampf. Der Redakteur hätte genauso gut eine Frau sein können, was wäre es dann gewesen? „Zickenkrieg"?

Es ist nur eine Metapher, sagt ihr. Nein, es ist unbedachtes Wörterkotzen. Metaphern haben einen Sinn, sie sollen etwas klarer oder schöner sagen. Wer aber von Krieg spricht, macht es weder klarer noch schöner, der sagt nur: Guckt, wie sie sich prügeln. Aber was, wenn sie gar nicht prügeln? „There is a war between the ones who say there is a war and the ones who say that there isn't", singt Leonard Cohen[3]. Ja, vielleicht das.

Wer nicht aufpasst, macht durch Sprache alles schlimmer. Hier meine These dazu: Das ist scheiße. Es klingt nach Eskalation, aber da eskaliert nichts. Da reden Leute. Wenn ihr jetzt schon von Krieg sprecht, was macht ihr, wenn tatsächlich mal was passiert, und zwar mehr als Argumente – wenn plötzlich alle Frauen, die weniger verdienen als ihre Kollegen, in Streik treten und auf die Straße gehen? Was ist dann? Apokalypse?

Wir können gerne über Hate Speech, Homophobie und Transphobie sprechen und über sexualisierte Gewalt und häusliche Gewalt, aber das ist magischerweise nie gemeint, wenn von so was wie „Gender-Kampf" die Rede ist. Beim „Feministinnen-Krieg", den der Perlentaucher-Newsletter[4] ankündigte, um was ging es da? Um Debatten von Feministinnen unterschiedlicher Denkströmungen. Wissenschaftlerinnen, die Texte schreiben: Krieg! Und dann bringt ein Mann eine Frau um, und was wird daraus? Ein „Beziehungsdrama". „Es war schon tief in der Nacht, als Anna zum letzten

Mal die Liebe widerfuhr", schreibt stern.de über den Moment, in dem jemand erwürgt wird.

So viel Feinfühligkeit darf man erwarten, nicht von Krieg zu sprechen, wo kein Krieg ist, und von Mord, wo Mord ist. Wörter sind relevant, wir verbinden in unseren kleinen, schmutzigen Hirnen Dinge mit ihnen, auch unbewusst. Wer „Krieg" sagt, ruft andere Assoziationen hervor, als wenn er sagt: Debatte. Ein ständiges Bemühen. Lauter kleine Versuche, etwas besser, gerechter, würdiger zu machen. *(837 Wörter)*

Aus: Margarete Stokowski, DER SPIEGEL, 07. 06. 2016, http://www.spiegel.de/kultur/gesellschaft/der-unsinn-von-gender-kampf-und-geschlechter-krieg-a-1096176.html, letzter Zugriff am 07. 01. 2021.

Anmerkungen:

1 *Hunderte auf Twitter:* Twitter-Nutzer ohne eigenes Profilbild werden als Eier dargestellt
2 Online-Angebot, das einzelne Artikel aus Zeitungen vertreibt
3 Leonard Cohen (1934–2016): kanadischer Sänger, Songwriter, Dichter, Schriftsteller, Maler; weltbekannt für Folksongs
4 *Perlentaucher:* Online-Kulturmagazin mit Presseschau, Rezensionen etc.

Hinweise und Tipps

Die gegebene Aufgabenstellung ist zweigeteilt. Zunächst sollen Sie die Kolumne von Margarete Stokowski ***analysieren****. Die Angaben zur Gewichtung der Teilaufgaben zeigen Ihnen, dass der* ***Schwerpunkt auf dem Analyseteil*** *liegt. Bei der Untersuchung des Ausgangstextes müssen Sie eigenständig Akzente setzen. Im vorliegenden Fall bietet es sich an, den* ***Inhalt*** *des Textes zu erschließen und daneben auf den* ***Gang der Argumentation****, den* ***Adressatenkreis****, Formen der* ***Leserlenkung*** *sowie die* ***sprachlich-stilistische Gestaltung*** *des Textes einzugehen. Überlegen Sie sich bei der Gliederung des Aufsatzes, an welchen Stellen es sinnvoll ist, bestimmte Untersuchungsaspekte zusammenzuführen. Bei der ausgearbeiteten Lösung wurde beispielsweise die Inhaltsangabe mit Feststellungen zum Gang der Argumentation verknüpft.*

Bevor Sie mit dem Schreiben beginnen, ist es unerlässlich, dass Sie sich intensiv mit der Kolumne von Stokowski beschäftigen. Lesen Sie den Text zunächst mehrmals durch, um ein Gespür für den Schreibstil der Verfasserin zu erhalten. Gliedern Sie den Text zudem in ***Sinnabschnitte****. Das hilft Ihnen, die inhaltlichen Zusammenhänge zu verstehen und den argumentativen Aufbau der Kolumne nachzuvollziehen. Markieren Sie bei der weiteren Bearbeitung* ***Textstellen, die Aufschluss über den Adressatenkreis geben*** *oder die* ***aus stilistischer Sicht besonders markant sind****. Fragen Sie sich daneben, wie die Autorin versucht, die* ***Leserinnen und Leser in ihrem Sinn zu beeinflussen****. Auf diese Weise können Sie feststellen, von welchen Formen der Leserlenkung die Verfasserin Gebrauch macht.*

Nachdem Sie Ihre Ergebnisse auf einem Konzeptpapier notiert und geordnet haben, können Sie mit dem Schreiben beginnen. Eine kurze ***Textvorstellung dient als Einleitung****. Im* ***Hauptteil*** *erfolgt die* ***Analyse*** *des Textes.*

Im Anschluss sollen Sie, wie in der zweiten Teilaufgabe verlangt, ***begründet zur Forderung der Autorin Stellung nehmen****. Lesen Sie hierzu erneut den letzten Absatz der Kolumne, in dem Stokowski zu einem klareren und sensibleren Sprachgebrauch aufruft. Überlegen Sie dann als Vorbereitung, wie Sie zu Stokowskis Forderung stehen, und notieren Sie sich, wie sich Ihr Standpunkt* ***argumentativ*** *stützen lässt. Verfassen Sie auf dieser Grundlage Ihre Stellungnahme.*

In einem ***Fazit****, das den* ***Schlussteil*** *Ihres Aufsatzes bildet, können Sie abschließend Ihren* ***Standpunkt*** *noch einmal zusammenfassen.*

Lösungsvorschlag

Einleitung

Angaben zur Textvorlage

Position der Verfasserin

In der Kolumne „Hamse jedient im Genderkrieg?“, die am 7. Juni 2016 auf „Spiegel Online“ veröffentlicht wurde, kritisiert Margarete Stokowski die aus ihrer Sicht **übertriebene Rede vom vermeintlichen Genderkrieg**. Nach Meinung der Verfasserin ist die Anwendung martialischer Begriffe auf Diskussionen rund um Fragen der Geschlechtergerechtigkeit unangemessen. Daher plädiert sie in der Genderdebatte **für einen differenzierteren Sprachgebrauch**, der keine falschen Vorstellungen weckt.

Ihre Position entwickelt Stokowski in mehreren Schritten. Zunächst nennt sie verschiedene **Beispiele** dafür, **dass in den Medien Kampfbegriffe** im Zusammenhang mit Debatten zur Geschlechtergerechtigkeit verwendet werden (vgl. Z. 1–9). Damit schafft die Verfasserin ein **Bewusstsein** für ein aus ihrer Sicht problematisches Phänomen.

Analyse
Inhalt und Gang der Argumentation
Sinnabschnitt 1

Im zweiten Sinnabschnitt (vgl. Z. 10–28) verdeutlicht die Autorin die **Unangemessenheit des Begriffs „Krieg"** für unsere heutigen Lebenszusammenhänge, indem sie diese den **Verhältnissen im Krieg** gegenüberstellt. Zugleich warnt sie vor den Folgen eines unreflektierten Gebrauchs der Kriegsmetapher und anderen „Großvokabeln" (Z. 27). Dazu zählt aus Sicht der Verfasserin die **Beeinträchtigung einer konstruktiven Debattenkultur**.

Sinnabschnitt 2

Im folgenden Abschnitt (vgl. Z. 29–44) **polemisiert** Stokowski gegen diejenigen, die Begriffe wie „Geschlechterkrieg" verwenden. Dabei übt sie auch **Kritik** daran, dass mit solchen Begriffen genderbezogene **Debatten als Kampf zwischen Mann und Frau etikettiert** würden – und nicht als Kampf um das bessere Argument.

Sinnabschnitt 3

Anschließend (vgl. Z. 45–55) knüpft die Verfasserin an ihre eingangs gefassten Überlegungen zum Kriegsbegriff an, indem sie sich gegen das Argument wendet, dass das Wort „Krieg" im Zusammenhang mit der Genderthematik **doch nur eine Metapher** sei. Denn als Metapher – so lassen sich Stokowskis Überlegungen verstehen – sei der Begriff **untauglich**, weil er **überdramatisiere** und auch kaum eine weitere Steigerung zulasse, wenn es tatsächlich zu einer Verschärfung im Konflikt um Geschlechtergerechtigkeit kommen sollte.

Sinnabschnitt 4

Ihr Plädoyer für eine **angemessenere Sprache** unterstreicht die Verfasserin im nächsten Abschnitt (vgl. Z. 56–64). Sie verdeutlicht, dass die Begriffe „Kampf" und „Krieg" vor allem dramatisierend im Kontext von Geschlechterdebatten verwendet würden, aber **nicht in Bezug auf Themen und Geschehnisse**, die tatsächlich mit **Gewalt oder Hass** zu tun hätten. Sie legt damit nahe, dass schlimmste Verbrechen, etwa die Tötung von Frauen, sprachlich verharmlost würden.

Sinnabschnitt 5

Am Ende der Kolumne (vgl. Z. 65–69) erhebt Stokowski die **Forderung nach einem sensibleren Umgang** mit der Sprache. Sie plädiert für einen Sprachgebrauch, der **Sachverhalte klarer benennt** und keine falschen Assoziationen weckt.

Sinnabschnitt 6

Mit ihrer Kolumne wendet sich Stokowski an all jene, die an Genderfragen interessiert sind. Dass sie dabei vor allem eine **jüngere Leserschaft** im Blick hat, legt der umgangssprachliche, von jugendlichem Jargon geprägte Ton nahe. So verwendet die Verfasserin Floskeln und Begriffe, die typisch für **Jugendsprache** sind, etwa: „Was zur

Adressatenkreis
Ausrichtung auf eher junge Leserschaft

Hölle?“ (Z. 6 f.), „Echt“ (Z. 10) oder „gechillt[]“ (Z. 26). Neben der Tatsache, dass die Autorin auf **Social-Media-Kanäle** wie „Facebook“ (Z. 14) oder „Twitter“ (Z. 21) Bezug nimmt, spricht auch das selbstverständliche Aufgreifen **englischer Redewendungen und Zitate** (vgl. Z. 3 f., 48 f.) für eine Ausrichtung auf eher jüngere Leserinnen und Leser.

Leserlenkung

persönliches Zeugnis als Ausweis von Glaubwürdigkeit

Diese versucht Stokowski nicht nur durch ihre Argumentation zu beeinflussen, sondern auch durch die **Perspektive**, die sie in ihrer Kolumne einnimmt. Der Text stellt keine abstrakte Abhandlung über Gefahren eines unreflektierten Sprachgebrauchs dar, sondern geht von der **subjektiven Sicht der Verfasserin** aus. Diese gibt mehrere Details zur eigenen Person preis. So erfährt man, dass sie in einer Beziehung lebt (vgl. Z. 18 f.) und ab und zu von ihren Großeltern zum Essen eingeladen wird (vgl. Z. 19 f.). Außerdem gesteht sie, dass sie „militant genannt“ (Z. 11) und als „Feminazi, extremistisch und radikal“ (ebd.) bezeichnet wird. Sie erzeugt also den Eindruck einer für Feminismus eintretenden Frau, die meinungsstark ist und über ein intaktes Sozialleben verfügt. Dadurch bietet sie ihrer Leserschaft **Identifikationsmöglichkeiten** mit der eigenen Person und Sichtweise an. Zudem verleiht sie ihrem Text **durch den persönlichen Zugang Glaubwürdigkeit**. Eine Nähe zu ihrer Leserschaft stellt die Autorin auch her, indem sie des Öfteren in der **Wir-Form** spricht (vgl. z. B. Z. 16, 23, 56). Darüber hinaus inszeniert die Verfasserin in ihrer Kolumne ein **Zwiegespräch**, indem sie vorgibt, sich direkt an diejenigen zu wenden, die sie kritisiert. Dadurch unterstreicht Stokowski die Direktheit der Auseinandersetzung mit diesen (Z. 45: „Es ist nur eine Metapher, sagt ihr.“) oder verstärkt die Infragestellung der Gegenposition (Z. 30: „Wer seid ihr?“).

Sprachliche Gestaltung der Argumentation

Vorgabe der Stoßrichtung durch den Titel

Auch sprachliche Mittel setzt Stokowski gezielt ein, um ihrer Argumentation zu größerer Durchschlagskraft zu verhelfen. Dies zeigt sich bereits im **Titel der Kolumne** („Hamse jedient im Genderkrieg?“). Damit spielt die Verfasserin auf eine Frage an, die früher teilweise noch von älteren Herren geäußert wurde: „Haben Sie gedient im Krieg?“ Indem diese Frage durch die Verwendung des Begriffs „Genderkrieg“ abgewandelt wird, entsteht ein unmittelbarer **Bruch in der Vorstellung**. Dabei wird deutlich, dass die Genderthematik überhaupt nichts mit Krieg zu tun hat. Gleich der Titel der Kolumne bringt also die Kernaussage der Autorin auf den Punkt: Durch den Sprachgebrauch darf nicht der Eindruck erweckt werden, in der Genderdebatte herrsche Krieg. Daneben steht die **mundartliche Formulierung** – die „Berliner Schnauze“ ist deutlich herauszuhören – im Kontrast zu den meist akademisch geführten Auseinandersetzungen in der Geschlechterfrage. Der **humorvolle Effekt**, der dadurch erzielt wird, hat eine entlastende Wirkung auf die Leserinnen und Leser. Ihnen wird der Eindruck vermittelt, die Rede vom Genderkrieg nicht allzu ernst nehmen zu müssen.

Emotionale Beeinflussung der Leserschaft durch emphatischen Ausdruck

Der Titel der Kolumne gibt die Argumentationslinie des Textes vor. Die Verfasserin möchte deutlich machen, dass sie die übertriebene Art und Weise, wie über die Genderdebatte gesprochen wird, für unangemessen hält. Ihr Missfallen ist so groß, dass sie ihrer **Empörung** freien Lauf lässt. Daher ist der gesamte Text von einem **emphatischen Ausdruck** geprägt. Stokowski möchte damit erreichen, dass ihr die Leserinnen und Leser entrüstet beipflichten. So verwendet sie Adjektive wie „ernsthaft" (Z. 3) oder „[e]cht" (Z. 10), die in Gesprächen häufig dann fallen, wenn der oder die Sprechende ankündigt, dass nun etwas gesagt wird, was ihm bzw. ihr besonders wichtig ist. Daneben finden sich im Text zahlreiche **Vulgarismen**, in denen sich die **Emotionalität der Verfasserin**, das heißt ihre tiefste Missbilligung zeigt. Sie betont, dass „kein verdammter Krieg ist" (Z. 22) und dass ein unbedachter Sprachgebrauch in der Genderdebatte kontraproduktiv sei, da angesichts der aufgeheizten gesellschaftlichen Stimmung ohnehin „zu viel Scheiße geredet wird" (Z. 24). Den Rückgriff auf Kriegsmetaphorik in der Diskussion um Geschlechtergerechtigkeit bezeichnet sie daher als „unbedachtes Wörterkotzen" (Z. 45). Indem die Autorin ihre Entrüstung demonstrativ herausstellt, möchte sie die **Leserinnen und Leser emotional beeinflussen**. Das erzeugt den Eindruck, dass bei Stokowskis Positionierung die Lenkung über Gefühle einen ähnlichen Stellenwert einnimmt wie sachliche Argumente.

Infragestellung eines drastischen Sprachgebrauchs durch Humor

Daneben zielt sie darauf ab, die Rede von Genderkrieg **durch humorvolle, teilweise übertreibende Bemerkungen ad absurdum** zu führen. Nach einer Aufzählung martialischer Begriffe (vgl. Z. 1–4, 8 f.), die im Zusammenhang mit der Genderthematik oft gebraucht werden, stellt sie beispielsweise folgende Frage: „[H]abt ihr alle zu viel ‚Star Wars' geguckt?" (Z. 9) Ein **humorvoller Ton** schwingt auch in der Beschreibung mit, die die Autorin zum Begriff „Krieg" liefert. Sie erklärt: „Krieg ist, wenn ich meine Katze essen muss." (Z. 13) Zwar handelt es sich dabei um ein drastisches Bild, das darauf abzielt, die prekäre Ernährungslage in Kriegszeiten vor Augen zu führen. Doch die Aussage ist so prägnant formuliert und durch die Alliteration so eingängig, dass sie wie ein witziger Aphorismus wirkt. Die Verfasserin möchte damit deutlich machen, dass es **lächerlich** ist, die Kontroverse um das **Genderthema mit Kriegsmetaphern zu belegen**. Durch Humor versucht sie, offenzulegen, dass ein solcher Sprachgebrauch unangebracht ist.

Am **Ende der Kolumne** wird der **Ton** dann **sachlicher und weniger übertreibend**. Damit unterstreicht Stokowski die Ernsthaftigkeit ihres Anliegens, dass eine **angemessenere Sprache** gewählt werde. Dass dies nicht schwer ist, verdeutlicht sie in einer tautologisch wirkenden Formulierung: Sich klar auszudrücken, bedeute demnach unter anderem, „nicht von Krieg zu sprechen, wo kein Krieg ist, und von Mord, wo Mord ist" (Z. 65 f.).

Eher sachlicher Tonfall bei der zentralen Forderung der Autorin

Insgesamt bleibt festzuhalten, dass Stokowski mit lauter Stimme für ihre Position wirbt. Sie fordert, **auf Kriegsmetaphorik zu verzichten**, wenn von Auseinandersetzungen zum Thema „Gender" die Rede ist. Durch **Humor** und einen **emphatischen Ausdruck** versucht sie, eine Nähe zu den Leserinnen und Lesern herzustellen. Ob sie mit dem Ton, den sie anschlägt, alle Adressaten erreicht, ist fraglich. Denn die **sachlichen Argumente**, die im Text durchaus zu finden sind, geraten durch die emotionale Ausdrucksweise beinahe **in den Hintergrund**. Daher soll im Folgenden geprüft werden, ob die **Forderung** der Verfasserin gerechtfertigt ist.

Fazit aus der Analyse

Ohne Zweifel ist es so, dass **Sprache einen großen Einfluss** darauf hat, wie wir **denken** und die Wirklichkeit wahrnehmen. Das liegt daran, dass ein Wort semantisch betrachtet keine in sich abgeschlossene Einheit darstellt, sondern auch **Assoziationen** hervorruft, die auf Erfahrungen in der Welt beruhen. Stokowski erklärt: „[W]ir verbinden in unseren kleinen, schmutzigen Hirnen Dinge mit [Wörtern], auch **unbewusst**." (Z. 66 f.) Welche Worte wir wählen, hat aufgrund dieses Zusammenhangs von Sprache und Denken durchaus eine Bedeutung. Dass sich ein ungenauer Sprachgebrauch **negativ auf die Gesellschaft auswirken** kann, zeigte sich auch in den Diskussionen zum Thema „Flucht und Migration". Begriffe wie „Flüchtlingsströme" oder „Fluchtwellen" schürten in der Bevölkerung die Angst, von einer Masse an Flüchtenden quasi überrollt zu werden. Dadurch erhielten populistische Strömungen Auftrieb. Es wird also deutlich, dass eine **genauere Kommunikation** und eine **bedachtere Wortwahl Fehleinschätzungen** und falschen Vorstellungen **vorbeugen kann**.

Begründete Stellungnahme

Zusammenhang von Sprache und Denken: Wecken unangemessener Emotionen

Und sicherlich kann man der Verfasserin auch darin beipflichten, dass die **mediale Inszenierung** eines **Kampfes zwischen Mann und Frau** über den Begriff „Genderkrieg" **problematisch** ist – insbesondere dann, wenn dadurch das Geschlecht der Debattierenden in den Vordergrund gerückt wird und die Argumente in den Hintergrund geraten (vgl. Z. 40–43). Den Eindruck zu erwecken, Gegner und Befürworter des Genderns würden sich gegenseitig „die Köpfe einschlagen", wenn sie sich doch nur argumentativ austauschen, ist dabei oft eine Strategie für mehr Klicks oder Zeitungskäufe. Eine

Mediale Inszenierungen als Problem

Versachlichung, wie sie Stokowski fordert, wäre hier sicher wünschenswert.

Auf der anderen Seite ist zu betonen, dass ein **Verzicht auf uneigentliches Sprechen**, etwa in Form von Metaphern, Vergleichen oder Symbolen, **dem nicht gerecht** wird, **was Sprache leisten kann**. Sprache ist ein Mittel zur Verständigung – und damit es zu keinen Missverständnissen kommt, müssen sich die Gesprächsteilnehmer und Gesprächsteilnehmerinnen aufeinander einstellen. Es muss auf die Situation geachtet werden, in der man sich beim Sprechen befindet und Formulierungen müssen **auf das Gesprächsziel ausgerichtet** werden. **Übertreibungen**, **Metaphern** oder gewagte **Vergleiche** gehören hier dazu. Sie können sogar **Klarheit schaffen**, indem sie pointiert auf einen bestimmten Sachverhalt hinweisen oder eine Bewertung verdeutlichen. Die Autorin selbst stellt Bedenken hinsichtlich einer sensiblen Sprache hintan, wenn sie eine teils **ins Vulgäre abgleitende Ausdrucksweise** wählt, um ihre **Empörung** zu zeigen. Umgekehrt kann es auch angemessen sein, beschönigend bzw. äußerst vorsichtig und behutsam von einer Sache zu reden. Welcher Schüler, der eine schlechte Note erhalten hat, möchte das unverblümte Urteil seiner Lehrkraft hören, etwa: „Das war ein Totalversagen!" Diese Rückmeldung dürfte wohl kaum die Motivation im Unterricht fördern. Das Beispiel zeigt, dass es **in manchen Situationen auch angebracht** sein kann, die **Dinge nicht direkt beim Namen zu nennen**.

Anpassung der Sprache an den situativen Kontext

Und im **Einzelfall** mag auch die **Metapher „Geschlechterkampf" aussagekräftig** sein – und zwar, wenn tatsächlich eine erbitterte Debatte zwischen Männern und Frauen ausgetragen wird, mit verhärteten „Fronten" und mit allen rhetorischen „Waffen", die das „Arsenal" der Sprache zur Verfügung stellt. Die Metapher kann dann tatsächlich zur Klarheit beitragen, wie Stokowski es ja auch fordert (vgl. Z. 45 f.).

Berechtigte Verwendung von Metaphern

Daher bin ich der Meinung, dass die **Forderung** Stokowskis teilweise **zu kurz greift**. Selbstverständlich ist auf eine klare und sensible Ausdrucksweise zu achten. Gerade in der Genderdebatte ist hier bisweilen Maß und Mitte verloren gegangen. Und eine dramatisierende Sprache, die eine Debatte mit einem falschen Etikett versieht, um Aufmerksamkeit zu erzeugen (in Überschriften, Tweets, Newslettern), darf man guten Gewissens kritisieren. Aber eine grundsätzliche **Verdammung metaphorischen Sprechens geht zu weit**. Wenn wir Metaphern mit Bedacht wählen, dann bereichern sie unsere Sprache. Ob Stokowskis Wendung „unbedachtes Wörterkotzen" (Z. 45) hier dazugehört, müssen die Leserinnen und Leser selbst entscheiden.

Schluss
Persönlicher Standpunkt

Kernfach Deutsch (Schleswig-Holstein) – Abiturprüfung 2022
Aufgabe 1: Interpretation eines literarischen Textes

Thema:
Lyrik

Arbeitsgrundlage:
1. Friedrich Nietzsche (1844–1900): *Vereinsamt* (1884)
2. Rainer Maria Rilke (1875–1926): *Einsamkeit* (1902)

Aufgaben:
1. Interpretieren Sie das Gedicht „Vereinsamt" von Friedrich Nietzsche. (60 %)
2. Vergleichen Sie die Gestaltung des Motivs der Einsamkeit in den Gedichten „Vereinsamt" von Friedrich Nietzsche und „Einsamkeit" von Rainer Maria Rilke. Berücksichtigen Sie dabei sowohl inhaltliche als auch sprachliche und formale Aspekte. (40 %)

Erlaubte Hilfsmittel:
– Rechtschreibwörterbuch

Friedrich Nietzsche (1844–1900)
Vereinsamt (1884)

Die Krähen schrein
Und ziehen schwirren Flugs zur Stadt:
Bald wird es schnein –
Wohl dem, der jetzt noch – Heimat hat!

Nun stehst du starr,
Schaust rückwärts, ach! wie lange schon!
Was bist du Narr
Vor Winters in die Welt – entflohn?

Die Welt ein Tor
Zu tausend Wüsten stumm und kalt!
Wer das verlor,
Was du verlorst, macht nirgends halt.

Nun stehst du bleich,
Zur Winter-Wanderschaft verflucht,
Dem Rauche gleich,
Der stets nach kältern Himmeln sucht.

Flieg, Vogel, schnarr
Dein Lied im Wüsten-Vogel-Ton! –
Versteck, du Narr,
Dein blutend Herz in Eis und Hohn!

Die Krähen schrein
Und ziehen schwirren Flugs zur Stadt:
Bald wird es schnein –
Weh dem, der keine Heimat hat! *(111 Wörter)*

Aus: Friedrich Nietzsche (1844–1900): Vereinsamt (1884).
In: Das Magazin für Litteratur, 63. Jg. (1894), Nr. 45, Sp. 1481.

Rainer Maria Rilke (1875–1926)
Einsamkeit (1902)

Die Einsamkeit ist wie ein Regen.
Sie steigt vom Meer den Abenden entgegen;
von Ebenen, die fern sind und entlegen,
geht sie zum Himmel, der sie immer hat.
Und erst vom Himmel fällt sie auf die Stadt.

Regnet hernieder in den Zwitterstunden,
wenn sich nach Morgen wenden alle Gassen
und wenn die Leiber, welche nichts gefunden,
enttäuscht und traurig von einander lassen;
und wenn die Menschen, die einander hassen,
in einem Bett zusammen schlafen müssen:

dann geht die Einsamkeit mit den Flüssen …
(82 Wörter)

Aus: Rainer Maria Rilke (1875–1926): Einsamkeit (1902) in: Rilke, Rainer Maria: Werke. Kommentierte Ausgabe in vier Bänden. Bd. 1: Gedichte 1895 bis 1910. Hg. von Manfred Engel, Ulrich Fülleborn u. a. Frankfurt a. M. und Leipzig: Insel Verlag 1996, S. 280 f.

Hinweise und Tipps

Die Aufgabenstellung sowie die beiden Gedichttitel teilen Ihnen mit, worauf der inhaltliche Schwerpunkt liegt: auf dem ***Thema Einsamkeit****. Machen Sie zu Beginn ein kurzes* ***Brainstorming*** *und sammeln Sie Begriffe, die Ihnen zu diesem Gefühl einfallen. Erst danach lesen Sie beide Gedichte mehrfach konzentriert durch. Da Teilaufgabe 1, die Interpretation des Nietzsche-Gedichts, mit 60 % der Bewertungseinheiten den Fokus bildet, sollten Sie für die Analyse dieses Textes mehr Zeit reservieren. Am einfachsten fällt die Bestimmung der* ***formalen Gestaltung:***

- *Wie viele Strophen mit wie vielen Versen hat das Gedicht? Besonderes Augenmerk sollten Sie auf die erste und die letzte Strophe legen, die hier als eine Art Rahmen fungieren.*
- *Gibt es Reime und wenn ja: welche?*
- *Ist das Metrum regelmäßig gehalten oder weist es Abweichungen auf?*
- *Wie lässt sich die Form in Beziehung zum Inhalt setzen?*

Indem Sie jeder Strophe eine Überschrift geben, bringen Sie ihren zentralen ***Inhalt*** *auf den Punkt. Unterstreichen Sie auffällige* ***Stilmittel****, notieren Sie den entsprechenden Fachbegriff und die Wirkung, die durch die Wendung im konkreten Kontext erzeugt wird. Sprachliche und syntaktische Gestaltung prägen zusammen die* ***Grundstimmung*** *des Gedichts. Charakterisieren Sie diese und arbeiten Sie dabei auch die* ***Rolle des lyrischen Ich*** *heraus. Auch wenn das Personalpronomen „ich“ nicht vorkommt, müssen Sie erkennen, dass hier das lyrische Ich ein Selbstgespräch führt. Wahrscheinlich ist Ihnen Friedrich Nietzsche bereits im Lauf Ihrer Schullaufbahn als bedeutender Philosoph begegnet, von dem das berühmte Zitat „Gott ist tot“ stammt. Wenn bei diesem nihilistischen Schriftsteller das Wort „Himmeln“ (V. 16) auftaucht, das in der Religion oft mit Gott und Jenseitsvorstellungen verknüpft ist, sollte man hellhörig werden und sich fragen, wie der Begriff hier gemeint sein könnte.*

Wie Sie wissen, wirken in Gedichten die ***formale, inhaltliche und sprachliche Ebene*** *eng zusammen und ergeben ein „verdichtetes“ Kunstwerk. Um diese Verflochtenheit offenzulegen, bietet es sich an, die drei Untersuchungsbereiche in Ihrem Aufsatz zu verklammern. Alternativ können Sie diese auch einzeln nacheinander abhandeln. Dann sollten Sie jedoch darauf achten, sich nicht zu oft zu wiederholen.*

Die ***zweite Teilaufgabe****, der* ***Gedichtvergleich****, ist* ***aspektorientiert*** *angelegt, d. h. von Ihnen wird keine umfassende und geschlossene Deutung des Rilke-Gedichts erwartet. Im Mittelpunkt soll das Motiv der Einsamkeit stehen. Allerdings verlangt der Arbeitsauftrag nicht nur eine* ***inhaltsbezogene Gegenüberstellung****, sondern auch* ***die Berücksichtigung formaler und sprachlicher Elemente****. Das bedeutet, dass Sie auch das zweite Gedicht genauer anschauen müssen. Bei Ihrer ausformulierten Lösung müssen Sie allerdings stets den Nietzsche-Text als Referenz mit im Blick behalten, also z. B. den Aufbau von Rilkes Gedicht nicht für sich allein beschreiben, sondern ihn vielmehr zu dem Aufbau von „Vereinsamt“ in Beziehung setzen. Beide Texte arbeiten mit Naturbildern, allerdings fällt es im Falle Rilkes schwer, alle Bereiche der Regen-Metaphorik aufzulösen und mit der Einsamkeit in Verbindung zu bringen. Scheuen Sie sich nicht,* *anzusprechen, wo sich interpretatorische Schwierigkeiten ergeben, welche Passagen sich einer klaren Deutung entziehen und wo Sie spekulieren müssen. Am Ende Ihres Vergleichs sollten Sie ein bündiges* ***Fazit*** *formulieren: Hier bringen Sie keine neuen Aspekte ein, sondern führen die von Ihnen entwickelten zentralen Punkte zu einem prägnanten Resümee zusammen.*

Lösungsvorschlag

Einleitung
Basisinformationen zum Gedicht und Hinleitung zu seinem Thema

Alleinsein ist nicht gleichbedeutend mit Einsamkeit. Allein zu sein beruht oft auf der eigenen, selbstbestimmten Entscheidung, es kann als Rückzug aus dem Trubel eine meditative Sammlung und Erholung ermöglichen. **Einsamkeit** bezeichnet dagegen **Isolation** und den Verlust zwischenmenschlicher Kontakte, das Herausfallen aus der sozialen Gemeinschaft, das oft mit großem **seelischem Leid** verbunden ist. Genau diese Stimmung fängt Friedrich Nietzsches 1884 entstandenes Gedicht „Vereinsamt“ ein. Der herannahende Winter korrespondiert darin mit der **innerlichen Vereisung und Vereinzelung des lyrischen Ich**.

Gedichtanalyse
Form

Die sechs Strophen enthalten eine **schonungslose Selbstoffenbarung der Sprechinstanz**, doch findet der radikale Inhalt keine Entsprechung in der formalen Gestaltung. Vielmehr ist das Gedicht ganz **konventionell gebaut**. Jede der Strophen besteht aus vier jambischen Versen, wobei jeweils der erste und dritte Vers zweihebig, der zweite und vierte Vers vierhebig angelegt sind. Dabei passen die durchgängig stumpfen Kadenzen zur harten, hoffnungslosen Aussage des Gedichts. Die metrisch zusammengehörenden Verse werden durch einen Kreuzreim (abab) verklammert. Eine zusätzliche Klammer ergeben die fast wortgleichen **Strophen 1 und 6**, die wie ein **Rahmen** die Selbstaussprache des lyrischen Ich umfassen.

1. Strophe: Ankündigung des Winters als drohendes Unheil

Diese beiden **Randstrophen** geben eine **Beobachtung** wieder und leiten daraus eine **allgemein gültige Aussage** ab: Krähen fliegen in Richtung Stadt, was auf das **Nahen des Winters** schließen lässt. Wie in der römischen Antike wird der Flug der Vögel gedeutet. Auch wenn es nicht explizit gesagt wird, stehen hier die **Zeichen auf Unheil**. So erinnern die schwarzen Vögel an den Tod, ihr lautes Krächzen klingt unheimlich, das aus dem Verb „schwirren“ gebildete, ungewöhnliche Attribut (vgl. V. 2) weckt Assoziationen an „irren“ und „wirr“ und lässt somit an Unordnung denken. Die Krähen bringen sich vor dem Anbruch der kalten Jahreszeit in Sicherheit, wobei die **Stadt als Inbegriff von Wärme, Zivilisation und Geborgenheit** erscheint. Die Ankündigung von Schnee ist nicht freudig, sondern furchtsam und mündet in den Ausruf: „Wohl dem, der jetzt noch –

Heimat hat!" (V. 4) Sehnsucht nach etwas unwiederbringlich Verlorenem spricht aus diesen Worten. Der Gedankenstrich sorgt für ein Stocken im Vortrag, so als würde es Mühe bereiten, die schmerzlich vermisste Heimat zu nennen.

2. Strophe: Standortbestimmung des lyrischen Ich

Nun erst, ab **Strophe zwei**, tritt das **lyrische Ich** in Erscheinung, allerdings indem es sich selbst mit „du" anspricht und so Distanz zu sich herstellt. Das **Selbstgespräch** ist keine gelassene Reflexion, sondern ein **erregtes Mit-sich-Hadern**, wovon auch die zahlreichen Ausrufe und Imperative, die rhetorische Frage (vgl. V. 7 f.) sowie die Interjektion „ach!" (V. 6) zeugen. Die Bestimmung des eigenen Standorts knüpft an die winterliche Stimmung an, wobei unklar ist, ob das Ich sich aufgrund der Kälte nicht rühren kann oder ob es innerlich gelähmt ist: „Nun stehst du starr" (V. 5). Der Blick geht „rückwärts" (V. 6), ist in die Vergangenheit gerichtet, d. h. auf das Zurückgelassene. Höhnisch beschimpft sich das lyrische Ich als „Narr" (V. 7), da es „[v]or Winters in die Welt – entflohn" (V. 8) sei. Die **Welt** fungiert hier als **Gegenbild zur Stadt**, als Synonym für Ferne und Fremde. Es erscheint dem Ich nun als **Fehler**, vor dem Winter die Sicherheit und Geborgenheit verlassen zu haben, die die Stadt geboten hätte. Das Verb „entfliehen" deutet allerdings darauf hin, dass es die Heimat zuvor als beengend und bedrückend wahrgenommen und daher sein Glück in der Ferne gesucht hat.

3. und 4. Strophe: Beschreibung der eigenen existenziellen Entwurzelung

Die **Strophen 3 und 4** bringen eine Begründung, aber keine wirkliche Erklärung für dieses Unglück, da sie sich auf einer **abstrakt-metaphorischen Ebene** bewegen. Die Welt habe sich als „Tor / Zu tausend Wüsten stumm und kalt" (V. 9 f.) erwiesen. Die Bildelemente sind widersprüchlich und nicht unmittelbar aufzulösen, zumal in einer Ellipse die Hyperbel der „tausend Wüsten" mit dem Paradoxon der kalten Wüsten verbunden wird. Und während man sich gemeinhin unter „Welt" ein reges und lebhaftes Treiben vieler Menschen vorstellt, fungiert der Begriff hier als Bild für Einsamkeit und das Fehlen jeglicher Kommunikation. Dem Leser bzw. der Leserin vermittelt sich der **Eindruck einer umfassenden Leere und Isolation**. Die Sprecherinstanz leitet aus ihrer persönlichen Situation eine allgemeine **Maxime** ab: „Wer das verlor, / Was du verlorst, macht nirgends halt." (V. 11 f.) Aufgrund seiner Verlusterfahrung ist das lyrische Ich zur **Rastlosigkeit** und zur „Winter-Wanderschaft" (V. 14) verdammt. Der alliterierende Neologismus unterstreicht hier das erzwungene **Unterwegssein**. Es erscheint wie ein **Verhängnis**, für das es keine Erlösung gibt. Offenbar ist das lyrische Ich nicht in der Lage, umzukehren und seine frühere Entscheidung zum Aufbruch zu korrigieren. In einem eigenartigen Vergleich setzt es sich selbst mit Rauch gleich, „[d]er stets nach kältern Himmeln sucht" (V. 16).

Zum einen verweist der sich verflüchtigende Rauch auf die **Vergänglichkeit** und somit auf den Tod, zum anderen lenkt er den Blick nach oben, auf den Himmel und den **Bereich der Transzendenz**. Gerade der Plural „Himmeln" wird zum Schlüsselwort, um die existenzielle Dimension der Verlassenheit zu begreifen, unter der das lyrische Ich leidet. Sein hoffnungsloses Nicht-zur-Ruhe-Kommen lässt sich als Ausdruck seiner **spirituellen Unbehaustheit** lesen. Die Suche bleibt offensichtlich erfolglos, das Ich findet **keinen Halt mehr in der Religion**, findet keinen Gott, sondern ist weltanschaulich entwurzelt.

5. Strophe: Reaktion des lyrischen Ich auf Vereinsamung

Seine Erkenntnis hat das Ich in eine **tiefe und absolute Einsamkeit** gestoßen, aus der kein Ausweg herausführt. **Strophe 5** beschreibt seinen Umgang mit diesem Schicksal. Dabei setzt der Sprecher sich – wohl in Anlehnung an die krächzenden Krähen – mit einem Vogel gleich und befiehlt sich selbst: „schnarr / Dein Lied im Wüsten-Vogel-Ton!" (V. 17 f.) Das seltene Verb „schnarren" ruft lautmalerisch die Vorstellung unmelodischer, harter Töne auf und auch der Neologismus „Wüsten-Vogel-Ton" verweist auf einen atonalen, nicht wohlklingenden Gesang. Möglicherweise meint das verunsicherte Ich mit dem Lied seine **Klage über die schmerzlich empfundene Einsamkeit und den Sinnverlust**. Die verstörende Selbstverortung des Ich – so legt das Gedicht nahe – kann nicht in eine schöne Melodie gekleidet, sondern muss wie ein **Missklang** dargeboten werden. Dass das lyrische Ich zutiefst leidet, verrät die Metapher vom „blutend[en] Herz" (V. 20), doch ist es entschlossen, diesen inneren Schmerz zu verbergen „in Eis und Hohn" (V. 20). Die Kombination zweier nicht zusammenpassender Begriffe hat etwas Gewaltsames. Das rote Blut kontrastiert mit dem weißen Eis, das wiederum die Winter-Metaphorik fortführt. Das Ich will sich offenbar **mit Eis panzern** und sich **mit Spott und Sarkasmus wappnen**, um die eigene Schwäche zu verstecken. Noch einmal beschimpft es sich als „Narr" (V. 19) – vermutlich, weil es sich selbst in diese heillose Situation manövriert hat.

6. Strophe: Rahmen mit Strophe 1 – Zuspitzung der Verzweiflung

Die **letzte Strophe** variiert die erste und verlässt die Ebene der unmittelbaren Selbstbetrachtung. Erneut kommen Vogelflug und Winter in den Blick. Allerdings nimmt der letzte Vers eine andere Wendung. Hatte die erste Strophe noch Sehnsucht und einen gewissen Neid für diejenigen erkennen lassen, die eine Heimat besitzen, schließt die letzte Strophe mit einem **jammervollen Wehe-Schrei:** „Weh dem, der keine Heimat hat!" (V. 24) Darin artikuliert sich die ganze **seelische Verwundung des lyrischen Ich**, das vereinsamt, verzweifelt und verloren zurückbleibt, um sich herum und in sich drinnen den Winter. Friedrich Nietzsches Gedicht ist das **Dokument einer existenziellen psychischen Krise und Depression**.

Weniger als zwanzig Jahre später, im Jahr 1902, befasste sich **Rainer Maria Rilke** in einem Gedicht mit dem **gleichen Thema** wie Nietzsches Text. Es trägt den programmatischen Titel „Einsamkeit" und stellt die Einsamkeit im Unterschied zu Nietzsche als **überzeitliches Naturgesetz** dar.

Überleitung zum Gedichtvergleich

Vergleich mit Rilkes Gedicht „Einsamkeit"

Form

Auf den ersten Blick fällt die **unterschiedliche formale Machart** der beiden Gedichte auf: Während Nietzsche die Verunsicherung seines lyrischen Ich in sechs gleichmäßig gebauten Strophen entfaltet und mit dieser **konventionellen Gestaltung einen verstörenden Kontrast** zu den verzweifelten Aussagen des lyrischen Ich erzeugt, sorgt **Rilke** für **mehr Variation**. Sein Gedicht besteht aus zwei unterschiedlich langen Strophen und einem angehängten einzelnen Schlussvers. Die fünf Verse zählende **erste Strophe** führt den Vergleich der Einsamkeit mit Regen ein, der den ganzen Text prägt. Während hier der **Wasserkreislauf** nachgezeichnet wird, behandeln die sechs Verse der **zweiten Strophe** die Einsamkeit im konkreten **Zusammenleben** der Stadtbewohner. Der letzte, **allein stehende Vers** kehrt dann wieder zum Bildfeld Wasser zurück. Auch die **Reimfolge** (aaabb cdcdde e) ist gegenüber dem Kreuzreim bei Nietzsche ungewöhnlich. Der Einzelvers 12 schlägt dabei durch den Paarreim eine Brücke zur vorigen Strophe und spiegelt so formal wider, dass der Wasserkreislauf weitergeht. Die **drei Punkte** am Ende des Gedichts unterstreichen dann noch, was inhaltlich angedeutet wird: Die geschilderten **Naturvorgänge beginnen von vorne** – die Flüsse transportieren die Einsamkeit ins Meer und von dort aus kann sie wieder aufsteigen (vgl. V. 2). Auch in Nietzsches Gedicht sind die erste und die letzte Strophe zwar formal – durch die variierende Wiederholung – miteinander verbunden, doch wird dadurch nicht die Kreislaufhaftigkeit, sondern die **große Verzweiflung** über die eigene Einsamkeit betont. Entsprechend endet Nietzsches Gedicht auch nicht mit drei Punkten, sondern mit einem **Ausrufezeichen**, das diese **Verzweiflung** umso **stärker** erscheinen lässt.

Hinweise auf den Inhalt von Rilkes Gedicht

In beiden Texten wird Einsamkeit **in Relation zu einem Naturvorgang** gesetzt: **Nietzsche** verwendet das bedrohliche **Bild des nahenden Winters**, in dem sich die innere Starre und Vereisung des einsamen Sprecher-Ichs spiegelt. **Rilke** setzt dagegen die Einsamkeit mit dem **Regen** gleich, wobei er den Weg des Wassers schildert: aus dem Meer über die Verdunstung zum Himmel und dann zurück zur Erde durch das Abregnen über der Stadt, bevor das Wasser sich in den Flüssen sammelt und wieder zum Meer fließt. Diese Metaphorisierung des Wasserkreislaufs vermittelt den Eindruck, dass die **Einsamkeit stetig wiederkehrt** und insofern eine **Grunderfahrung** darstellt, die den Menschen immer wieder ereilt und der er sich daher auch nicht entziehen kann.

Verwendung von Naturbildern

Während die Zeitgestaltung bei Nietzsche **jahreszeitenbezogen** ist und den **Schrecken** vor dem **kommenden Winter** ausdrückt, gestaltet Rilke einen **Tag-Nacht-Zyklus:** Am Tag ist die Einsamkeit noch „fern [...] und entlegen" (V. 3), bevor sie gegen Abend zum Himmel aufsteigt, um dann in den „Zwitterstunden" (V. 6) – damit könnte die Abenddämmerung oder das Morgengrauen gemeint sein – auf die Menschen niederzuregnen. Die **Nacht** bzw. der **frühe Morgen**, so suggeriert es das Gedicht, ist die Zeit, in der die Menschen **Einsamkeit** verspüren.

Zeitgestaltung

Indem bei **Nietzsche ein lyrischer Sprecher** über seine Isolation und Absonderung von der Stadt, also von der Zivilisation und Gemeinschaft, klagt, gibt er zu verstehen, dass seine Lage auf den **eigenen Entschluss** und die eigene Entwicklung zurückzuführen ist. Es wird somit ein **spezielles Schicksal** dargestellt. Bei **Rilke** ist die Einsamkeit dagegen ein **Merkmal der Stadt bzw. des Lebens generell**. Anders als im älteren Gedicht werden hier **Zweierbeziehungen** beleuchtet: Des Nachts vereinigen sich „die Leiber", um dann „enttäuscht und traurig" (V. 9) zu erkennen, dass sie **einsam** und **vereinzelt** geblieben sind. Größtmögliche Nähe – das Schlafen im gemeinsamen Bett – geht mit **geistiger Fremdheit**, ja sogar mit Hass einher (vgl. V. 10 f.). Das Scheitern der Partner bei dem Versuch, beim jeweils anderen Erlösung zu finden, sowie der Begriff „Zwitter" im Neologismus „Zwitterstunden" (V. 6) erinnern an den antiken Mythos vom Kugelmenschen: Nachdem dieser in zwei Hälften gespalten worden ist, sind die beiden Teile auf der steten Suche nach der passenden Ergänzung, um die ursprüngliche Einheit wiederzuerlangen. In Rilkes Versen wird die **Vorstellung, den zugehörigen Partner zu finden**, als **Illusion** entlarvt. Weder Sexualität (vgl. V. 8 f.) noch Partnerschaft (vgl. V. 10 f.) verschaffen dem Menschen Glück oder Zufriedenheit. Er bleibt selbst inmitten der Gesellschaft ein isoliertes Individuum.

Darstellung menschlicher Einsamkeit

Trotz dieser niederschmetternden Erkenntnis ist der **Ton von Rilkes Gedicht getragen und gefasst**, beinahe feierlich. Geradezu einlullend und beruhigend wirkt die Dominanz des Vokals „e" in den ersten drei Versen. Anders als im Gedicht „Vereinsamt", das unter anderem aufgrund der verzögernden Gedankenstriche und der lautmalerischen Wortwahl („schwirren", V. 2; „schnarr", V. 17) auch wenig harmonisch klingt, schreit hier kein lyrisches Ich mit Ausrufen, Fragen und Ellipsen seine Verzweiflung heraus. Stattdessen erinnert der erzählende Gestus an die **Gleichnisse Jesu aus der Bibel** (vgl. V. 1 f.), als wolle das Gedicht einen naturgesetzlichen Vorgang erläutern, der immer und für alle gilt. Folglich tritt auch keine Sprecherinstanz auf. Passend zum biblischen Tonfall richtet sich der Blick auf den **Himmel**, wo sich Wasser und Einsamkeit sammeln. Doch da der Himmel

Grundstimmung unter Berücksichtigung der sprachlichen Gestaltung die Einsamkeit „immer“ (V. 4) hat, erscheint er **nicht als Ort des Trostes oder einer metaphysischen Zuflucht**. Vielmehr wirkt er nur wie eine Station im naturgesetzlichen Kreislauf. Bei Nietzsche läuft die Suche nach den „Himmeln“ ebenso ins Leere. Somit erteilen sowohl der Text von Nietzsche als auch der von Rilke der **Hoffnung auf eine göttliche Erlösung eine Absage**.

Fehlen einer transzendenten Perspektive

Auch wenn sich die zwei Gedichte mit der **derselben unheilvollen menschlichen Erfahrung** auseinandersetzen, liegt der jeweilige **Akzent woanders**. Rilkes Text bilanziert eine **grundlegende Einsamkeit** und ist damit zugleich **ernüchternd wie versöhnlich**, so als ob er sagen will, man müsse sich mit der Einsamkeit abfinden wie mit dem Regen. Die Naturmetaphorik ist in sich stimmig und harmonisch. Nietzsches Naturbilder wirken dagegen **härter** und **unwirtlicher**, der Klang ist nicht melodisch-singend, was die Aussage zuspitzt: Der lyrische Sprecher wird von der **Einsamkeit eingeholt** wie vom alles abtötenden Winter. In seinen Versen schreit ein zutiefst **verstörter und verzweifelter Mensch**. Viel **drastischer** als bei Rilke drängt sich eine beklemmende Erkenntnis auf: Einsamkeit macht **krank**.

Fazit

Gleiches Thema, aber unterschiedliche Akzentuierung

Kernfach Deutsch (Schleswig-Holstein) – Abiturprüfung 2022
Aufgabe 4: Materialgestütztes Verfassen eines argumentierenden Textes

Thema:
Sprache, Medien, Lesen und Literatur

Arbeitsgrundlage:
M 1: Bender, Sophia, Karin Spies u. a. (2009): *Engagement oder Autonomie – Begriffsbestimmungen.* http://www.eingreifendes-denken.phil.uni-erlangen.de/aufgaben.html. 11. 03. 2021.
M 2: Bader, Stephan: *Schriftsteller a. D. Interview von Stephan Bader mit Jonas Lüscher.* In: Literarischer Monat. Das Schweizer Literaturmagazin 34 (2018). https://literarischermonat.ch/schriftsteller-a-d/. 11.03.2021.
M 3: Mangold, Ijoma: *Politische Literatur: Gegen die herrschende Klasse.* Interview von Ijoma Mangold mit Jenny Erpenbeck, Ilija Trojanow und Ulrich Peltzer. In: Die Zeit 41 (2015).
M 4: Martenstein, Harald: *Über engagierte Literatur.* In: Zeitmagazin 42 (2015).
M 5: Stamm, Peter: *Mein Kerngeschäft besteht aus Nichtstun. Eröffnungsrede des Bücherfestivals „Zürich liest".* In: Tages-Anzeiger (22. Oktober 2015). https://www.zuerich-liest.ch/uploads/files/stamm.pdf. 11.03.2021.

Anmerkung:
Sofern nicht anders angegeben, entsprechen Rechtschreibung und Zeichensetzung in allen Materialien der Textquelle. Einige Texte (M 2 und M 5) stammen aus der Schweiz. Dort wird kein „ß" verwendet, stattdessen „ss" geschrieben.

Aufgabe:
An Ihrer Schule finden für die Oberstufe Projekttage zum Thema „Engagement hat viele Gesichter" statt. Sie widmen sich mit Ihrem Deutschkurs dabei der Frage, ob Schriftstellerinnen und Schriftsteller in ihren literarischen Texten politisches Engagement zeigen sollten.
Verfassen Sie für das Begleitheft der Projekttage einen argumentativen Beitrag, in dem Sie zu der strittigen Frage Stellung nehmen.
Nutzen Sie für Ihre Argumentation die vorliegenden Materialien 1 bis 5 sowie Ihre Kenntnisse und Lektüreerfahrungen, gegebenenfalls auch zu Autorinnen und Autoren vergangener Epochen. Formulieren Sie eine geeignete Überschrift.

Ihr argumentativer Beitrag sollte etwa 1 000 Wörter umfassen.

Verweise auf die Materialien erfolgen nur unter Angabe des Namens der Autorin oder des Autors und ggf. des Titels.

Erlaubte Hilfsmittel:
– Rechtschreibwörterbuch

M 1: Sophia Bender, Karin Spies, Linda Vogt: Engagement oder Autonomie – Begriffsbestimmungen (2009)

Engagement oder Autonomie – diese Abgrenzung findet sich häufig, wenn der Rahmen von Literatur und ihre Aufgaben abgesteckt werden sollen. Im literarischen Diskurs bietet diese Kategorisierung immer wieder Zündstoff für angeregte Debatten. Antagonistisch[1] stehen sich die Begriffe gegenüber, und damit die gegensätzlichen Meinungen über Kunst: Engagierte oder autonome Literatur, Tendenzdichtung[2] oder l'art pour l'art[3], entweder Parteilichkeit oder reine Kunst. Wo hat sich der Künstler niederzulassen: in der Tagespolitik, im Elfenbeinturm? […].

Autonomie meint im Bereich der Kunst grundlegend die Unabhängigkeit und Freiheit von außerkünstlerischen Zweckbestimmungen, sowohl in ihrer Produktion als auch im daraus entstehenden Werk.

Grundlage für diese Kunstauffassung war eine Veränderung des Blickwinkels auf Literatur Mitte des 18. Jahrhunderts, durch die Prinzipien wie Originalität und Genie als bestimmende Kategorien in den literarischen Diskurs Eingang fanden und zum ausschlaggebenden Faktor in deren Produktion avancierten. Die Forderung, Kunst vom reinen Nützlichkeitsdenken des Bürgertums frei zu machen […], orientiert sich an Kants Begriffsbestimmung des Schönen als interessenlosen Wohlgefallen. […]. Im Rekurs auf Kant vereinnahmte Schiller das Konzept für sein Programm zur ästhetischen Erziehung, in der sich am Werk die große Idee zur Selbstbestimmung für den Rezipienten offenbaren sollte.[4]

Den Gegenbegriff der engagierten Literatur prägte Sartre[5]. Allgemein bezieht sich der Begriff auf literarische Texte von politischem oder sozialem Gehalt, die explizit gesellschaftliche Veränderungen als Ziel und Wirkung anvisieren, und meint also eine Literatur, die in erster Linie für politische Veränderung eintritt. […].

Für die engagierte Literatur ist es aber essentiell, dass sie die außerliterarischen Themen im Gegensatz zur bloßen Tendenzdichtung mit den Mitteln der Literatur vorträgt und verficht. Das ästhetische Moment und die künstlerische Gestaltung sind also nicht vollständig ausgeklammert, sondern spielen eine entscheidende Rolle. […].

Aus: Sophia Bender, Karin Spies, Linda Vogt (2009): Engagement oder Autonomie – Begriffsbestimmungen, Ethik der Textkulturen Erlangen/Friedrich-Alexander-Universität Erlangen-Nürnberg, http://www.eingreifendes-denken.phil.uni-erlangen.de/aufgaben.html.

Anmerkungen:
1 *antagonistisch:* gegensätzlich, widerstreitend
2 *Tendenzdichtung:* literarische Texte, bei denen die Vermittlung weltanschaulicher (z. B. politisch-sozialer) Positionen im Zentrum steht, die ästhetische Gestaltung dagegen in den Hintergrund rückt
3 *L'art pour l'art:* (frz.) sinngemäß: die Kunst um der Kunst willen
4 Nach Friedrich Schiller (1759–1805) soll der Mensch durch die Autonomie der Literatur zu Freiheit und Selbstbestimmung geführt werden. Autonome Literatur zeichnet aus, dass sie sich nicht an politische oder ökonomische Zwecke bindet.
5 Der französische Philosoph und Schriftsteller Jean-Paul Sartre (1905–1980) forderte eine engagierte Form von Literatur und kritisierte zugleich eine Literatur, die nur um ästhetische Fragen kreist.

M 2: Interview von Stephan Bader mit Jonas Lüscher: Schriftsteller a. D.[1] (2018)

Seine Bücher gelten als „politisch" – jetzt ist Jonas Lüscher einen Schritt weitergegangen: er ruft zu einer europaweiten Demonstration gegen Nationalismus und Populismus auf. […].

Ihre Werke gelten ohnehin als „politisch". Warum haben Sie für Ihren Protest nicht die Literatur gewählt? Kann Literatur doch zu wenig bewirken, oder sogar: nichts?

[…] [P]olitische Romane zu schreiben, ist auch eine Art des Handelns. Aber natürlich viel weniger konkret als der gute alte Aktivismus, gemeinsam auf die Strasse zu gehen, der eben auch manchmal notwendig ist. Beides schliesst sich ja auch keineswegs aus – ich glaube absolut daran, dass man als Schriftsteller mit dem Schreiben etwas beiträgt.

Vor allem Ihr Erstling „Frühling der Barbaren"[2] wird oft an Schulen besprochen, junge Menschen lesen ihn in einem prägenden Alter, er wird offenbar für geeignet gehalten, Schülern die richtigen Fragen zu einem komplexen gesellschaftlichen Phänomen an die Hand zu geben. Ist es das, was Sie mit „etwas beitragen" meinen?

Zum Beispiel. Ich bin auch häufig zu Lesungen an Schulen, und die Begegnungen dort zeigen mir, dass man mit Literatur durchaus etwas erreichen, bewirken kann. Man muss das aber auch relativieren. Wenn man in Deutschland 40 000 Exemplare eines Romans verkauft, gehört man schon zu den sehr Glücklichen. Ein „Tatort" erreicht 10 Millionen Leute.

[…]. Worin liegt denn die Stärke von Geschichten, wenn es darum geht, ein kritisches Weltverständnis zu vermitteln und „etwas zu bewegen"? Was kann Literatur, das wissenschaftliche Texte, Aktivistenaufrufe, Parteienslogans oder „Arena"-Debatten nicht können?

Da gibt es diverse Stärken, angefangen bei der altbekannten „Éducation sentimentale"[3], dass man also den Kreis der Solidarität vergrössern kann. Wenn wir ein Buch, sagen wir, über Schwule lesen, wird uns im besten Fall klar, dass der, den wir vorher als einen der anderen gesehen haben, eigentlich einer von uns ist, weil er auf dieselbe Art und Weise Demütigung erfährt, leidet oder liebt. Dass einem also das Fremde näherrückt. Ein berühmtes Beispiel ist „Onkel Toms Hütte"[4], das zur Abschaffung der Sklaverei Wesentliches beigetragen hat. Oder „Germinal"[5] von Émile Zola, das für die Arbeiterbewegung eminent wichtig war, weil das Leiden der Arbeiter plötzlich im Bürgertum ankam, verstanden wurde. Gerade wissenschaftliche oder philosophische Texte funktionieren anders, sie laufen auf Eindeutigkeit hinaus: Man will ein möglichst scharfes Argument haben oder eine Theorie, unter deren Dach möglichst viele Einzelfälle passen. Die Ambivalenz muss da eher ausgeblendet werden. In der Literatur kann man genau damit operieren: Ich brauche nie Eindeutigkeit, ich brauche nie Präzision – ich kann eben das Ambivalente, das Uneindeutige in vollem Umfang zulassen. So kommt auch der Einzelfall zu seinem Recht. […].

Aus: Stephan Bader: Schriftsteller a. D. Interview von Stephan Bader mit Jonas Lüscher, in: Literarischer Monat. Das Schweizer Literaturmagazin 34 (2018), https://literarischermonat.ch/schriftsteller-a-d.

Anmerkungen:

1 *a. D.:* außer Dienst
2 In der 2013 erschienenen Novelle „Frühling der Barbaren" zeichnet Lüscher anhand einer Hochzeitsgesellschaft in einem tunesischen Wellnessresort ein bitterböses Bild einer von Globalisierung und Kapitalismus geprägten Gegenwart.
3 *Éducation sentimentale:* (frz.) Erziehung des Herzens bzw. des Gefühls
4 Der Roman „Onkel Toms Hütte" von Harriet Beecher Stowe, der im Jahre 1852 erschien, erzählt vom Leben und Leiden der afroamerikanischen Sklaven im Amerika der 40er-Jahre des 19. Jahrhunderts.
5 Der 1885 veröffentlichte Roman „Germinal" von Émile Zola (1840–1902) beschreibt die unmenschlichen Verhältnisse in französischen Bergwerken des 19. Jahrhunderts.

Jonas Lüscher (*1976) ist Schriftsteller.

M 3: Politische Literatur. Gegen die herrschende Klasse (2015)

Die Literatur mischt sich ein, wird wieder politisch und wehrt sich gegen die kleinen Lösungen des Pragmatismus. Ein Gespräch mit Jenny Erpenbeck, Ulrich Peltzer und Ilija Trojanow.

Interview: Ijoma Mangold

DIE ZEIT: Die Literaturkritik verlangt ja gern, dass die Literatur politischer wird …

Ilija Trojanow: … bis jemand einen politischen Roman schreibt, und dann heißt es sofort: Ah, dogmatisch, überladen, Thesenroman[1] und so weiter!

Ulrich Peltzer: Es gibt das Bedürfnis der Literaturkritik und der Öffentlichkeit nach Welterklärung beziehungsweise nach Auffächerung von Erfahrungen, die man sonst nur aus den Medien kennt. An die Literatur wird eine Aufgabe delegiert, die möglicherweise nicht unbedingt eine genuin literarische Funktion ist.

ZEIT: Hat die Literatur eine besondere Welterklärungskompetenz?

Jenny Erpenbeck: Ich würde sagen: Weltanschauungskompetenz. Und zwar Weltanschauung im buchstäblichen Sinn des Anschauens der Welt. Wenn man schreibt, schaut man lange auf die Dinge, länger als andere Leute sich die Zeit nehmen können.

ZEIT: Der Prototyp des politischen Schriftstellers war Émile Zola, der sich direkt in die Dreyfus-Affäre[2] einmischte mit den berühmten Worten: „Ich klage an!" Zola war interventionistisch.

Peltzer: Das wäre die nächste Frage: Hat die Literatur eine interventionistische Aufgabe?

Trojanow: Im Diskurs werden diese zwei Aspekte oft vermischt: Der Schriftsteller als gehörter Bürger mit gewichtiger Stimme und als Künstler.

ZEIT: Und ich würde sagen: Es gab 1990 eine Zäsur. Bis dahin gehörte es zum Berufsbild des Schriftstellers, interventionistisch zu sein, Manifeste zu unterschreiben, im Wahlkampf mitzumischen. Und daran entstand dann ein Überdruss, an dem, was man seinerzeit „Gesinnungsästhetik"[3] genannt hat, und die Schriftsteller haben daraus die Konsequenz gezogen, auf dieser Bühne nicht mehr aufzutreten.

Erpenbeck: Für mich ist es nicht so, dass ich sage: „Ich möchte ein politisches Buch schreiben" oder „Ich möchte ein historisches Buch schreiben". Ich habe eigentlich immer beim Mikrokosmos angefangen und bin beim Makrokosmos angekommen, ohne dass ich mich dafür entschieden hätte. Ich finde, es ist vollkommen müßig, was von außen von Schriftstellern „verlangt“ wird! Das ist eine Sekundärdiskussion. Man schreibt über die Dinge, die einen beschäftigen, die einem widerfahren. Manche Autoren neigen mehr dazu, im Privaten das Politische zu sehen, andere sind politischen Bewegungen mehr ausgesetzt, wieder andere ziehen sich ganz ins Private zurück. […].

ZEIT: Ihr neuer Roman[4], Frau Erpenbeck, könnte kaum näher dran sein an der aktuellen politischen Lage. Die Flüchtlingsfrage, von der Ihr Roman handelt, ist das zentrale politische Thema dieser Tage. Was bedeutet das für Ihr Schreiben?

Erpenbeck: Das bedeutet für das Schreiben, dass man für die Recherche mit Menschen sprechen kann und nicht Autobiografien lesen muss, dass man viel weniger in Archiven sitzt, sondern sich mehr draußen auf der Straße bewegt – aber in 50 Jahren ist unsere Gegenwart auch Vergangenheit. In meiner Familiengeschichte ist das Thema Flucht immer präsent gewesen, und ich kann mich deshalb vielleicht zu gut in die Lage von Menschen versetzen, die einen radikalen Schnitt in ihrem Leben erfahren. Ich wollte wissen, was das für Menschen waren, bevor sie Flüchtlinge geworden sind, denn „Flüchtling“ ist kein Beruf. Mich haben der Alltag und die Normalität, die es vor der Flucht gab, interessiert. Und was heißt es, wenn nach der Flucht dann nichts anderes an die Stelle dessen tritt, was verloren gegangen ist. So viele Menschen sterben bei den Überfahrten auf der Flucht. Und die, die hier ankommen, sind oft nur zufällig die, die überlebt haben, sind genau solche Menschen wie die, deren Tod wir in den Nachrichten täglich zur Kenntnis nehmen. Sind Menschen, die aus ganz verschiedenen Gründen fliehen mussten und aus ganz verschiedenen Ländern kommen. Sobald man mit Einzelnen spricht, versteht man: Das Politische spiegelt sich in einem ganz konkreten Leben wider.

ZEIT: Wenn man Ihren Roman liest, wird man stark in die Identifikation mit den Figuren gezogen. Gleichzeitig geht von Ihrem Buch auch ein politisches Statement aus. Simpel gesprochen: Gegen Dublin II beziehungsweise Dublin III[5], gegen ein Grenzregime, das sich vor den Flüchtlingsströmen abriegelt. Kann man Sie festnageln auf die Forderung: Macht die Grenzen auf?

Erpenbeck: Ja, zum Beispiel. Warum nicht? […].

Trojanow: Mal angenommen, die Leser gehen aus dem Roman heraus mit der Vorstellung, alle Grenzen zu öffnen, dann ist ja nichts Schlechtes daran. Denn das ist ja eine der Urfunktionen von Literatur, Gegenentwürfe zu präsentieren. Eine Realität zu imaginieren, die sich unterscheidet von der vermeintlichen Evidenz der herrschenden Verhältnisse. Die Frage ist nur, ob die Erzähltechniken, die reflexiven Ebenen und die zwingend erzählten Biografien die Leser überzeugen von diesem Entwurf. […].

Aus: Ijoma Mangold: Politische Literatur: Gegen die herrschende Klasse. Interview von Ijoma Mangold mit Jenny Erpenbeck, Ilija Trojanow und Ulrich Peltzer, DIE ZEIT 41/2015 (08.10.2015), https://www.zeit.de/2015/41/literatur-politik-gesellschaft-ilija-trojanow.

Anmerkungen:

1 *Thesenroman:* Roman, dessen Inhalt von einer wissenschaftlichen, religiösen oder ideologischen These bestimmt wird; die dargestellte Geschichte und auftretende Figuren spielen eine untergeordnete Rolle

2 *Dreyfus-Affäre:* Der französische Schriftsteller Émile Zola (1840–1902) ergriff in diesem Justizskandal zugunsten des unrechtmäßig verurteilten Alfred Dreyfus Partei.
3 *Gesinnungsästhetik:* abwertende Bezeichnung für eine Form von Kunst bzw. Literatur, die sich politischen oder moralischen Zielen, evtl. auch auf Kosten der ästhetischen Gestaltung, verpflichtet fühlt
4 In dem Roman „Gehen, ging, gegangen" (2015) erzählt Jenny Erpenbeck vom Schicksal afrikanischer Flüchtlinge in Berlin.
5 Die Bezeichnungen „Dublin II" und „Dublin III" beziehen sich auf Verordnungen der Europäischen Union zur Regelung der Durchführung von Asylverfahren.

Jenny Erpenbeck, geboren 1967 in Ost-Berlin, ist Schriftstellerin. Ulrich Peltzer, geboren 1956 in Krefeld, und Ilija Trojanow, geboren 1965 in Sofia (Bulgarien), sind Schriftsteller.

M 4: Harald Martenstein: Über engagierte Literatur (2015)

Sie fragen nach der engagierten Literatur? Ob es die wieder in stärkerem Maße geben sollte? Da frage ich zurück: Wozu soll das gut sein? Was soll das bewirken? Vorbilder, nach denen andere Menschen sich in größerer Zahl eventuell richten, arbeiten heutzutage fürs Fernsehen, fürs Kino, oder im Musikbusiness. Wer engagierte Literatur schreibt, ist ein eitler Fratz, der sich überschätzt. Der will sich vor den Spiegel stellen, sich selbstverliebt übers Haar streichen und sagen: „Schaut her, ein engagierter Autor. *Je suis Sartre.*"[1] […].

Um mich engagieren zu können, müsste ich mir meiner eigenen Meinung sicher sein und Antworten besitzen, kurz, ich müsste das Gegenteil eines interessanten Autors sein. Ich schreibe einen Roman, wenn ich eine Frage habe, auf die ich keine Antwort weiß. Deshalb erzähle ich eine Geschichte, um dabei selbst klüger zu werden, um zu suchen und nicht, um anderen etwas beizubringen. Ich bin nicht Jesus, *I am only the piano player.* Wenn ein Buch uneindeutig ist, wenn es mehrere Sichtweisen zulässt, wenn es mich an meinen wackligen Ansichten zweifeln lässt, wenn ich über die Guten wütend werde und um die Bösen weine, wenn ich mich im Kopf eines Menschen befinde, der ein bisschen anders tickt als ich, dann ist es für mich ein gutes Buch. […].

Aus: Harald Martenstein: Über engagierte Literatur, DIE ZEIT 42/2015 (15.10.2015), https://www.zeit.de/zeit-magazin/2015/42/harald-martenstein-literatur-engagement.

Anmerkung:
1 *Je suis Sartre:* (frz.) Ich bin Sartre.

Harald Martenstein (*1953) ist ein deutscher Schriftsteller und Journalist.

M 5: Peter Stamm: Mein Kerngeschäft besteht aus Nichtstun (2015)

[…] Pragmatiker mögen sagen, auch ein Buch sei Teil der Welt, unterhalte, beglücke, belehre die Menschen. So leicht lassen wir uns nicht täuschen. Der Produktcharakter des Buches ist für den Verlag, für den Handel, sogar für den Autor als wirtschaftliches Subjekt von Bedeutung, aber kein ernsthafter Autor denkt während des Schreibens daran. So sehr die Leserinnen und Leser unsere Texte lieben mögen – es bleibt, Literatur hat keinen Zweck, keine Funktion im Räderwerk der Welt. […]. Wie aber gehen wir mit dem Wissen um unsere Bedeutungslosigkeit um? Die einen flüchten sich in die Selbststilisierung, werden zu Schriftsteller-Darstellern, zu Schwierigen, Unnahbaren, Zerknirschten; zu Aussenseitern halt, von denen ohnehin niemand etwas erwartet und deren Leiden ihre Unproduktivität rechtfertigen soll. Andere schreiben so dicke Bücher, dass man gar nicht anders kann, als ihren Fleiss und ihre Ausdauer zu bewundern. […]. Eine dritte Taktik ist das Auftrumpfen mit ausserliterarischen Leistungen. […]. Aber Hand aufs Herz: Wann haben Sie zum letzten Mal einen wirklich erhellenden, politischen Essay[1] von einem Schriftsteller oder einer Schriftstellerin gelesen? Ich meine einen, der uns nicht einfach mit schönen Worten das erzählt, was sowieso alle anständigen Menschen denken. […].

Weshalb auch sollten ausgerechnet Schriftsteller, die sich einen guten Teil ihrer Zeit in fiktiven Welten bewegen, dazu berufen sein, die Realität zu analysieren? Es gibt eine Wahrheit in der Literatur, die tiefer geht als jede Essayistik. Sie entsteht dann, wenn der Text – wie Lichtenberg[2] einmal sinngemäss sagte – klüger ist als sein Autor. Schriftsteller sind keine Intellektuellen per se, sie sind Künstler, Gaukler, Zauberer, wie Thomas Mann von seinen Kindern genannt wurde. Politisch sind sie – wenn sie sich nicht im Mainstream treiben lassen – nur zu oft naiv. Wer will sich noch an die politischen Äusserungen von Ezra Pound, Knut Hamsun, dem alten Günter Grass, Gottfried Benn und von vielen anderen erinnern? So verdiente Autoren wie Gerhart Hauptmann, Robert Musil, Thomas Mann und selbst Stefan Zweig begrüssten freudig den Ausbruch des Ersten Weltkrieges, auch wenn manche sich später nicht mehr daran erinnern mochten. […]. Es darf nicht sein, dass wir versuchen, das Geschrei der SVP-Plakate[3] mit noch lauterem Geschrei zu übertönen. Literatur ist das Gegenteil von Polemik. Literatur befreit die Sprache, Polemik missbraucht und beschädigt sie.

[…].

Aus: Stamm, Peter: Mein Kerngeschäft besteht aus Nichtstun. Eröffnungsrede des Bücherfestivals „Zürich liest". In: TagesAnzeiger (22. 10. 2015). © 2015 Peter Stamm.

Anmerkungen:

1 In dem Text grenzt Stamm das Schreiben literarischer Texte, das er als eigentliches Tätigkeitsfeld des Schriftstellers begreift, vom Verfassen politischer Essays ab.

2 Georg Christoph Lichtenberg (1742–1799) war u. a. Schriftsteller. Auch die im Fortgang des Textes angeführten Thomas Mann (1875–1955), Ezra Pound (1885–1972), Knut Hamsun (1859–1952), Günter Grass (1927–2015), Gottfried Benn (1886–1956), Gerhart Hauptmann (1862–1946), Robert Musil (1880–1942) und Stefan Zweig (1881–1942) waren Schriftsteller.

3 Bei der SVP (Schweizer Volkspartei) handelt es sich um eine nationalkonservative, rechtspopulistische Partei in der Schweiz.

Peter Stamm (*1963) ist Schriftsteller.

Hinweise und Tipps

Die Aufgabe hebt sich durch ihre ***Komplexität*** *von anderen Aufgabenformaten ab. Denn Ihr Text ist nicht durch eine mehrteilige Aufgabenstellung vorstrukturiert, sondern Sie müssen ihn selbst gliedern. Zwar können Sie sich in Ihrem argumentativen Beitrag grob an der Struktur einer* ***klassischen Erörterung*** *orientieren, aber Sie dürfen sich – um den Text interessanter zu gestalten – auch* ***von der strengen Gliederung einer Erörterung lösen:*** *Wählen Sie beispielsweise die Form des Essays, ist Ihre Gedankenführung eher* ***assoziativ****, muss aber trotzdem einem* ***roten Faden*** *folgen.*

Dadurch, dass Sie das Thema aus mehreren Perspektiven beleuchten, einige Argumente bringen sollen und Sie im Vorfeld entscheiden müssen, welche Argumente Sie umfassend ausführen können, ist es wichtig, dass Sie sich für die ***Vorarbeit genügend Zeit*** *nehmen – aber ohne die Uhr aus dem Blick zu verlieren.*

Markieren *Sie sich zunächst* ***in der Aufgabenstellung****, was Sie diskutieren müssen: Sie sollen der Frage nachgehen, ob Schriftstellerinnen und Schriftsteller in ihren literarischen Texten politisches Engagement zeigen sollten. Das Modalverb „sollten" deutet dabei auf eine* ***Empfehlung*** *hin.*

Denken Sie auch daran, welche ***Adressaten*** *Ihr Text anspricht, welcher* ***situative Kontext*** *und welcher* ***kommunikative Rahmen*** *vorgegeben sind: Stellen Sie sich vor, dass Sie mit Ihrem Deutschkurs während der Projekttage „Engagement hat viele Gesichter" mehrere Tage der Argumentationsfrage nachgegangen sind. Bauen Sie also viel* ***eigenes Wissen und Leseerfahrung*** *(eigene oder durch Schullektüren gesammelte) mit ein. Sie schreiben für das Begleitheft Ihrer Projekttage: Ihr Beitrag sollte also nicht zu ausufernd werden (vorgegeben sind ca. 1 000 Wörter) und für Ihre Mitschülerinnen und -schüler anregend sein; aber auch Eltern und Lehrkräfte werden Ihren Text bestimmt lesen.*

Für die Vorarbeit des argumentativen Beitrags ist es auch wichtig, dass Sie sich bereits ***für eine Position entscheiden****, damit Sie beim Schreiben immer im Blick haben, worauf Sie hinauswollen. Argumente und Ideen ordnen Sie während der Vorarbeit am einfachsten, wenn Sie in einer zweispaltigen* ***Tabelle These und Antithese*** *formulieren und sich sorgfältig Notizen machen. Neben Ihren* ***eigenen Argumenten und Beispielen*** *hilft Ihnen das Materialdossier von fünf Texten, Ihre Argumentation mit Erläuterungen, Positionen und Beispielen zu erweitern. Achten Sie darauf, dass Sie die Materialien „ausschlachten", sich aber nur auf relevante Aspekte beziehen und Positionen nicht einfach distanzlos übernehmen. Es sollte immer Ihre eigene Gedankenführung bleiben. Notieren Sie sich stets die* ***Materialnummer*** *zu Ihren Notizen, damit Sie sich später schnell orientieren können.*

Denken Sie daran, dass ein Text vor allem dann für Ihre Leserinnen und Leser interessant wird, wenn Sie ihn ***rhetorisch gestalten****. Bauen Sie – wie in einer Rede – geschickt, aber ohne den Text damit künstlich zu überfrachten, Stilmittel ein. Hier eignen sich z. B. rhetorische Fragen, parallele Satzstrukturen, Ellipsen oder Anaphern.*

Lösungsvorschlag

Engagiertes Schreiben: Pflicht oder Kür?

Überschrift

Klimakatastrophe – Flüchtlingskrise – Krieg – Rechtsextreme im Parlament – Staatliche Kontrolle des Individuums. Wo man hinsieht: **Krisen und Katastrophen**. Am besten lässt man den Fernseher aus, meldet sich aus den Sozialen Netzwerken ab und wendet sich nur den schönen Dingen des Lebens zu. Alles fühlt sich dann so leicht an: Wenn ich keine Nachrichten lese, rückt das Problem des Rechtsextremismus in weite Ferne, ebenso wie das Schicksal der Flüchtlingsfamilie, deren Kinder eigentlich ganz fröhlich unter meinem Fenster auf dem Spielplatz spielen. Den Reflex, sich von den Problemen dieser Welt abzuwenden, kennt sicher jeder.

Interesse weckender Einstieg

Aber: Sich bequem zurückzulehnen, das ist unserer Generation nicht genug. Jeder hat eine **Verpflichtung, sich für eine bessere Welt einzusetzen**. Dazu braucht es zwei Dinge: tiefe Betroffenheit und ein nachhaltiges Bewusstsein für die realen Probleme unserer Zeit. An der Schule haben wir das Glück, über den Unterricht oder Projekttage zu problembewussteren Menschen werden zu können. Aber das reicht nicht – die gesamte Bevölkerung muss erreicht werden, um etwas zu bewirken. Jedes Medium sollte sich verpflichten, sein Potenzial für eine bessere Welt auszuschöpfen: Social Media, Zeitungen, Fernsehen, aber auch die Literatur.

Hinführung zum Aufgabenkontext: Projekttage

Moment. **Auch die Literatur?** Geschichten schreiben für eine bessere Welt? Weniger „Harry Potter" und mehr „Carbon Diaries", der Roman von Saci Lloyd, der die katastrophenhaften Auswirkungen des Klimawandels in düster-dystopischer Form greifbar macht?

Überleitung zur Fragestellung

Sollen sich Schriftstellerinnen und Schriftsteller in ihren Büchern für gesellschaftlich relevante Themen engagieren; also eine Aufgabe übernehmen, die „nicht unbedingt eine genuin literarische Funktion ist", wie der Autor Ulrich Peltzer zu bedenken gibt?

Bezug zu M 3

Der schweizerisch-deutsche Autor **Jonas Lüscher** hat sich dem politischen Schreiben verpflichtet. In seiner 2013 veröffentlichten Novelle „Frühling der Barbaren" unterzieht er den Kapitalismus und die Globalisierung einer bitterbösen Kritik. Er ist überzeugt, gerade Schülerinnen und Schülern mit seiner Geschichte von Touristen in einem tunesischen Wellnesshotel ein „kritisches Weltverständnis" näherbringen zu können. Bestätigt sieht er sich durch zahlreiche Gespräche an Schulen. Und er hat recht: **Gerade wir jungen Lesenden sind empfänglich für diese Art der Problemdarstellung**, die durch Geschichten greifbarer werden als durch sachlichen Politikunterricht. Bücher wie „The Hate U Give" von Angie Thomas vermitteln uns

Pro-Argumentation

Bezug zu M 2

Pro-Argument

Wissen aus dem Unterricht

einen beklemmenden Eindruck vom amerikanischen Rassismus, sie klären auf, machen traurig oder wütend: Emotionen, die man vielleicht braucht, um sich zu engagieren.

Aber ist die **Wirkung von literarischen Texten** nicht **viel zu gering** und daher die Forderung unnütz, dass sich viel mehr Autoren in ihren Werken engagieren sollten? Greta Thunberg folgen mehr als 3,5 Millionen Menschen allein auf Instagram; Jonas Lüschers Roman dagegen wird sich niemals so häufig verkaufen. **Politische Veränderungen werden von anderen Medien angestoßen**, meint auch der Kolumnist und Autor Harald Martenstein 2015 im ZEITmagazin.

Überleitung zur Kontra-Seite

eigenes Wissen

Kontra-Argument

Bezug zu M 4

Außerdem **kann** nicht jeder Schriftsteller, **nicht jede Schriftstellerin engagierte Literatur verfassen**. „Wer engagierte Literatur schreibt, ist ein eitler Fratz, der sich überschätzt“, wettert Harald Martenstein. Als Engagierter müsse man Lösungen parat haben. Man müsse sich sicher sein. Dagegen Martenstein: „Ich bin nicht Jesus“, vielmehr „schreibe [er] einen Roman, wenn [er] eine Frage habe, auf die [er] keine Antwort weiß“.

Kontra-Argument

Bezug zu M 4

Aber leider gibt es genau solche Romane, deren **Engagement in die falsche Richtung** läuft: Nicht selten sind sie erfolgreich und fordern vehement nicht umsetzbare Lösungen oder rufen zu falschem Aktivismus auf. Und ist fiktional vermitteltes Engagement nicht gerade viel gefährlicher als sachlich-nüchterner Journalismus, der sich reinen Fakten und der Wahrheit verpflichtet? Wenn ein Schriftsteller politische Zusammenhänge subjektiv gefärbt darstellt, es mit der Wahrheit nicht so genau nimmt oder sich grundsätzlich auf seine künstlerische Freiheit beruft, kann das verheerende Auswirkungen haben. Denn auch diese Geschichten können bei den Rezipienten **Betroffenheit auslösen und deren Engagement nachhaltig beeinflussen**. Gudrun Pausewangs „Die letzten Kinder von Schewenborn“, das verwaiste Kinder apokalyptische Szenarien nach einem atomaren Super-GAU erleben lässt, rüttelt zwar auf, spielt aber auch mit der Angst von jungen Menschen, die in unserer Elterngeneration oft heute noch weiterlebt.

Kontra-Argument

Beispiele: eigene Leseerfahrungen

Sich schreibend zu engagieren, öffnet darüber hinaus für unbegabte Schreibende Tür und Tor: Die literarischen Texte laufen Gefahr, als **bloße Tendenz- oder Thesendichtung** daherzukommen, bei der es vor allem um die Vermittlung von Ideologien geht und die ästhetische Gestaltung vernachlässigt wird. Wie soll auch ein Kunstwerk gelingen, wenn die politische Botschaft im Hinterkopf werkelt? Wenn der Schreibende darauf achtet, das Engagement nur literarisch zu verpacken? Politisches Engagement droht, die Literatur dazu

Kontra-Argument

Bezug zu M 1

herabzuwürdigen, nur einen Zweck zu erfüllen: sich auf die Realität zu beziehen, sie zu bewerten.

Das könne Literatur aber grundsätzlich nicht, davon ist der Autor Peter Stamm überzeugt. Schriftsteller seien **Künstler**, Gaukler und der **Realität nicht verpflichtet**. Sie befreiten die Sprache aus ihrer Funktionalität. Politisches Engagement in Literatur – undenkbar! Kontra-Argument Bezug zu M 5

Es scheint also besser zu sein, man lässt allen Schriftstellerinnen und Schriftstellern die Freiheit, autonome Literatur zu verfassen: **L'art pour l'art** – unabhängig von einem bestimmten Zweck, unabhängig von jeglicher Nützlichkeit. Also bloß keine Politisierung, da diese doch zu viele Gefahren birgt? Vorläufiges Urteil Bezug zu M 1

Engagierte Literatur sollte den Anspruch haben, **nicht der Tendenzdichtung** verhaftet zu bleiben, sondern gesellschaftlich relevante Themen mit literarischen Mitteln zu gestalten. Professionell recherchierte Geschichten und Einzelschicksale im Sinne der „Éducation sentimentale", der **Herzensbildung**, die aufrütteln und unseren Blick auf vorher für uns Unsichtbares lenken, unseren Horizont erweitern – das wollen wir! Wenn Probleme mit der Macht der Sprache nachhaltig fühlbar gemacht werden, kann das der Impuls für Engagement sein. Schicksale, die in Erinnerung bleiben. Überleitung zur Synthese Bezug zu M 1, Bezug zu M 2

Und gegen schlechte Recherchen haben wir ein gut funktionierendes **Korrektiv:** die **Literaturkritik**. Wer kauft schon gerne einen Roman, dem unterstellt wird, die öffentliche Meinungsbildung mit Unwahrheiten zu beeinflussen? Entkräften von Kontra-Argumenten

Dass man durch Literatur weniger Leute erreicht als über Soziale Medien, sollte kein Hinderungsgrund sein, engagierte Texte zu verfassen – sondern die Erfolge sollten Autoren bestärken, es anderen nachzutun: Jonas Lüscher erreicht vielleicht nicht so viele Leute wie Greta Thunberg auf ihrem Instagram-Account. Dafür aber weitere Menschen, nämlich seine Leser. **Jeder und jede Einzelne zählt**. Jeder kann dazu beitragen, unsere Welt humaner zu machen.

Die Autorin **Jenny Erpenbeck** schreibt Schriftstellern zumindest eine „**Weltanschauungskompetenz**" im wörtlichen Sinne zu: Politik komme auf natürliche Weise in die Literatur. Durch ihren Roman „Gehen, ging, gegangen" prägen sich Einzelschicksale von Geflüchteten noch nachhaltiger ein als über Posts in Sozialen Medien. Die Schriftstellerin **Amanda Lasker-Berlin** geht sogar noch einen Schritt weiter: Sie erklärte uns eindrücklich, dass für sie Literatur nur politisch sein kann, da ihre Figuren sich in Kontexten, Konstrukten und Wirklichkeiten bewegten, die sie prägen. Das, was sie tun, wirke sich auf ihr Umfeld aus und das Umfeld auf sie, sodass sie einen sozialen Bezug zu M 3 Wissen durch Gespräch mit Autorin

Raum prägen, ihn also politisch mitgestalten. In ihrem Roman „Elijas Lied“ erscheinen den Rezipienten die rechtsextremen Gedanken der Figur Loth plötzlich so nah, dass man nur Wut und Ablehnung entwickeln kann.

Diese Idee ist nicht neu: Der politisch engagierte und steckbrieflich gesuchte **Georg Büchner** hat in dem wahrscheinlich ersten deutschsprachigen sozialen Drama, dem Fragment „**Woyzeck**“, schon 1836 das erschütternde Schicksal seines Protagonisten sprachgewaltig in Szene gesetzt: Der soziale Underdog, getreten, gestoßen, gedemütigt und zuletzt von seiner Partnerin verlassen, wird zum Mörder –Woyzecks Schicksal macht heute noch betroffen und sensibilisiert für soziale Missstände.

Wissen aus dem Unterricht

Literatur vermag also **noch mehr als andere Medien:** Kein Medium kann tiefer in die Gedankenwelt von Einzelschicksalen eintreten und aufrütteln. Deshalb sollte zwar kein Zwang bestehen, als Schriftsteller engagierte Literatur zu verfassen. Aber wer es kann, der sollte seine Sprachgewalt nutzen – für eine bessere Welt.

Fazit

Kernfach Deutsch (Schleswig-Holstein) –
Abiturprüfung 2023

Um Ihnen die Prüfung 2023 schnellstmöglich zur Verfügung stellen zu können, bringen wir sie in digitaler Form heraus.

Sobald die Original-Prüfungsaufgaben 2023 freigegeben sind, können sie als PDF auf der Plattform **MyStark** heruntergeladen werden (Zugangscode vgl. Umschlaginnenseite).

Aktuelle Prüfung

www.stark-verlag.de/mystark

PRÜFUNGS-ANGST

STOPP DIE PANIK

Mit der Fußsohlen-Methode

Prüfungen können Angst- und Fluchtsituationen sein. Dein Körper schüttet Adrenalin aus und dämpft das Gefühl in den Füßen. Z. B. beim Weglaufen ist es gut, wenn man die Füße nicht spürt. Eine Prüfung ist aber **keine Gefahrensituation**. Signalisiere deinem Körper, dass du nicht weglaufen musst, und bring das Gefühl in deine Füße zurück:

Setze oder stelle dich hin.
Die Füße müssen den **Boden** berühren.

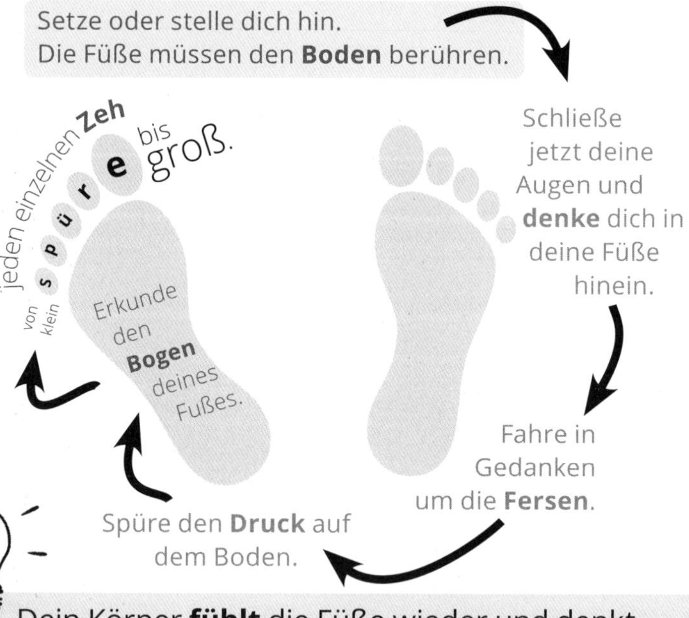

Dein Körper **fühlt** die Füße wieder und denkt, er sei in keiner Panik-Situation, sondern in **Sicherheit**.